Phébus *libretto*

LE SEL DU DÉSERT

ODETTE DU PUIGAUDEAU

LE SEL DU DÉSERT

récit

Phébus *libretto*

Source des documents photographiques :
Collection particulière M. V.

Illustration de couverture :
Photo (détail) : Alain Sèbe

www.phebus-editions.com

NOTE DE L'ÉDITEUR

Le grand voyage d'Odette du Puigaudeau à travers le Sahara (1936-1938) sera pour elle la source d'inspiration de deux livres majeurs : Tagant, *paru après la guerre (rééd. Phébus, 1993), évocation d'une longue saison passée aux abords du légendaire plateau-forteresse où se retranche, à dates fixes, le plus pur de la culture maure; et ce* Sel du désert *publié chez Pierre Tisné en avril 1940 – au début d'une guerre dont nul ne pressentait encore toute l'atrocité à venir.*

Le texte qu'on va lire a donc été écrit « à chaud », comme l'avait été avant lui Pieds nus à travers la Mauritanie *(Plon, 1936; rééd. Phébus, 1992), le grand livre initial, qui avait fait découvrir à l'Occident à la fois un monde ignoré – celui du nomadisme dans l'Afrique saharienne dite alors « non pacifiée », où des hommes et des femmes vivaient encore, à fort peu près, comme au temps d'Abraham – et un écrivain de la rare espèce, dont l'originalité fascinera bientôt Théodore Monod, Paul Bowles et tant d'autres.*

Car la lecture d'Odette du Puigaudeau séduit l'innocent lecteur pour deux raisons dont l'addition ne se trouve pas souvent réalisée dans les ouvrages de littérature voyageuse : d'abord elle nous rend témoins, et comme par miracle, de la fin d'une civilisation qu'elle aura su approcher à l'instant précis où elle lançait la lumière intacte de ses derniers feux, non encore contaminée par le modèle meurtrier proposé par l'Occident, ce qui pare son récit d'une assez poignante nostalgie; mais surtout elle le fait dans une langue qui se trouve être un merveilleux piège à sensations (il y a chez elle comme une gourmandise de l'inconnu, qui plus d'une fois la rapproche de Colette), car il ne lui suffit pas de raconter le désert, elle veut l'offrir à son lecteur comme on rêve de partager un grand songe.

Ce songe, ce sera d'ailleurs sa vie. Puisqu'elle ne s'en reviendra jamais tout à fait du désert : elle mourra au Maroc (en 1991) à l'âge de quatre-vingt-dix-sept ans, restée jusqu'au bout nomade dans l'âme, désolée finalement d'avoir dû assister de son vivant à l'effacement d'une culture qui l'avait d'emblée si bien éblouie – et ce, sans avoir même pu voir enfin réédités les livres qui, en leur temps, avaient rendu compte de cet éblouissement[1].

Car ses livres, elle en était convaincue, ne valaient pas qu'en tant que témoignages d'une époque, reflets d'un pittoresque exactement daté; ils soulevaient par-delà leur portée ethnographique immédiate – elle l'avait voulu ainsi – la question centrale, en nous, de la nécessité *du désert : lieu mythique et pourtant bien réel d'un recours aux puissances conjuguées de la solitude et de la liberté. Telle était à ses yeux la leçon que les Fils du sable proposaient au monde en vivant comme ils faisaient : rappeler à tous qu'il n'est pas forcément vain de chercher à débarrasser l'animal humain de ses encombrants bagages, ne serait-ce que pour sauvegarder en lui ce feu de pure révolte qui est, tout au fond, le vrai moteur de sa liberté.*

Une leçon qui mérite mieux que jamais peut-être d'être entendue, si l'on veut bien se rappeler qu'au long du demi-siècle écoulé, l'espace non mesuré dévolu aux peuples nomades s'est trouvé, par le fait de ce que nous appelons la « civilisation », réduit à n'être plus qu'un souvenir. Car avec ces peuples, qui sont aujourd'hui moins que l'ombre d'eux-mêmes, c'est une part essentielle de l'âme du monde, on le sent bien, qui se trouve menacée, au profit d'un « progrès » qui la plupart du temps signifie, pour les libres tribus d'hier, quelque chose de pire que la mort : la misère sédentaire, l'abandon de toute fierté, la banalisation des gestes et du verbe – et la destruction d'une communauté vitale qui, malgré sa rudesse, assurait la protection des siens et savait offrir à l'hôte de passage la royale hospitalité de ceux pour qui la vie est d'abord un voyage.

Ce sentiment de la fragilité des vertus nomades est au centre de

1. Pour plus de détails sur l'écrivain et sa vie, on ne peut qu'inviter le lecteur à se reporter à la remarquable biographie de Monique Vérité, *Odette du Puigaudeau* (Éd. Jean Picollec, Paris, 1992).

tous les livres d'Odette du Puigaudeau, et singulièrement de celui-ci – lors même qu'elle y peint quelques-unes des plus riches heures d'une culture qui ne laisse pas de nous émerveiller. En quoi son œuvre tranche radicalement sur la production d'une époque volontiers illusionnée par le mirage colonial, laquelle éludait assez commodément le douloureux problème de l'acculturation forcée proposée comme seule issue historique aux « indigènes » par le « civilisateur ». La farouche Odette n'était pourtant pas hostile par principe à l'intervention française dans ces parages, loin de là. Le désert est un endroit dur, où la violence a tendance à s'emballer et où la loi court sans cesse le risque de se faire oublier ; ce qui revient à mettre très vite le faible à la discrétion du puissant. La présence sur place d'une force militaire indépendante des intérêts tribaux pouvait au moins permettre d'assurer dans ces régions un minimum de tranquillité. Pourvu que l'œuvre de pacification se cantonne à ce strict minimum, elle pouvait aider les tribus à mieux vivre la vie qu'elles s'étaient choisie. Le danger était bien sûr qu'à la suite des soldats du désert ne viennent à se glisser les rusés mercantis, forts de la séduction de leur terrible pacotille… mais l'on était en droit de penser, sans trop donner dans l'optimisme, que la pauvreté de la région la tiendrait à l'abri de leurs entreprises. Odette du Puigaudeau se force encore, à l'heure où elle écrit, à quelque optimisme ; mais on sent déjà que celui-ci est sévèrement battu en brèche. Oui, elle veut le bien de ses amis nomades, oui elle croit qu'il est possible d'y aider ; et pourtant elle pressent que cette intervention, commandée par une Histoire qui la dépasse, implique par nécessité la mort du désert… et de tous ceux qui l'ont choisi parce qu'il demeure pour eux l'espace même de la vie libre.

Elle et son amie Marion Sénones sont d'ailleurs, pour ce voyage, dûment missionnées par l'autorité civile française : ministère de l'Éducation nationale, Muséum d'histoire naturelle… Les deux jeunes femmes se sont notamment donné pour tâche d'étudier sur le terrain un élément crucial de l'antique économie saharienne : le commerce traditionnel du sel, qui depuis la nuit des temps assure un lien, ténu mais constant, entre les cultures du Grand Sud marocain ou algérien et celles du Niger. Ainsi vont-elles être amenées à rejoindre l'Azalaï, cette immense caravane de plus de mille chameaux qui, une fois l'an, transporte jusqu'au cœur du désert les produits du Fleuve… et ramène à Tombouctou plusieurs dizaines de milliers de barres de sel – fort convoitées par les pillards qui sont aussi l'une des traditions du lieu.

Si les voyageuses notent que l'intervention des troupes françaises, souvent conduites par des officiers eux-mêmes épris du désert, ont permis d'assurer une sécurité (très relative) le long des pistes, d'en finir surtout, dans certaines zones particulièrement violentes, avec le cycle sans fin des rezzou et des vendettas, elles ne peuvent se retenir d'éprouver une véritable fascination pour ces tribus de guerriers indomptables qui refusent d'un air hautain, par fidélité à l'antique loi de leurs pères, les facilités qu'offre l'Occident.

Car le désert, ici évoqué, décrit, expliqué avec une minutie et une ferveur rares, est un maître cruel peut-être, mais qui exige des siens une trempe d'âme qu'on ne trouve nulle part ailleurs. Paradoxe de ce livre déconcertant : c'est au cœur d'un pays réputé vide d'hommes que le voyageur finit par faire, d'une étape à l'autre, les plus hautes rencontres humaines.

Qu'en est-il aujourd'hui de cette singularité extrême, qu'en sera-t-il demain? Odette du Puigaudeau fut sans doute la première à poser la question. Laquelle fait planer sur son livre, hymne pourtant aux libres joies de l'errance, l'ombre immense d'un regret.

J.P.S.

NOTE SUR L'ÉTABLISSEMENT DU TEXTE : D'une manière générale, dans ce livre encore, on a reproduit l'orthographe des noms arabes et du vocabulaire local dans la transcription, assez « libre », de l'édition originale – lors même qu'elle contredit ici et là la graphie, plus scientifique, que l'on retient généralement aujourd'hui. Tout juste s'est-on permis d'en normaliser certaines formes, quand l'auteur en donnait plusieurs versions contradictoires, où quand elles s'écartaient par trop de l'usage. Un bref lexique en fin de volume précise par ailleurs la définition des termes pouvant poser problème à un lecteur non averti.

A ma mère
A la mémoire de mon père

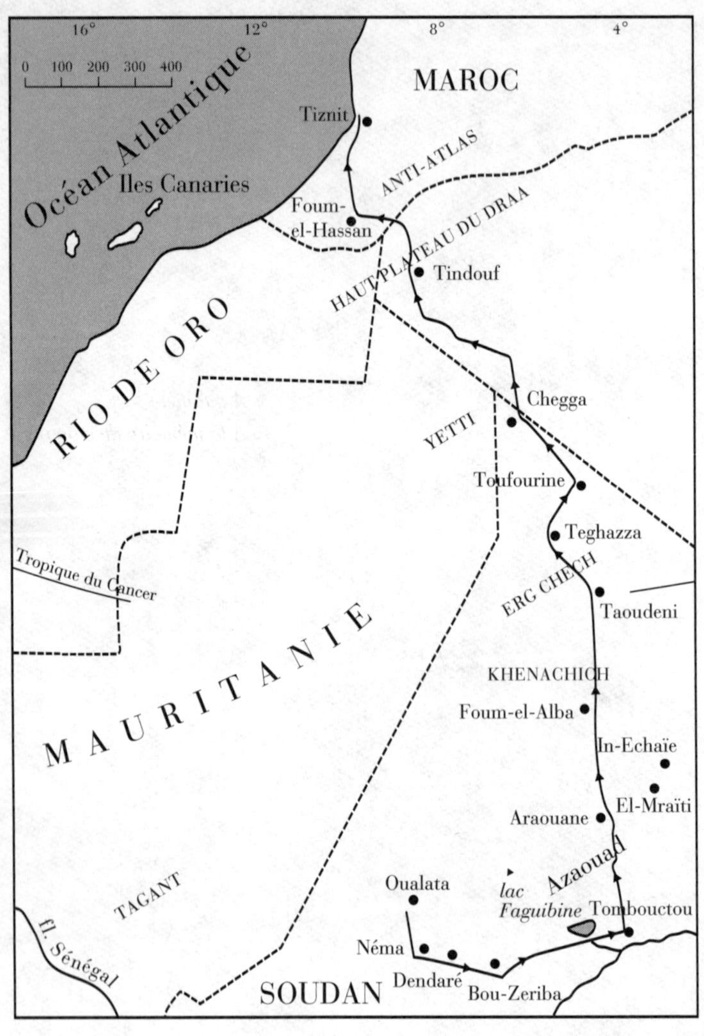

Itinéraire d'Odette du Puigaudeau dans sa mission de 1937-1938

INTRODUCTION

Depuis deux ans déjà nous étions revenues en France.

Qui, nous ? Marion Sénones et moi.

C'est long à vivre, deux ans, avec un regret, celui d'avoir quitté l'Afrique, et un désir, celui d'y retourner !

L'Afrique, c'est-à-dire la Mauritanie, le Sahara occidental que nous avions parcouru à pied et à chameau, vivant sous la tente avec les nomades et comme eux, de décembre 1933 à octobre 1934.

Tout le monde sait que celui qui a vécu au Sahara rêve d'y retourner. On ne comprend pas bien pourquoi mais c'est un fait connu, établi, indiscutable.

L'année 1936, l'idée germa, s'installa, grandit, poussa des racines et des branches en tous sens, jusqu'à remplir complètement nos esprits.

Repartir… Retourner « là-bas »…

Il faut repartir.

Quand repartir ?

Comment repartir ?

Nous partons !

Nous resterons longtemps !…

L'itinéraire fut élaboré, en lignes schématiques car il faut toujours respecter la part de l'imprévu, du hasard, de l'« occasion ».

Chargées de missions de préhistoire et d'ethnographie par les ministères de l'Éducation nationale et des Colonies, par le Muséum national d'Histoire naturelle et la Société de Géographie commerciale et d'Études coloniales, nous débarquerions fin décembre au Maroc où les autorités militaires nous avaient assurées de leur bienveillance, nous traverserions nord-sud les confins algéro-marocains et la Mauritanie, puis tournerions vers l'est jusqu'à Tombouctou ; de là, nous pourrions remonter au Maroc l'hiver suivant à travers le Sahara, par Araouane, Taoudeni et l'erg Chech. Toujours à chameau, bien entendu, puisque c'est le seul moyen de transport, animal ou mécanique, sur lequel nous ayons quelque autorité.

Ainsi la part de l'imprévu était largement assurée et la question « rester longtemps » ne nous laissait plus aucun doute.

Le matin du 15 janvier 1937, le convoi militaire, dont un camion nous emportait de Tiznit vers le sud, stoppa devant un écriteau : « Anja. Zone d'insécurité ». On vérifia nos laissez-passer, puis la sentinelle marocaine, en laissant tomber la chaîne qui barrait la route, nous ouvrit du même coup toutes les longues pistes de l'aventure.

C'est pour nous un agréable devoir d'exprimer ici notre gratitude envers M. Stern, ministre des Colonies, MM. les professeurs Lacroix, secrétaire perpétuel de l'Académie des Sciences, Rivet, Chevalier, Gruvel, et le général Brissaud-Desmaillets pour les missions qui nous ont été confiées, que nous nous sommes efforcées de remplir de notre mieux et qui nous ont valu l'appui des autorités civiles et militaires des pays traversés.

Nous remercions avec beaucoup de reconnaissance M. le résident général Noguès, le général François, le général Trinquet, le colonel de Froissard-Broissia et tous ceux qui ont bien voulu nous faire confiance. C'est grâce à eux, grâce à l'expérience et à l'aide des officiers des postes militaires du Maroc et de Mauritanie, de la Légion étrangère, des Compagnies du

Touât et de la Saoura, des Groupes nomades coloniaux de l'Adrar, du Hôd, de l'Azaouad et du Timétrine que nous avons pu mener à bien une mission qui comportait un si long et parfois si pénible itinéraire.

SAHEL

Marche toujours en avant de toi-même comme le premier chameau d'une caravane.

Proverbe arabe.

« Le ciel était assombri par la poudre comme à l'approche d'une tornade et, dans les nuages de sable soulevés par la fuite de la caravane, les balles tombaient sur nous, comme la pluie des mois chauds. *Ouallahi!* Ce fut une terrible bataille ! Les Chaamba, après avoir massacré beaucoup de monde aux salines de Taoudeni, nous avaient attendus derrière une montagne. Ils tuèrent presque tous mes compagnons que le voyage de Oualata, vingt-sept jours de marche pénible, avait affaiblis ; ils prirent nos chameaux et les charges de mil, de thé, de sucre, d'argent et d'étoffes que nous apportions pour payer les barres de sel ; ils prirent tout, jusqu'à nos pantalons !… Mais Moulana le Miséricordieux voulut que moi, son serviteur, et cinq autres chameliers de Oualata puissions nous enfuir avec deux chameaux. Après quatre jours de marche, nous avons bu à Bir-Ounân ; il fallut tuer un chameau pour manger. Après encore sept jours, nous sommes entrés à Araouane presque morts de fatigue, et de privations… »

L'homme se tut, pensif, les mains abandonnées sur ses genoux. Tout ce que nous savions de lui, c'est qu'il gardait ses chèvres dans ce coin de brousse, près de la mince ligne d'herbe foulée qui est la route de Néma à Tombouctou. Le feu de notre bivouac l'avait attiré.

Surgi de la nuit, l'inconnu avait donc murmuré les salutations de paix au seuil du rond de lumière qui était notre demeure nocturne; puis, il s'était accroupi, tranquillement, parmi les deux goumiers, les deux convoyeurs et notre serviteur noir, toute notre escorte.

C'était, après la longue marche silencieuse et les soucis du jour, l'heure douce où pétille le feu, où monte l'arôme du thé vert, la fumée du tabac, où le choc d'un caillou contre le pain de sucre rythme les récits de veillée, tandis que les chameaux rassasiés ruminent auprès du voyageur. L'heure fraternelle où l'on partage, où l'on raconte, où l'on écoute, où chacun est satisfait, bêtes et gens, avec si peu de chose…

Notre hôte était un pauvre hère, mais sa vieille tunique de coton indigo l'enveloppait de plis harmonieux; ses yeux avaient ce regard lointain des gens habitués à scruter des horizons vastes et nus, d'où peut venir le danger; il avait la grâce et la tranquille noblesse des Maures, des *Beidân* du Sahara occidental qui sont les cousins des *Bédouins* d'Arabie.

– Au bout de trois mois, une caravane de commerçants nous a ramenés à Oualata où nos parents nous croyaient morts. Tant d'autres n'étaient jamais revenus des mines de sel de Taoudeni ! Les Chaamba du Touât, les Berabich et les Touareg de Tombouctou, les R'Gueïbat du Rio de Oro avaient pillé tant de caravanes que la nôtre fut la dernière. Personne à Oualata n'osa plus monter chercher le sel… C'était ainsi il y a longtemps, longtemps, jusqu'à l'arrivée des Français. Maintenant les Français sont partout avec leurs goumiers, leurs tirailleurs, leur TSF et beaucoup de fusils. Alors, chaque année, il y a plus de mineurs à Taoudeni, et plus de chameaux dans les caravanes, et plus de barres de sel sur le marché de Tombouctou.

Il ajouta en riant derrière un pan de sa tunique :

– Même les deux madames-là vont monter à Taoudeni ! *Ach!* Il n'y a plus de danger, mais la route est dure !

Car nos compagnons lui avaient déjà chuchoté, afin de mieux accorder leur humble tâche avec leur vanité, que nous étions d'illustres voyageuses, riches et puissantes, et que, venues du Maroc à chameau à travers le Rio de Oro et la

Mauritanie, nous y retournions par l'ancienne route de l'or, des esclaves et du sel, avec l'*azalaï* d'hiver.

L'azalaï est l'énorme exode fait de cent caravanes, d'un millier d'hommes, de plusieurs milliers de chameaux qui, en novembre, se groupent à Araouane, cheminent douze jours sans points d'eau, sans pâturages, vers Taoudeni, sous la protection des pelotons méharistes du Soudan, échangent aux mines des monceaux de vivres contre des milliers de barres de sel gemme et rapportent ce sel aux négociants de Tombouctou et de Gao. Une autre azalaï, beaucoup moins importante, monte à Taoudeni en avril, afin d'assurer, malgré la saison chaude, le commerce du sel ainsi que le ravitaillement et la relève des mineurs.

Dans les pâturages du Hôd et dans ceux qui s'étendent au nord de Bassikounou, dans les champs de coton et de céréales du pays de Goundam, dans les forêts naines de Kabara et de l'Azaouad, tout le long de cette bande de terres fertiles, le Sahel, qui est en même temps la rive des fleuves Niger et Sénégal et celle du Sahara que les Arabes nomment la « Mer sans eau », il n'était question, en ce début de novembre, que de l'azalaï, du sel. C'était le grand souci des nomades maures et touareg qui louaient leurs chameaux et leurs serviteurs, des planteurs de mil et de tabac, des bergers qui emplissaient les outres de beurre liquide et préparaient le dur fromage sec, des tisserands du lac Faguibine qui fabriquaient en hâte des couvertures d'épais coton et de laine rude, des chasseurs qui vendaient cher la viande boucanée et la peau inusable des antilopes pour les vivres et le harnachement des caravanes.

« Le Sahara vit du commerce du sel », écrivait, au XVIe siècle, le sultan saadien Moulay-Ahmed el-Mansour, rêvant de faire main basse sur le principal centre de ce commerce, les mines de Teghazza.

Elles étaient situées à peu près à mi-chemin entre le Tafilalet et Tombouctou. Ibn Batouta, qui les visite en mars 1352, nous parle d'une ville en pierres de sel gemme, peuplée de Berbères messoufites de Oualata, tributaires de l'empereur du Mali. Leurs esclaves extraient et taillent de grandes tables de sel que des caravanes transportent vers les pays nègres.

Avant lui, au XIe siècle, El-Bekri avait signalé dans la même région Tatental qui ressemblait étrangement à Teghazza et qui exportait son sel vers Sidjilmassa, au Tafilalet, et Ghana, un peu à l'est de l'actuelle Néma.

Voici donc, isolée au milieu du Sahara comme une île sur l'océan, une ville riche d'un produit de première nécessité constituant la valeur d'échange la plus appréciée des pays noirs. C'est en somme le Trésor – un trésor inépuisable – des empereurs mandingues, puis après leur chute, au XVe siècle, celui des Askias songhaïs de Gao. Rien d'étonnant à ce que cette escale fût le lieu de rencontre des caravanes et un des marchés les plus actifs du trafic saharien. Le Soudan y montait l'or, les esclaves, l'ivoire, les plumes d'autruche, les aromates, le mil. Le Maroc apportait les dattes du Draa et du Tafilalet, les faïences vernissées de Fez et de Safi, des étoffes, des armes, des cuirs ouvragés et les verroteries orientales vendues au Maghreb par les mercantis phéniciens qui deviendront plus tard les Syriens.

Ainsi, au cœur de la « grande solitude », dans cette vallée désertique étirée entre les dunes de l'erg Chech, deux civilisations, l'Afrique blanche et l'Afrique noire, prenaient contact par leurs intérêts, leurs industries, leurs arts et leur pensée, car des lettrés en pèlerinage se joignaient souvent aux caravanes marchandes et, par eux, les universités du Sud étaient en relations avec celles du Maghreb.

V. Bonafos nous dit que le nom berbère de Teghazza signifie « celle que l'on fait garder », et que *azalaï* est un mot libyen qui désigne une troupe d'étrangers voyageant sous la protection du souverain.

En dépit de son administrateur et de ses miliciens songhaïs, Teghazza n'était pas bien gardée. Peut-être était-elle impossible à garder, de si loin, par ses propriétaires soudanais. Elle était pour eux une possession en pays étranger, car les peuples noirs sont des sédentaires liés à leurs fleuves, à leurs maisons et à leurs champs.

Le Sahara, lui, est le domaine des nomades, Berbères et Arabes, les hommes de la tente, éleveurs de chameaux et de troupeaux errants. Cependant, au sud de Teghazza, du fait de la domination passagère des Noirs, c'étaient les anciens Almoravides berbères, entrepreneurs d'azalaï, qui faisaient figure d'étrangers et payaient la gabelle.

Après un premier essai infructueux, le sultan Moulay-Ahmed el-Mansour, en 1591, confia une armée au célèbre pacha Djouder, renégat espagnol. Un vieux chroniqueur de Oualata rapporte que Djouder entra à Tombouctou avec les Armas en 999 de l'hégire : « Djouder, retiens-le, est venu en un an IX suivant deux autres 9. C'était un eunuque de petite taille, à la tête penchée. » Ces imperfections physiques, largement compensées par une artillerie encore inconnue des Soudanais, ne l'empêchèrent point de conquérir pour son maître Teghazza, Gao et le titre d'Edh-Dhehebi, le Doré.

L'édifice social de l'Ouest africain en fut bouleversé une fois de plus. L'autorité du sultan marocain s'étendit de la Méditerranée au Niger. Ses soldats remplacèrent à Teghazza ceux des empereurs noirs. Les esclaves des Berbères remplacèrent les travailleurs soudanais. Le commerce du sel, avec le trafic qu'il suscitait, continua à se faire comme avant, mais au bénéfice des tribus arabes et berbères protégées du sultan, et de ce sultan lui-même qui touchait les impôts.

« Celui qui veut entreprendre quelque chose en s'appuyant sur les nomades, a dit Métaab, un de leurs poètes, est comme celui qui voudrait édifier une maison sur l'eau. »

C'est ce qui fait leur charme, du moins pour le spectateur désintéressé qui n'a point l'ambition de construire. Sans ces fantaisistes et leur goût du déménagement, de la démolition, de l'invasion et de l'anarchie sous toutes ses formes les plus inattendues, la monotonie du Sahara ne serait pas supportable.

Il arriva donc, sans trop tarder, que les Saadiens du Draa, qui avaient détrôné les Mérinides zénètes du Touât, furent détrônés à leur tour par les Chorfas alaouites du Tafilalet. Les Arabes maq'il, originaires du Yémen, dont le calife égyptien El-Mostansir s'était débarrassé au Xe siècle, en les lançant à la conquête de la Tunisie, trouvant l'Atlantique au bout de leur course, tournèrent vers le sud et devinrent peu à peu les maîtres du Sahara occidental. D'anciennes tribus almoravides, contraintes de leur payer des redevances, et pillées par surcroît, reculèrent jusqu'aux steppes soudanaises, se fixèrent aux alentours d'Araouane et de Tombouctou et fondèrent un ksar à trois jours de marche au sud-est de Teghazza, près des salines de Taoudeni qu'elles se mirent à exploiter vers la fin du XVIIe siècle. Le courant caravanier, sous la poussée arabe, fut déporté encore un peu plus à l'est. L'axe Tombouctou-Taoudeni supplanta l'axe Oualata-Teghazza comme celui-ci avait remplacé Ghana-Tatental.

Sans qu'on puisse en connaître la date et la raison exacte, Teghazza fut définitivement abandonnée, soit que les guerres incessantes eussent effrayé ses habitants, soit que la difficulté de leur ravitaillement et l'appauvrissement des puits eussent rendu leur existence trop précaire, ou en raison de quelque autre de ces lois mystérieuses qui régissent la prospérité et la ruine des entreprises sahariennes.

La légende veut que sa destruction soit l'œuvre du pacha Djouder et que ses habitants aient été forcés de s'établir à Taoudeni. Il est très possible que l'artillerie saadienne y ait lancé quelques boulets et que des fuyards aient cherché la paix dans la solitude de Taoudeni. Mais les Marocains n'étaient pas si sots que de tarir une source de richesse que leur maître convoitait depuis si longtemps. Trente-deux ans après le passage de Djouder, Cheikh Ali ed-Draoui, amîn du sultan, percevait encore la gabelle à Teghazza, et l'exploitation de Taoudeni fut organisée par le chef des Kel-Araouane, Sidi El-Ouafi qui vécut de 1675 à 1730.

Au milieu de ce monde changeant, deux choses heureusement ne variaient pas : l'abondance des gisements de sel gemme et les exigences des consommateurs noirs. Le commerce reprit donc son essor, d'autant mieux que le sel de Taoudeni est réputé le meilleur, le plus blanc et le plus compact de tout le Sahara.

Les descendants des Almoravides réfugiés au Soudan s'étaient groupés en Kel-Araouane et Kel-es-Souk. Ils s'associèrent avec quelques émigrés du Draa déjà fixés à Taoudeni, et les esclaves des divers actionnaires se mirent au travail.

Retiré à 3 km des mines, dans le petit ksar fortifié de Smida, avec les réserves de vivres et les deux seuls puits d'eau potable de la région, un caïd des Kel-Araouane veillait au bon fonctionnement de l'entreprise, stimulait le zèle parfois défaillant des mineurs, réglementait la vente du sel dont il prélevait un dixième en paiement de ses services, défendait les intérêts de tous sans oublier les siens, et faisait la part du feu, c'est-à-dire des guerriers arabes dont il s'assurait la mansuétude par des redevances onéreuses. Quant aux Touareg, c'était l'affaire des caravaniers de se débrouiller avec eux entre Araouane et Tombouctou, l'indolence naturelle de ces pillards, jointe à une sage prudence, leur interdisant de longues expéditions vers le nord où ils eussent risqué la rencontre de rapaces plus redoutables qu'eux.

Les caravaniers de Oualata avaient appris la route des nouvelles salines, et aussi les Teknas de l'oued Noun, principale firme « Import Export » du Sahara occidental, désireux de rattacher la nouvelle ligne Tombouctou-Taoudeni à leur réseau de transactions qui s'étendait du Maroc au golfe de Guinée.

Vers 1850, arrivèrent les Tadjakants de Tindouf qu'on s'efforça d'évincer de l'affaire. Au lieu d'acheter du sel aux premiers occupants, ils achetèrent des esclaves experts au travail des mines, et cette nouvelle difficulté se trouva aplanie.

Dans cet équilibre complexe de producteurs, de transporteurs et de consommateurs, de rivalités et d'alliances, d'exigences et de concessions, de travail, et de rapines, Taoudeni eut un siècle de répit.

Naturellement, on commença à s'ennuyer. Pour se distraire, on ranima de vieilles rancunes, on noua des intrigues, surtout du côté de l'oued Noun et du Draa où les tribus sont nombreuses et d'origines diverses. On eut recours à la religion, à la politique et aux intérêts commerciaux, qui sont encore les plus sûrs prétextes de disputes que les hommes aient inventés.

Il est juste de reconnaître que, cette fois, pour Taoudeni, le trouble initial ne vint ni des Arabes ni des Berbères, mais d'un facteur nouveau : l'établissement des Français à Tombouctou en 1894.

Aussitôt, dans le Nord, la guerre sainte fut décidée. Les R'Gueïbat, fanatisés par le chef marabout Ma-el-Aïnin, entraînèrent d'autres tribus. Le chérif du Maroc, Moulay-Hassan le Cupide s'en mêla, et une grande agitation régna de nouveau dans ce désert qui semble si bien fait pour éveiller chez l'homme le goût de la paix, du renoncement et du silence.

Entre les fanatiques du Nord et les chrétiens débarqués à 700 km dans le Sud, les gens du sel restèrent prudemment neutres et rien ne changea pour eux jusqu'à ce que, en 1906, le lieutenant-colonel Laperrine et le capitaine Cauvin, se rejoignant à Taoudeni, en eussent pris possession.

Décrétée bien des Infidèles, Taoudeni vit ses propriétaires mis hors la loi coranique par les partisans de Ma-el-Aïnin, enchantés de ce *djihad* qui se doublait d'une excellente affaire commerciale. Troupeaux, campements, salines et caravanes furent la proie des rezzou. Le caïd de Taoudeni partit en dissidence avec les Berabich. Dans la débâcle générale, les Teknas trouvèrent plus avantageux de piller les caravanes avec les autres que d'y risquer leurs biens. En commerçants avisés, ils rattrapaient largement avec le trafic des armes ce qu'ils perdaient sur le sel. Un fusil à tir rapide acheté sur la côte aux contrebandiers canariens se revendait 9 ou 10 chameaux. Pour un chameau, on avait une quinzaine de cartouches. L'étendard vert couvrait tout, le trafic et le pillage. Et les Teknas, par ailleurs assez tièdes musulmans, assuraient en se frappant la poitrine qu'ils se ruinaient au service du Prophète.

Après les rezzou de 1910 et 1911 qui ne laissèrent même pas aux mineurs de quoi ne pas mourir de faim, les Français organisèrent à Taoudeni, Telig et El-Guettara des postes militaires confiés à des sergents commandant quelques tirailleurs. Le capitaine Bonafos a tracé un tableau concis et évocateur des malheurs de ces militaires et de leurs administrés.

« Pendant six mois, ces petites garnisons furent sans relations avec l'arrière. Le sergent Sue, chef de poste à Taoudeni, fut le seul gradé européen qui survécut à cette épreuve.

« Taoudeni, Telig, El-Guettara furent, après une expérience de six mois, évacués par la troupe. Les mineurs, abandonnés à nouveau, maltraités de plus belle, connurent des privations émouvantes lorsque les circonstances empêchèrent de faire l'azalaï d'été. A peu près tous les anciens Taoudeniens ont succombé, après des privations inhumaines, en quelques années. »

L'azalaï montait cependant, tant bien que mal, à Taoudeni. Le sel arrivait sur le marché de Tombouctou mais, de 65 000 barres en 1909, il tomba à 10 000 barres en 1923.

Enfin, en 1927, les intrigues d'un caïdat incertain et des tribus dissidentes se terminèrent par une tragédie qui est en même temps une des pages les plus douloureuses et les plus pures de la conquête française du Sahara. Le lieutenant Aurélien de Sèze qui accompagnait l'azalaï fut mortellement blessé le 2 décembre 1927 par le caïd Mokhtar el-Kounti avec lequel il venait traiter pacifiquement. Le poumon traversé d'une balle, il refusa de partir avant que justice fût faite et que l'atteinte portée en sa personne au prestige français fût réparée par la mort du caïd et de ses complices.

Le lendemain, sur un brancard, gardant malgré ses souffrances le commandement de ses tirailleurs et de l'azalaï, de Sèze reprit la longue route qu'il connaissait bien, qu'il avait plusieurs fois parcourue avec son enthousiasme et sa curiosité de jeune colonial, la route au bout de laquelle il mourut, le 11 décembre, à deux journées d'Araouane.

Après cela, l'administration de Tombouctou confia Taoudeni à un notable d'Araouane, Youbba ould Sidi-Mohamed. Sans doute le nouveau caïd jugea-t-il que la protection des Français, une pension de 150 francs par mois et l'autorisation de percevoir comme par le passé le dixième du sel contrôlé à l'extraction représentaient des bénéfices satisfaisants car il se tint tranquille et Taoudeni connut à nouveau une ère de paix.

Il va sans dire que tout l'effort de l'administration tendit désormais à affermir cette paix. Les Groupes nomades du Timétrine, d'Araouane et du Hôd font bonne garde au large des caravanes. La grande azalaï de décembre, conduite par un officier et quelques goumiers, traverse un désert sillonné par les longues reconnaissances d'hiver et les liaisons intercoloniales méharistes, automobiles et aériennes. Quelques soldats indigènes suffisent à assurer le bon ordre de la petite azalaï d'avril et des convois de ravitaillement avec lesquelles montent et descendent, deux fois l'an, les équipes de mineurs embauchés à Tombouctou. Sous le signe de l'Ancre, la prospérité des salines et la sécurité de ses exploitants gagnent tout ce que le romantisme barbaresque a perdu.

Par surcroît de bonheur, il est impossible qu'une administration européenne, si sage et sévère soit-elle, parvienne à discipliner totalement la fantaisie et le pittoresque inhérents à toute entreprise de nomades sahariens, ni à assagir la libre beauté de ces nomades eux-mêmes.

Aussi Marion Sénones et moi nous réjouissions-nous, avec une confiante curiosité, du spectacle qu'allaient offrir tant de Maures, de Touareg et de Noirs, menant des hordes de chameaux à travers un tel décor.

L'existence humaine au Sahara est moins précaire que jadis. Dans l'armature nouvelle, rien d'autre n'a changé et ne changera avant longtemps, ni la nature ni les hommes, leurs coutumes et leurs besoins. Le sel est toujours « l'aumône de Dieu aux pays pauvres ».

Les rouleaux des vagues sur la côte atlantique interdisent toujours d'y aménager des marais salants comme en Europe. Seuls, les gisements sahariens de sel gemme approvisionnent les populations noires du Sud pour lesquelles cette denrée si précieuse, si rare, constitue encore, bien mieux que l'or superflu, l'étalon monétaire.

En 1934, j'avais visité les sebkhas ou salines du Dahar[1], égrenées entre les dunes le long du littoral de la province du Trarza, au nord de Saint-Louis. C'est d'elles que sortent chaque année les 4000 à 5000 tonnes de sel en barres et en grains que la Mauritanie exporte vers le Sénégal et le Soudan par les caravanes d'ânes, de bœufs et de chameaux, et par les voiliers du fleuve.

Combien de fois avions-nous rencontré, dans l'Est mauritanien[2], de lentes petites caravanes transportant du nord de l'Adrar au Hodh soudanais, à plus de 1000 km vers le Sud, le sel gris de la sebkha d'Idjil ? Trop exposée aux pillards du Rio de Oro, elle fut délaissée jusqu'à la paix française et ne produit encore que 200 tonnes par an.

Il y a beaucoup d'autres sebkhas : celle de Tichitt, terre saturée de sel et de magnésie, l'*amersal* dont on purge les bestiaux ; Anajim, dans le Nord ; Touijinit, à l'ouest de Ouadane ; Tinioulig, découvert par un pèlerin, près du Hank, abandonné dans son erg depuis 1903 avec son puits coffré et son village en blocs de sel ; Chemchane, les sebkhas de l'Agneïtir, etc., que leur situation géographique, le manque d'eau potable, la qualité de leur sel ou d'autres raisons rendent inutilisables.

Le Sahara oriental possède les salines d'Agadès, du Dallol Fogha, et surtout celles de la région de Bilma qui attirent chaque année une azalaï de 20000 chameaux.

Le sel est une des bases de la vie économique, je dirais même de la vie sociale saharienne. Ce sont des Noirs sédentaires qui l'extraient, qui le consomment. Les Arabes et Berbères

1. *Pieds nus à travers la Mauritanie*, Phébus, 1992.
2. *La Grande Foire des dattes*, Plon, 1937.

nomades en trouvent suffisamment, dans la chair et le lait de leurs troupeaux nourris de pâturages salés, mais ce sont eux qui le transportent à travers d'immenses déserts. Il occupe des milliers de travailleurs. Il est la raison d'être de la grande ville de Tombouctou, du village aux cent puits d'Araouane, des flottilles qui le transportent le long des fleuves, du cheptel camélien qui se multiplie dans les pâturages du Sahel.

Par lui se créent des rapports, des liens entre des peuples éloignés, entre des tribus hier ennemies. Mais sa plus précieuse valeur sociale est d'entretenir chez les grands nomades de l'Ouest cette endurance, ce goût de l'espace, de l'exode, qui les poussaient jadis aux entreprises hasardeuses et guerrières, de muer les anciens pillards en caravaniers et de les empêcher de devenir des « Fils de l'Ombre », sédentaires abâtardis par la sécurité nouvelle.

Je vois d'ici votre air sceptique. Deux femmes peuvent-elles vraiment vivre au Sahara, y voyager à la manière des nomades, y travailler, et dans quelles conditions ?

Bon, la preuve est faite. Elles le peuvent puisque, sans être des championnes d'athlétisme, nous y avons vécu plus de deux ans. Les conditions d'existence ? Exactement les mêmes que celles des garçons, nos camarades de brousse. Il n'y a pas trente-six façons de vivre au Sahara, et, qu'on l'aime ou non, le genre « ascète » s'impose tôt ou tard, sans discussion possible. En voici les éléments par ordre croissant d'importance :

Habillement : Parties du Maroc en costumes de ski, chandails et bérets, nous sommes arrivées en Mauritanie en blouses légères, pantalons de percale nommés *seraouil*, courts mais larges de 2,50 m, serrés à la taille par une courroie à la mode indigène. Casques ou chech de coton bleu marine, selon le temps.

Matériel (réduit au minimum) : Nattes et couvertures indigènes, sacs de couchage. Marmite, deux bidons réglementaires, deux écuelles d'aluminium, deux cuillers, deux couteaux, deux

« quarts » aussi grands que possible pour le cas où l'on rencontre un troupeau de chèvres laitières. Cantines, grands sacs en peau de mouton ornés de franges et de découpes en cuir bariolé qui font un si joli effet derrière les selles et qui servent d'oreillers pendant la nuit (tant pis si vous tombez sur les planches de l'herbier ou sur le coin de la boîte à pharmacie, vous n'en dormirez pas plus mal !). L'ensemble de nos bagages pesait 200 kilos environ, pour deux personnes et pour plus d'un an. Ne pas oublier l'indispensable bouilloire et tout le nécessaire pour le thé dont vous boirez chaque jour trois séries au moins de quatre petits verres, copieusement sucré, parfumé de menthe, et qui sera la base même de votre alimentation.

Vivres : Quelques conserves pour les jours de fête ; riz que l'on mange parfois additionné de corned-beef, parfois d'oignons frits, toujours de sable ; fruits secs, biscuits, flocons d'avoine, pâtes, farine, cubes de bouillon ; un kilo de sucre et 150 grammes de thé vert par jour ; une petite outre de beurre indigène, liquide et rance ; et un grand sac de farine d'orge grillée que l'on délaie avec de l'eau et du sucre, aliment et boisson pour les nombreux jours où l'on n'a pas le temps de faire la cuisine.

Quant au combustible, la nature vous en fournira. Il n'y a pas d'exemple que, sur la dune ou le rag les plus dénués de végétation, un nomade n'ait pas trouvé un peu de vieille paille ou quelques racines pour faire bouillir son thé.

L'eau : Ici, nous commençons à parler de choses sérieuses, cet élément n'intéressant pas seulement les hommes mais aussi les chameaux. Vous en boirez de toutes les couleurs, de tous les goûts et de consistances variées. Quand on a fait 200 ou 300 km pour atteindre un puits, on trouve généralement son eau excellente. Elle l'est, d'ailleurs, fût-elle bourbeuse et mêlée de crottes de chameaux en comparaison de ce qu'elle sera après quelques jours passés dans une peau de bouc imperméabilisée au goudron, technique marocaine, ou au beurre rance, procédé saharien. Le pis est qu'elle soit magnésienne. Ne me parlez pas d'eau magnésienne, rien que son souvenir me donne mal au ventre ! Crever de chaleur, de soif, et boire de l'eau salée ! Avoir la dysenterie, et s'abreuver de purge ! Quelle qu'elle soit, elle est la vie même, car on peut vivre plusieurs jours sans manger tandis qu'en certaines circonstances particulièrement déshydratantes on ne peut rester une seule journée sans boire. Et c'est elle qui tient vos chameaux debout.

Et voilà où nous arrivons à l'essentiel : le *chameau* dont les exigences priment tous les autres soucis du voyageur, son plaisir, son travail et son repos. Très intéressant, la préhistoire et l'ethnographie, mais avant de chercher des cailloux pour le Muséum, trouvez un pâturage pour le chameau qui les transportera. Vous êtes pressé : allez au pas afin que votre monture vous porte jusqu'au but. Vous avez envie de dormir : aucune importance si votre chameau, lui, a besoin de boire ou de manger, mais si vous avez envie de faire la route, dormez si la bête a besoin de repos. Car, en définitive, c'est de sa force et de sa bonne volonté que dépend le succès de votre entreprise. Que, faute de soins, votre chameau crève à quelques centaines de kilomètres de tout secours, il y a bien des chances pour qu'un nomade, passant par là, trouve un jour votre squelette non loin de sa carcasse. D'ailleurs, les « glorieux bossus » ne sont pas mauvais bougres. Ils ont leurs réserves de vivres dans leurs bosses, et leurs outres dans leurs panses. Encore faut-il leur permettre de refaire leur plein en temps utile ! autrement, ils se vengeront de façon définitive, en s'accroupissant pour mourir, tranquillement, sans avis préalable et sans plaintes inutiles. Il y a bien longtemps qu'au désert je trouve mon meilleur plaisir à regarder mes chameaux se goinfrer, en rond autour d'un acacia, ou boire un « pot » de quatre-vingt-dix litres aussi aisément que vous buvez un petit verre de porto.

Caractère : craintifs, ronchonots, mais pleins de cœur.

A la première rencontre, votre monture vous a engueulé parce qu'un chameau raisonnable se méfie toujours d'un visage nouveau. Mais vous avez été correct avec lui ; pas de brusquerie ; en arrivant à la halte, un petit cadeau, quelques dattes, une pincée de tabac, selon les goûts, simplement une poignée de *had* ou de *sbat*, avec une caresse. Ce n'est pas un esclave mais un compagnon de route, et c'est votre intérêt de faire bon ménage avec lui.

Bientôt, il connaît votre voix, vos gestes, vos manies. Il proteste si le palefrenier place la *rahla* un peu plus en avant ou en arrière que d'habitude. Il vous regarde paisiblement lorsque vous approchez ; il sait exactement le temps qu'il vous faut pour sauter en selle et à quel moment précis vous voulez qu'il se remette debout. La nuit, vous et lui reposez côte à côte. J'en ai eu un qui adorait faire sa petite sieste, la tête posée sur mes genoux. Un autre qui préférait manger des gousses d'acacia dans ma main plutôt que de les cueillir lui-même et qui me racontait des histoires sans fin pour me distraire pendant la route. Et quand il faut se quitter à la dernière étape, votre chameau a encore la politesse de vous laisser l'illusion égoïste mais consolante qu'il vous regrette autant que vous le regrettez.

Celui qui a des chameaux doit avoir des bergers pour en prendre soin, et charger les bagages sur leurs dos – et celui qui fait un long voyage en pays étranger doit avoir un guide pour lui montrer la route.

Des escortes de trois ou quatre Maures se relayaient d'un poste français à l'autre depuis le début de notre voyage. Le chef d'escorte embauché à Néma était un brigadier qui se prétendait Berbouchi mais qu'on disait ancien esclave de Touareg. Il était grand faiseur de discours et d'histoires et fort content de sa personne. Le premier jour, afin de nous subjuguer définitivement, il enguirlanda son turban de lianes à grosses baies rouges, chaussa de magnifiques bottes jaune vif et épingla sur une tunique d'un bleu offensant des médailles qui prouvaient ses qualités guerrières. N'ayant aucune chance de bataille à lui offrir, nous eussions préféré qu'il possédât de bonnes outres et des notions précises de la route par laquelle il devait nous guider.

Il régnait à grand fracas sur trois convoyeurs ahuris dont il y a peu de choses à dire sinon que, chaque matin, les chameaux mal entravés étaient perdus et, chaque soir, quelque bagage était détérioré. Mais cela ne présentait qu'une importance temporaire et, de tous quatre, il ne serait plus question après Tombouctou.

Le seul élément stable de notre « maison » était Khouirou, le cuisinier noir. Quatre mois plus tôt, les officiers du poste de Tidjikja, au Tagant, nous avaient persuadées avec raison que la présence d'un boy améliorerait grandement notre existence en brousse puisque nous ne pouvions faire aucune cuisine ni autre travail ménager nous-mêmes sans « perdre la face », ni en exiger de guerriers maures absolument incompétents. C'est alors que Khouirou était entré dans notre vie.

C'était un *hartani*, c'est-à-dire un fils d'esclaves affranchis d'une tribu maraboutique de Tidjikja. Il était grand et fort, parlait un français pittoresque mais suffisant et son caractère était le plus paisible du monde. Quand on lui demandait son âge, il haussait les épaules en signe d'ignorance et répondait :

– Dix-sept ans… ou peut-être trente…

Le premier chiffre était certainement plus près de la vérité puisque sa barbe commença à pousser pendant le voyage.

On nous fit de sages recommandations sur la façon d'utiliser un boy et de s'en méfier, des recommandations si compliquées que Marion trouva beaucoup plus simple de lui expliquer une fois pour toutes le contenu des sacs de provisions et de lui en remettre les clefs. Cette confiance fut récompensée. Certes, lorsque Khouirou avait envie de boire du thé, il s'en préparait, ce qui était logique, mais, en garçon bien élevé, il nous invitait toujours à le boire avec lui ! Dans les villages, s'il lui arrivait de payer quelque menu service, avec nos biens, il le faisait raisonnablement, d'un morceau de viande qui, à 2 francs le kilo, valait bien 10 sous, ou d'un œuf qui en valait 1 ou 2.

D'ailleurs, Dieu soit loué ! Khouirou n'était pas un *boy* mais un *serviteur* noir qui agissait envers nous comme il eût agi envers son patron, le marabout de Tidjikja. Chez les Maures, les serviteurs sont des membres subalternes de la famille et les biens de leurs maîtres sont un peu leur propriété. Ce système procure, de part et d'autre, une précieuse tranquillité d'esprit.

A dire le vrai, ses débuts n'avaient pas été brillants. Khouirou était un ksourien planteur de palmiers, et non un nomade. Il avait eu des démêlés retentissants avec ses chameaux… et, par contrecoup, avec moi. Les peaux de bouc avaient causé bien des drames, Khouirou trouvant superflu de les laver puisque, fatalement, elles redeviendraient sales, alors que nous jugions inutile d'avaler de la vase quand, par hasard, on pouvait boire de l'eau claire. Enfin, il considérait que l'invraisemblable saleté de ses vêtements était une affaire strictement personnelle. Il était venu avec nous à contrecœur sur l'ordre des officiers du poste et opposait à toutes les gronderies une indifférence décourageante, comme si d'être fâchées était une irrémédiable question de nature, de race ou de religion à laquelle lui, Khouirou, ne pouvait rien.

Puis, soudain, pendant une période de vie calme et sédentaire dans un ksar, il découvrit des rapports entre ses sottises et nos reproches et entrevit la possibilité de gagner une paix qui lui semblait digne de bien des concessions. De ce jour, il montra une application touchante, une bonne volonté infinie, nous cuisina des plats étonnants, échafauda des systèmes de bains-marie avec des boîtes de conserve, boulangea des petits pains dorés sous une bassine de fer retournée, nous honora de boubous éblouissants, se fit interprète, blanchisseuse, chef du protocole et palefrenier de première classe, car il avait appris, mieux que personne, à faire tenir nos selles en équilibre sur des chameaux sans bosses.

Désormais, une harmonie amicale régna dans notre caravane.

Khouirou avait si bon caractère ! Il accueillait les taquineries comme des attentions flatteuses. Dans les pires vicissitudes, dans les déserts les plus rebutants, lorsque, un peu gênées, nous lui demandions de ses nouvelles, il répondait avec sérénité :

– Plaît à Dieu, je suis agréable !

Le seul service auquel il se refusa longtemps fut de porter mon fusil de chasse pendant les étapes. Ceci était l'affaire des guerriers et non d'un serviteur de pieux marabouts qui regardaient les armes comme des objets impurs.

Un jour, ayant tué des tourterelles, je les lui apportai, disant :

– Celle-ci est pour toi.

– Non, madame, merci, merci !

– Tu peux la manger. Elle était encore vivante lorsqu'un Maure lui a coupé la tête bien comme il faut, le bec vers le tombeau du Prophète.

– Non, madame, pas moyen !

– Pourquoi ?

– Pas moyen manger si un musulman n'a pas dit : *Bismillah!* juste avec le coup de fusil.

– Bon, viens avec moi !

Khouirou, ayant murmuré le mot magique à l'instant précis où j'appuyai sur la gâchette, ramassa l'oiseau, lui trancha la gorge et, toute réflexion faite, l'abandonna sur le sable.

– Je vais te dire, avoua-t-il enfin ; le musulman ne peut pas manger une bête tuée par une femme. Chez nous, si une femme a trop faim et si elle est seule avec son mouton, elle ne peut pas le tuer pour manger. C'est parce que la religion dit que la femme n'a pas le droit de tuer puisque Dieu l'a mise sur la terre pour donner la vie.

Un de nos étonnements au sujet de Khouirou, c'était les lettres qu'il nous dictait pour sa famille, ou plutôt *la* lettre car le texte n'en variait jamais :

« Je salue mon père Cheikh Ali. Je salue ma mère. Je salue mon frère Ali. Je salue mon frère Mokhtar. Je salue Khoukaïa. Je salue… »

Ainsi de suite jusqu'en bas de la page. Puis il signait en caractères arabes.

– N'as-tu rien d'autre à leur dire ?… Par exemple que tu es bien portant ? Ou que tu as fait bon voyage ? Et dans quel pays nous allons ?…

– Si tu veux !

Ces détails étaient sans importance ; seules les salutations comptaient.

Pourtant, il ne faudrait pas croire que Khouirou fût dénué de sentiment. Une triste histoire de fiançailles rompues en faisait foi. Il s'agissait d'une jeune fille « trop jolie », grasse, toute bleuie d'indigo et rougie de henné, avec des perles plein les cheveux. Le père de Khouirou ayant interdit ce mariage, je ne sais trop pourquoi, le pauvre fiancé en avait éprouvé un tel chagrin qu'il n'avait pas pu manger de viande pendant quatre jours, ni boire de thé, ce qui, chez un Maure, doit être une preuve d'amour rare et indiscutable. Maintenant, il était consolé… et saluait Khoukaïa dans chacune de ses lettres.

Il se montrait envers nous d'une confiance ingénue, nous racontait sa vie, ses projets, et les légendes, fables et coutumes de son pays. Je crois même qu'il s'était attaché à nous avec cette tenace fidélité des serviteurs noirs. A chaque poste français, nous lui tenions à peu près le même discours :

– Nous préférons que tu restes avec nous, mais tu es libre et si tu veux retourner au Tagant, nous te procurerons un bon chameau et un guide.

Malgré la nostalgie qui le prenait souvent, sa réponse était invariable :

– Si tu es contente de moi, je suis content de rester. Je suis agréable !

Ce qui était vraiment une chance car je ne sais comment nous l'aurions remplacé.

Pour le moment, il nous accompagnait à Tombouctou, sans toutefois engager l'avenir car on allait chez les Noirs, les *Soudâni*, qu'il méprisait, puis au Maroc qui était, paraît-il, « le pays de son ennemi ».

Si je vous ai trop longuement présenté Khouirou, c'est que je me suis abandonnée à des souvenirs pleins d'affectueuse gratitude pour son dévouement, et aussi parce qu'il sera votre compagnon de route jusqu'au bout de ce livre.

Le luxe, le pittoresque, la fantaisie de notre caravane, c'était Rachid, guépard de son métier. Ce n'était encore, à vrai dire, qu'un guépiot dont nous avions fait la connaissance dans un grand jardin de sable ombragé de palmiers où il jouait fort innocemment avec des enfants de son âge, des enfants d'hommes, de lévriers et de gazelles. Le lieutenant résident, qui le tenait d'un chérif, arrière-petit-neveu du Prophète, et l'avait élevé au biberon avec une grande sollicitude, pensa qu'il serait une excellente mascotte pour une mission de préhistoire. Nous avions déjà refusé, au cours de nos voyages sahariens, plusieurs lionceaux, quelques chacals, une jeune hyène et un bébé panthère ; mais un guépard, c'était irrésistible !

Rachid fut donc installé sur le dos d'un chameau, dans une grande caisse à claire-voie calée sur deux sacs de dattes sèches, et un convoyeur en fut spécialement chargé. C'est ainsi que ce guépard entra dans la noble carrière de méhariste, pour laquelle, d'ailleurs, il ne montra jamais aucun goût, et traversa le Sahara en poussant des petits cris aigus qui lui valurent le surnom d'Alouette du désert.

Oualata-Tombouctou : 600 km de savanes et de broussailles déroulés en longues plaines où l'*eisen* en fleur mêlait son parfum d'oranger à l'odeur âcre des euphorbes *ifernân* froissées au passage des chameaux. Le Sahel sous son manteau végétal dru, piquant, déjà sec un mois après les pluies. Le Sahel au nord de Bassikounou, dans la région humide nommée Irrigi, et qui est vide, sans eau et sans repères.

Nous laissions en arrière les tentes des Maures soudanais qui arrondissent leurs dômes de coton blanc sur des arceaux de bois. Nous allions trouver celles des Touareg, les hocoums en peaux de bœuf mussées comme d'énormes champignons roux dans la triste verdure. Les pâtres au visage voilé, couronnés de torsades d'étoffe, nous regardaient passer, immobiles et indifférents, appuyés à leurs lances au milieu de leurs chèvres.

A trois jours de Néma, le voyageur aperçoit soudain un miracle de verdure et de fleurs posé sur la plaine jaunie : la mare de Dendaré avec ses champs de nénuphars, ses allées d'eau, ses îles peuplées d'ibis et de canards et ses retraites humides sous la voûte des grands arbres. Immense bouquet miré dans l'eau profonde; volière que garde l'aridité environnante. Liés aux branches flexibles, des nids de paille rose pendent comme des fruits.

Paradis de bêtes – bandits et victimes pêle-mêle. Dans l'ombre des bosquets de lianes enchevêtrées sur la berge, rôdent les crocodiles et les varans hideux; serpents et lézards glissent sans bruit sous le couvert des roseaux. Aux cimes guettent les vautours. Les tourterelles roucoulent aux basses branches. Les échassiers tracent lentement leur route parmi les nénuphars blancs. L'essaim innombrable des tisserins, des toucans, des bengalis multicolores, des guêpiers, des rolliers de métal bleu et vert tournoie, scintille, s'aime et se querelle, piaille, chante et mène sa fête éphémère sans souci des menaces.

Sous les fleurs et les longues gousses orange des lianes, l'araignée et le caméléon guettent les insectes, l'une au cœur de sa toile, l'autre accroché par la spirale de sa queue, pareil à un bijou de jade.

Les anciens avaient un grand village à Dendaré. Il n'en reste rien que, au sud-ouest de l'étang, des talus rectilignes peut-être vestiges de murailles, quelques pierres taillées, des tessons de poteries et des résidus de minerai de fer éparpillés dans l'herbe rude.

C'est là, entre la mare de Dendaré et le lac Faguibine, que nous faillîmes mourir de soif! Le brigadier s'était vanté de nous conduire par une traverse... qu'il ignorait. Les autres Maures de notre escorte n'en savaient pas davantage. Leurs vieilles outres déchirées – trois pour quatre hommes – étaient à peu près vides. Au départ, on avait compté sur celles des Nazaréennes. On les pillait en route et, pour expliquer le déficit, on y perçait des trous qu'on rebouchait ensuite avec des bâtonnets entortillés de chiffons. Par surcroît, il faisait chaud…

Depuis deux jours déjà, nous tracions dans l'herbe sèche d'étranges sinuosités. Le troisième jour, les chameaux de bât, avec leurs convoyeurs, ne parurent pas au rendez-vous de midi. D'ailleurs, la halte fut brève; il ne fallait pas s'attarder : les deux Maures qui nous accompagnaient n'avaient plus d'eau; il nous en restait à peine trois litres pour nous et notre cuisinier, le seul dont nous étions responsables. Et nous ignorions tous à quelle distance et en quelle direction se trouvait le prochain puits.

On marcha vite, tout le jour, de 5 heures du matin à 8 heures du soir. On essaya tous les points cardinaux, sauf l'ouest d'où nous venions. On injuria le guide. Tout cela n'aurait servi à rien sans un enfant qui passait en chantant, juché sur un petit chameau, et qui nous conduisit à Bou-Zeriba.

C'est un grand puits coffré de bois et de pierres d'où, nuit et jour, serviteurs et bêtes de somme tirent de 65 m de profondeur une eau abondante et fortement magnésienne. Les Maures viennent de loin pour faire leur cure à ce Châtel guyon sahélien. Il y avait comme toujours beaucoup de monde, qui menait grand bruit, et deux hommes furent envoyés à la recherche du convoi perdu.

Le lendemain, la caravane était encore une fois au complet, sous la direction d'un nouveau guide. Tout est bien qui finit bien, mais ce serait un bluff inutile de prétendre qu'au Sahara nous n'avons jamais eu peur…

Finie la brousse sauvage. Nous cheminions à présent à travers des cultures de mil, de *niébé*, de coton en fleur et de tabac. Le chemin creusé dans la poussière par les pieds des gens et de leurs bêtes traversait des villages de paillotes. Une paysannerie noire, paisible et travailleuse, nous entourait. Le bruit des métiers à tisser, le battement régulier des pilons à mil scandaient la vie des hameaux.

Nous ne rencontrions guère de méharistes, mais des bergers peuhls menant leurs zébus et leurs chèvres, et des cavaliers touareg que leurs petites montures râblées emportaient au galop dans un cliquetis de sonnailles, d'amulettes, de dagues et de lances, et de harnachements de cuivre.

C'était le pays du lac Faguibine.

Le 2 novembre à la tombée du jour, l'escalade d'une petite dune nous le découvrit soudain tout proche, étalé à nos pieds. Le crépuscule moirait de reflets roses et d'ombres verdâtres son eau calme où glissaient des pirogues. Au loin se dressaient des montagnes d'estampes chinoises, grisâtres et nues, vers lesquelles s'éloignaient en flèches des vols d'ibis. L'eau venait mourir sur une longue plage de sable blanc, lisse et unie.

Tout était lisse et uni, doucement teinté, sans heurts ni limites précises, et baigné de profonde paix.

En haut de la plage, devant les huttes du village de M'Bouna, les feux du soir brillaient sous de légères fumées bleues.

Des villageois s'avancèrent à notre rencontre, des Noirs songhaïs noblement drapés dans de lourdes toges de coton blanc, à tissage serré, mat et velouté comme de la peau de daim. Des bandes de jolis dessins bleu marine les traversaient au milieu du dos et aux extrémités. Chaque homme tisse, à M'Bouna, une fois pour toutes, le manteau de sa vie.

– Vous allez à Tombouctou ? nous dit le plus âgé. Que Dieu protège votre route ! L'or vient du sud, le sel vient du nord, mais la parole de Dieu et les trésors de la sagesse ne se trouvent qu'à Tombouctou. Pour nous, gens de M'Bouna, votre visite est un honneur.

Ils sont charmants, au bord de l'eau, ces villages de pêcheurs, de paysans, de tisseurs de nattes et de couvertures, environnés de magnifiques cultures. Point de banco rugueux ni de chaume hérissé mais, posées sur le sable fin, comme des corbeilles retournées, des huttes ovales en nattes unies ou rayées de bandes noir et rouge simulant des pilastres à chapiteaux évasés. Ces nattes sont soigneusement tendues sur une armature d'arceaux en tiges de mil et branches de *tourdja* ligaturées de cuir rouge. Sous ce toit léger, d'autres nattes tissées de peau coloriée forment les murs. Cela tient du berceau, de la barque, du nid.

Qu'elle était belle, la hutte de notre sieste, à Bitacongo ! Celle du chef de village. Une jeune femme drapée à l'hindoue, dans un grand voile blanc, un bébé sur la hanche, nous en fit les honneurs. Je lui garde de la reconnaissance pour la joie que me donnèrent son sourire enfantin, la noblesse de sa démarche nonchalante et la grâce de ses gestes maniant les calebasses noircies et les corbeilles recouvertes de cuir peint. A chaque mouvement, ses bracelets tintaient doucement. Un bijou d'or brillait sur son front au bord d'un casque de petites nattes. Elle était calme et harmonieuse. Elle ressemblait au paysage.

C'était, comme tous les villageois, une tributaire des Touareg. Les maîtres étaient là, rapaces, surveillant les récoltes des cultivateurs et le retour des pirogues chargées de grands poissons d'argent. C'est leur seul travail ; ne pouvant plus piller les caravanes et les villages, ils ne savent que percevoir les dîmes, dormir à l'ombre des huttes et parader dans leurs oripeaux encombrants. On les voit pendant des heures, immobiles comme des affiches de tourisme saharien, avec leurs liasses de grigris rouge et turquoise et leur attirail d'armes de comédie. Existe-t-il rien de plus obsédant, de plus fat, de plus paresseux que les Touareg Kel-Antassar de l'Ouest ?

Bois de mimosacées touffues alourdies de gousses tendres, hautes plantations de mil bruissant au moindre souffle, verdure molle du tabac, verdure rêche des pastèques, fleurs roses et jaunes du coton, campagne soudanaise gonflée de sève, vous reverrai-je jamais ? Ne dormirai-je plus dans la pénombre de ta hutte légère, petite madone noire, belle et amicale, penchée vers ton bébé ? N'apercevrai-je plus au détour du chemin le Faguibine couleur d'opale, entre sa grève unie et ses montagnes nues ?

Nous l'avons quitté à l'heure d'apaisement qui succède aux heures chaudes. Un bras du lac barrait notre route. Les hommes, saisissant les brides, entraînèrent les chameaux tout chargés, tout montés, qui descendirent docilement la plage. L'eau gagna le long des jambes, des cuisses, jusqu'aux ventres, jusqu'aux flancs. Nos montures avançaient dans l'eau, se balançant, s'arrêtant pour boire goulûment. On était comme sur des barques vivantes, des barques de Vikings aux proues allongées en têtes d'animaux.

Une pirogue portée par le courant fila près de nous. Une caravane d'âniers traversa, conduite par un vieil homme qui portait un ânon sur ses épaules.

Sur l'autre rive, des fillettes qui se baignaient s'enfuirent. Des ibis s'envolèrent contre le ciel mauve avec des cris perçants. Debout dans l'eau verte d'une mare, de grands zébus blanc et roux buvaient ou rêvassaient, lourds et pacifiques.

Devant nous, il y avait quelques montagnes, la forêt rabougrie de Kabara, demain Tombouctou et l'aridité du pays du sel.

TOMBOUCTOU

La civilisation, c'est la vie sédentaire et le luxe. Le caractère des hommes formés sous l'influence de la vie sédentaire et du luxe est en lui-même le mal personnifié.

IBN KHALDOUN, *Prolégomènes*, 104, t. XX, p. 306.

Lorsqu'on chemine dans la brousse depuis douze jours, lorsque le zèle primitif de l'escorte n'est plus qu'un souvenir, que les chameaux sont las, que les vivres s'épuisent et que, pour la dernière étape, on a couvert 80 km en dix heures trente afin d'arriver réglementairement à la date prévue par l'administration, le but, quel qu'il soit, semble un havre d'amitié, de fraîcheur et de repos. Notre but, à Marion Sénones et à moi, ce soir du 4 novembre, était Tombouctou, et notre joyeuse émotion venait à la fois des raisons énoncées ci-dessus, de la vieille curiosité qui allait enfin être satisfaite et de l'ignorance où nous étions du lot de déboires et de tracas que nous réservait cette longue masse sombre où brillaient tant de feux.

Nos illusions furent de courte durée. Le soir même, nous apprenions que 10 chameaux étaient retenus, à raison de 500 francs l'un, pour nous transporter de Tombouctou à Taoudeni, soit 750 km. Après quoi on ne pouvait plus rien nous fournir, ni escorte ni montures. Taoudeni n'étant pas précisément un lieu de villégiature, il fallait donc revenir par le même chemin… et au même tarif. Trois semaines auparavant, on nous avait bien averties par radio de tous les détails relatifs à notre voyage, mais un officier avait supprimé l'invraisemblable prix des chameaux, l'attribuant à une erreur de transmission. Notre silence avait été considéré comme une acceptation, que nous reniâmes énergiquement, sans l'ombre d'un scrupule.

La location d'une monture, Tombouctou-Taoudeni aller et retour, est de 350 francs au tarif militaire, 200 à 250 francs au titre privé. Un chameau d'azalaï rapporte 100 à 150 francs à son propriétaire pour un travail qui le met hors d'usage pendant six mois. Enfin, à Tombouctou, un beau méhari se vend 1 500 francs. Si nous étions déçues, un autre l'était certainement autant que nous : le chef de tribu à qui l'administration, pour quelque raison diplomatique, avait promis une si exceptionnelle aubaine.

Au nord de Tombouctou s'étendent les pâturages de l'Azaouad, c'est-à-dire 100 km de sable couvert de graminées piquantes et d'arbustes épineux. Un régal pour les chameaux qui s'y font consciencieusement, le plus longtemps possible, de belles bosses de réserves avant le long jeûne de Taoudeni. Bientôt les bergers les pousseraient vers les puits d'Araouane où le départ de l'azalaï était fixé, cette année-là, au 27 novembre. Afin de les rejoindre, nous devions quitter Tombouctou le 20. Il nous restait donc quinze jours pour nous débrouiller par nos propres moyens en dépit et, autant que possible, à l'insu de l'administration.

Le Grand Chef de Tombouctou et le Maître de l'azalaï tenaient notre sort entre leurs mains. Je ne désignerai pas autrement ces autorités par affection pour une arme que j'admire et où je compte des camarades qui ont droit à ma reconnaissance.

Ni l'un ni l'autre ne voyait notre projet d'un bon œil. Pas plus que le gouverneur du Soudan qui avait sorti, après un an de méditation, les vieilles formules bien connues à notre précédent voyage : « aux risques et périls des intéressées… sans frais pour la colonie… etc. ». Pas plus que le gouverneur général de l'A.-O.F. qui s'était déchargé de toute responsabilité sur le gouverneur du Soudan.

Le grand Chef se fût peut-être montré conciliant. Il nous avait même proposé des chameaux qu'un notable berbouchi consentait, par faveur exceptionnelle, à nous louer au tarif normal de l'administration. Mais le Maître de l'azalaï veillait. C'était lui qui, entouré des goumiers et des chefs indigènes, marcherait en tête de la grande caravane jusqu'à Taoudeni, et ce maigre petit homme jaune s'en voyait grandi en Moïse menant vers Canaan le peuple d'Israël. Évidemment, le fait que deux femmes chemineraient avec *son* azalaï couperait court aux récits héroïques qu'il en faisait déjà. Encore une vieille histoire !...

D'abord, en l'absence du Grand Chef parti en auto pour Taoudeni, on nous contraignit à refuser les chameaux du Berbouchi, ce lourd sacrifice imposé à une tribu menaçant, paraît-il, de troubler le bon ordre du Cercle. On nous conseilla, avec un sourire de coin, l'avion de Gao ou le paquebot de Dakar. Enfin, ne pouvant raisonnablement interdire un voyage auquel, fortes de notre droit, nous nous obstinions, on chercha par tous les moyens à nous décourager ou à nous empêcher de partir.

On peut se concilier le bon vouloir des indigènes, on peut apprivoiser des chameaux rétifs, éviter les bêtes et les plantes nuisibles, ruser avec les inconvénients d'un pays qui n'est point conçu pour les aises de l'Européen, mais on ne peut rien contre la malveillance d'un compatriote.

Vous imaginez peut-être, vous autres de la Métropole, que des Européens isolés au-delà du Tropique, en face des forces obscures des indigènes, de la brousse et du climat, vont se sentir solidaires devant l'adversaire commun et chercher dans l'amitié la douceur que cette terre leur refuse ? Cela se voit, certes, car il y a du bon monde partout mais, si absurde que cela vous semble, il arrive souvent que plus la nature est hargneuse, plus les hommes prennent de plaisir à ajouter pour leurs proches semblables mille tracasseries à ses désagréments. Si ces pauvres types se privent ainsi de joies plus certaines, ils y trouvent à la fois une distraction, la revanche de leurs propres ennuis, l'exaltation de leur vanité – ces stoïques qui, eux, résistent à tout ! – et le plus facile moyen d'affirmer et d'élargir leur éphémère autorité.

Bien sûr, nous aurions pu donner à notre mission un cachet « tourisme de luxe » que les ministères intéressés n'avaient pas prévu. L'accueil trouvé à Tombouctou était une excuse valable pour un retour en avion ou en paquebot assez impropre à des recherches de préhistoire. Nous avions le choix. Toujours, d'ailleurs, devant les situations particulièrement décourageantes, maladies, itinéraires hasardeux, saisons défavorables, nous avions le choix : lâcher prise ou lutter. Sans cette possibilité de choisir et ce sentiment de relative liberté, l'effort n'aurait pas eu tant d'attrait ni le succès tant de saveur. Toujours aussi, un goût têtu de la résistance joint à l'appel de la brousse, à l'ensorcellement des terres de soleil et à un sens obscur, sans doute excessif, du devoir que nous nous étions à nous-mêmes tracé, nous poussait vers l'insaisissable « plus loin ». Cette fois encore, notre choix serait le même.

Et la lutte s'engagea, sournoise, dans cette atmosphère de délation et d'espionnage propre à Tombouctou la Mystérieuse.

Par chance, nous avions un allié, un blédard qui mit à notre service sa longue expérience soudanaise. Dix fois, par son intermédiaire, des locations furent conclues, qu'aussitôt le Maître de l'azalaï, prévenu secrètement, faisait annuler. Une heure plus tard, au moment même où nous fêtions notre succès, un messager venait en hâte nous prévenir que l'accord était rompu. Tantôt c'était un frère, ou un vague cousin, ou l'associé, ou le chef de tribu du propriétaire qui s'y opposait. Tantôt on avait appris, comme par miracle, que les chameaux étaient partis, très loin. Ou bien encore, on avait oublié qu'ils étaient déjà loués.

Le dernier de ces conciliabules eut lieu, par prudence, la nuit.

Un vieil Arabe madré, voilé, arriva sans bruit, ombre dans l'ombre des murailles. « Il n'était qu'un pauvre homme, tout entier dans la main d'Allah, mais son cœur ne pouvait rien refuser à notre ami qui était à la fois son père, sa mère et les yeux de sa tête. » Il consentait donc à retirer de l'azalaï et à nous louer huit chameaux vigoureux et deux convoyeurs dévoués qui nous conduiraient à Tindouf et en rapporteraient un chargement de marchandises marocaines.

On parla tout bas autour du plateau à thé. Khouirou, avec cet esprit familial qui, unissant les serviteurs noirs à leurs maîtres, leur fait prendre part aux joies et aux peines communes, guettait sur la terrasse. Cela vous avait un petit air romantique du temps de René Caillié, du temps où des cartes peuplées de Vents et de Génies offraient encore aux voyageurs les grands espaces blancs des Terres Inconnues.

Une vraie chance, somme toute, de retrouver cette atmosphère excitante en novembre 1937, à cent mètres de Fort-Bonnier !

Autour de nous, la ville dormait, le Maître de l'azalaï dans sa villa, les tirailleurs dans leurs casernes, quelques indigènes sur le sable de la ruelle. On ne voyait pas un feu ; on n'entendait pas un murmure. Le vieux gardien du bâtiment administratif où nous logions dormait aussi dans un coin de la cour ; et même notre guépard Rachid, allongé sans méfiance auprès du brasero.

Le thé étant bu, chaque point de l'affaire minutieusement réglé, le bonhomme murmura une prière, ramena son turban sur son visage et, bleu sombre, s'effaça dans la nuit.

A l'aube, par ordre supérieur, il avait disparu dans la brousse avec ses chameaux, et il n'en sera plus question au cours de ce récit.

Après cela, j'allai trouver notre ennemi et l'assurer au cours d'une explication orageuse que nous n'étions pas venues de si loin, au prix de tant de peines, pour échouer par sa faute et que, puisque nous en avions l'autorisation officielle, nous partirions vers le nord au jour fixé, le 20 novembre, montées sur d'excellents chameaux. Ce qu'il nous souhaita avec un sourire incrédule.

Il n'y avait plus rien à faire qu'à attendre, obstinément confiantes en notre bonne chance qui nous avait tirées de tant de mauvais pas.

La ville elle-même était une déception comme elle le fut pour bien d'autres voyageurs. Souvent, du haut de la maison, je contemplais cette agglomération d'argile beige, cet immense damier de terrasses étendu devant moi. Une zone de paillotes, de tentes, de ruines et de terrains vagues jonchés de détritus et d'ossements l'encerclait. Ces faubourgs où bivouaquaient les caravanes devaient être bien semblables au pauvre campement confié par les pasteurs touareg à la « Vieille-au-gros-nombril », il y a huit cents ans. A cause de son exceptionnelle situation au bord du Niger et aux confins du Sahara, les commerçants de Djenné devaient bientôt en faire une ville, le plus riche marché du Soudan, nœud des relations intellectuelles et économiques entre l'Afrique du Nord et le pays des Noirs, « là où se rencontrent ceux qui voyagent en pirogue et ceux qui voyagent à chameau ».

Vers le nord, un poudroiement jaune évoquait le désert; au sud, la forêt épineuse de Kabara annonçait le fleuve. Enchâssées dans la ville, quelques verdures bien rares, taches d'émail sur une poterie rugueuse. Le jardin du poste autour de son étang ressuscitait les jardins morts des Askias songhaïs, les maîtres qui, aux XVᵉ et XVIᵉ siècles, établirent si fortement la grandeur morale et matérielle de Tombouctou que son prestige en demeure dans toutes les imaginations.

La reine du Désert! En avions-nous rêvé! A présent, nous y étions, misérables et désappointées. Il nous fallait regarder les lourdes pyramides tronquées des minarets de Ghinghéréber, de Sankoré et de l'oratoire du saint patron de Tombouctou, Sidi Yahia, pour croire au temps où du fond du Sahara, une cité de 50 000 âmes, le « cerveau du Soudan », par ses sages, ses savants, ses poètes, les trésors de ses bibliothèques, sa beauté, sa puissance, projetait son rayonnement et sa force d'attraction jusqu'aux universités musulmanes du Maghreb, d'Espagne, d'Égypte et de Syrie.

Des Songhaïs de Djenné, la métropole noire tenait les traditions égyptiennes. La religion de Mahomet, la langue, les sciences et les lettres arabes lui furent apportées par les Maures almoravides exilés d'Espagne et du Maroc, les caravaniers en relations avec les Écoles du Nord et, au XVe siècle, les émigrants de la ville universitaire et commerçante de Oualata attirés par le renom de leur jeune voisine.

L'invasion marocaine de 1591 marque une décadence qu'accélèrent les rivalités et la tyrannie des nouveaux pachas, puis les brigandages passivement soufferts des Touareg, des Maures et des Toucouleurs.

Étrange cité, si forte dans le domaine de l'esprit, si lâche pourtant qu'elle ne peut vivre sans un maître et préfère l'asservissement au souci de sa liberté. C'est elle-même qui s'offre au roi de Mali en 1330, à l'Askia Sunni-Ali en 1469. Et ce sont les Touareg, ses fondateurs devenus ses tyrans, qui, en 1894, tentent de défendre contre les Français une population d'avance soumise. « Nous, écrit le cadi songhaï au colonel Bonnier, nous sommes des femmes, nous ne nous battons pas. »

Une fois de plus, indifférente à son vainqueur pourvu qu'il ait la force de la protéger, Tombouctou s'absorbe dans ses spéculations intellectuelles et commerciales et renaît peu à peu de ses cendres.

Évidemment, 50000 habitants qui se réduisent à 6000 ou 7000 laissent bien des ruines derrière eux. En Afrique, on aime mieux construire du neuf que de réparer l'ancien, mais Tombouctou se libère peu à peu du maquillage de misère imposé par la crainte des pillards et qui avait si fort déçu Félix Dubois en 1895.

Ce renouveau, il faut bien l'avouer, ne donnait pas un aspect plus riant à la ville couleur de poussière.

Certes, beaucoup de maisons étaient soigneusement recrépies et des jarres recouvertes de terre leur formaient une couronne de créneaux réguliers. Des rues entières se bordaient de maisons neuves. Au milieu des places, séchaient de grosses boules d'argile et de fumier pétris qui sont les seuls matériaux de ce pays de sable dépourvu de pierres. Vieilles ou neuves, ces lourdes maisons grisâtres, élargies à la base, montraient un visage également austère. Avec leurs pilastres rayant du haut en bas les deux étages des façades, elles évoquaient d'énormes mausolées. Le principe de la pyramide s'y révélait partout. Cela parlait d'une ancienne Égypte abâtardie, sans art et dépouillée de ses charmes.

Les petites fenêtres mauresques ou les simples meurtrières qui s'ouvraient çà et là entre les pilastres ramenaient à l'impression de méfiance et d'espionnage qui planait sur la ville. Venant du libre pays des tentes toujours ouvertes et des paillotes dont une simple natte protège parfois le seuil, nous nous attristions de ces portes massives, bardées de fer, qui s'opposaient à l'œil comme une énigme ou un refus.

Notre disgrâce auprès de nos compatriotes n'était pas faite pour nous gagner la sympathie des indigènes. N'espérez donc point que je vous parle de la vie intime de Tombouctou. Au hasard d'une porte entrouverte et vite refermée, d'un travail commandé à quelque forgeron, tailleur ou cordonnier, nous apercevions des cours intérieures encombrées de marchandises et de grandes dalles blanches, longues d'1,10 m, larges d'une quarantaine de centimètres, épaisses de 2 ou 3 doigts, qui étaient des barres de sel. Des serviteurs les ornaient de dessins bleu et rouge, de pieuses devises, et les cordaient de lanières de cuir brut tordues et entrecroisées. Ou bien ils les débitaient en morceaux de différentes grosseurs pour la vente au détail sur le marché. Toutes les maisons abritent le même trafic, le même souci, car le sel est la grande affaire ici et tout le monde y est marchand, courtier ou intermédiaire, y compris les femmes et les enfants.

Aussi les préparatifs de l'azalaï intéressaient-ils chacun, de près ou de loin, et animaient les rues d'une foule cosmopolite, bruyante et affairée.

On peut aussi bien dire d'une ville qu'elle est nordique ou méridionale ; c'est un point de vue essentiellement relatif. Tombouctou, qu'on la considère comme on voudra, est une ville méridionale.

C'est un port avide de tout ce que lui jettent les pistes sahariennes, les routes paysannes bordées de champs et de villages et les eaux puissantes du fleuve qui débordent à ses pieds. C'est une tour de Babel, le point d'enchevêtrement d'intérêts complexes. Toutes les races de l'Ouest africain, du Maghreb à la Guinée, s'y coudoient en hâte et y échangent, en même temps que leurs marchandises, des compliments et des injures, également volubiles, des nouvelles fabuleuses et des promesses illusoires.

Du côté arabo-berbère, voici de gros Marocains pansus, habillés de lainages et de mousselines blanches ; les Armas, « ceux qui lancent des projectiles », descendants des artilleurs du pacha Djouder, qui portent un sabre à deux tranchants et auxquels est réservé le métier de cordonnier ; des Touareg du Faguibine, de Kidal et du Gourma, hautains et rapaces, voilés du crâne aux talons de souples cotonnades indigo foncé à reflets violâtres (attention, ça brille, mais ça déteint !) et les Beidân que drapent les mille plis de leurs tuniques courtes retroussées sur l'épaule comme par la fantaisie d'un antique statuaire.

Le gros de la foule qui déploie sa fresque mouvante contre le torchis des murs est bien du Bilad es-Soudân, du pays des Noirs. Sur les peaux, toute la gamme des bruns. Toute celle des bleus, avec de larges éclats de blanc intense, sur les longues toges de percale apprêtée qui flottent et bruissent au vent et aux mouvements. Bonnets pointus de toile blanche ou bleue, calottes à dessins brodés, crânes luisants, crêpelures poussiéreuses, casques d'évolués. Longues mains loquaces; pieds nus et sandales ou babouches jaune serin.

Femmes nonchalantes, minaudières, qui se dandinent et jacassent, portant haut, paumes renversées en un geste d'offrande, une corbeille, une pastèque ou une pierre de sel. Courses d'enfants avec leurs mouches collées aux lèvres et aux paupières… Tourbillons de poussière. Relents, parfums, odeurs…

Oui, tout le Soudan, toutes les races, leurs variétés et leurs croisements, avec leurs marques d'origine tatouées au visage.

Douceur des Bambaras, hiératique beauté des Toucouleurs, et les Mossis, les Soninkés et les Bozos du fleuve. Et surtout les Songhaïs qui sont ici chez eux et dominent tous les autres de leur nombre, de leur vanité, de leur audace et de leurs cris. Car le Songhaï a une façon bien personnelle de traiter en furieux les sujets de conversation les plus anodins. Si, comme moi, vous ignorez les dialectes noirs, vous vous croirez sans cesse à la veille d'une émeute.

– Que se passe-t-il dans la rue? On égorge quelqu'un?

– Non, répond tranquillement l'interprète, ils sont contents de blaguer seulement.

A ces manifestations d'humour, nous préférions la tranquillité des ruelles pauvres, les faubourgs paisibles où l'azalaï ébauchait ses premiers gestes. Les serviteurs, assis dans la poussière d'une place à l'abandon, le dos à quelque ruine, réparaient de vieux harnachements, une *guerba*, un couteau, versaient le mil blond en des outres de cuir et tordaient des mèches de sbat encore frais pour en faire des cordes dont ils tenaient le bout entre leurs orteils.

Des Beidânia enveloppées de guinée bleue venaient nous saluer, puis marchaient près de nous en nous tenant la main parce que nous venions de Oualata, que nous connaissions leurs cousins ou leurs maîtres et qu'il leur semblait respirer près de nous quelque charme secret d'une patrie que nous regrettions autant qu'elles.

Soudain, au carrefour, apparaissait un chameau, puis d'autres, à la queue leu leu, têtes dressées, aux écoutes, inquiets d'être pris entre ces hautes murailles. Leur gauche balancement emplissait la rue. Lorsque leurs conducteurs les contraignaient à s'accroupir, ils fouaillaient rageusement ce sable de ville ; l'écume aux dents, ils cherchaient à mordre et clamaient leur terreur. On empilait sur leurs échines les sacs de grain, de sucre et de cotonnades ; par-dessus, on arrimait des dames-jeannes faites de calebasses à longs cols recouvertes de cuir d'où suintait le beurre fondu. Un coup de bâton sonnait sur les croupes osseuses, les bêtes se relevaient, d'un effort qui parfois faisait craquer les angles, et, lentement, résignées, prenaient cahin-caha la route d'Araouane.

Et nous qui voulions partir aussi mais ne possédions aucune monture, nous regardions avec envie ces misérables rosses dont les pattes tremblaient sous les charges branlantes.

Au seuil des places, dans l'ombre des ruelles, au secret des maisons, parmi les humbles travaux des faubourgs, les mêmes soucis absorbaient Tombouctou : Araouane, l'azalaï, Taoudeni – le Sel…

Tout se vend, à Tombouctou, même l'indication d'un chemin. La permission de photographier quelqu'un vaut 5 francs, prix unique, qu'il s'agisse d'un berger menant ses ânes et ses moutons, d'un chef targui casqué de coton bleu, d'un vieillard somnolant à l'ombre d'une mosquée, ou d'une jeune femme généralement fort laide mais parée, si j'ose dire, de petites perles coquettement passées au nez et aux oreilles et de la coiffure nationale qui ressemble à celle des clowns : un pompon de cheveux crépus près de chaque oreille, deux autres sur le sommet du crâne, une mèche retenant sur la nuque un grand anneau de perles blanches, le reste de la tête étant rasé. Ces jeunes beautés sont le plus souvent vêtues de robes flottantes en soie artificielle qui ont remplacé les belles toges d'autrefois en coton bleu ou blanc chamarré de broderies.

Marion et moi nous adorons les marchés africains. Ils sont d'ordinaire le miroir des goûts, des besoins, des plaisirs et de l'industrie d'un peuple inconnu. On y trouve de tout, des perles phéniciennes, des coquillages qui furent des monnaies, des plantes pour la soupe, pour la médecine et pour les sortilèges, toute espèce de fruits, de viandes, de poissons, d'aromates, des griffes de lion pour faire des amulettes de chasseur, des singes, des perroquets, des corbeilles de bengalis multicolores évanouis de peur sous un filet, et de jeunes fauves que les « Madame-l'Européen » aiment à élever au biberon. De quoi manger, s'habiller, guérir toutes les maladies, se préserver des maléfices et monter une ménagerie. Connaissant des marchés de moindre réputation, on pouvait tout espérer de celui de Tombouctou. Voici :

Une grande place entourée de maisons de commerce françaises, arabes et syriennes. Au milieu, à même le sable infect, les éventaires des petits marchands s'abritent derrière des paillassons. Quand, aveuglé de poussière et de soleil, vous avez acheté une douzaine de bottes en cuir de bœuf ornées de dessins bruns, quelques bracelets de peau recouverts de perles, des étuis à Coran rouge et turquoise, une natte grossière, parfois une belle couverture du Goundam ou de Niafunké en laine blanche tissée de dessins géométriques indigo, bruns, rouges et jaunes, vous avez un échantillon de toutes les possibilités ethnographiques du marché. Il ne vous reste plus qu'à contempler les étalages de sel, de pastèques, d'épices, de verroteries tchécoslovaques, de cotonnades anglaises et japonaises, de soieries artificielles, de quincailleries allemandes, et les échoppes des bouchers assombries de tourbillons de mouches.

A l'écart, les servantes des Touareg, vêtues de robes de cuir et coiffées de franges de petites nattes, vendent les produits de la brousse : peaux tannées, fagots, charbon de bois, et les gousses d'acacia dont les caravaniers nourrissent leurs chameaux pendant le règlement des affaires. Près d'elles, des pasteurs voilés surveillent leurs bourricots et de vieux moutons coriaces qu'ils vendent 30 à 40 francs, vivants ou égorgés.

Khouirou rentrait toujours du marché éclatant d'indignation. Tout noir qu'il était et de père esclave, il méprisait profondément les gens d'ici qu'il englobait dans le nom de Soudâni, et il maugréait en roulant des yeux réglisse et café-crème :

– Mon vieux, un pays où tu payes le bois et le c' qu'y mangent les chameaux, ça, c'est pays trop mauvais pour le Beidâni !

Dans la simplicité de son cœur, il maudissait pendant cinq minutes au moins ces Européennes qu'il n'avait jamais le courage d'abandonner et qui avaient profité de son fidèle dévouement pour l'emmener chez ces « sauvages » au lieu d'être restées tranquillement au Trab el-Beidân où le plus pauvre possède au moins ce que donne la nature.

Il trouvait sa revanche dans le plaisir de chasser les marchands ambulants, les *dioulas* qui, tout le long du jour, se présentaient chez nous, cauteleux et flatteurs jusqu'à ce qu'un refus les rendît insolents. Le vrai commerce de Tombouctou n'est pas sur la place publique, mais à domicile. Parmi leurs pacotilles de bibelots soudanais pour Européens, on découvrait parfois de beaux bracelets anciens ou d'épaisses couvertures douces à l'œil et rudes au toucher dont le marchand, habitué à la candeur des touristes et libre de tout contrôle, demandait plus cher qu'un brocanteur parisien. A ce prix, mieux valait s'épargner le souci du transport. Demandait, ai-je dit ? Il exigeait, il imposait, avec ses cris et ses menaces de Songhaï, et sa ténacité, et ses ruses effrontées.

Pas si rusé que Khouirou qui, avec prudence et douceur, se lançait dans les affaires.

Il nous demanda son pécule, puis des avances sur son salaire. Un peu inquiètes, nous nous perdions en conjectures. Allait-il s'établir à Tombouctou ?... Avait-il trouvé une fiancée dont il fallait payer la dot ?... Non point, le sage Khouirou achetait du tabac en feuilles et des pièces de guinée qui vaudraient un bon tiers de plus à Taoudeni. Le transport étant à notre charge, l'opération n'était pas mauvaise. Il obtenait des prix de solde. Il excellait dans des échanges extravagants où il gagnait toujours ; par exemple, une vieille *tassoufra* du Tagant, usée mais ayant ici l'attrait de l'exotisme, contre de magnifiques bottes de *filali* rouge qu'il revendrait à Tindouf. Sans même attendre si longtemps, il rapportait d'un bazar syrien des camelotes hideuses qu'il refilait en ville, à des gens de passage, 2,50 francs de plus.

Confiant comme un gosse, il nous contait ses ruses, ses bénéfices et ses projets, et nous nous amusions de cet aperçu du traditionnel trafic saharien, et de voir établi sans discussion possible que, si un type de Mauritanie se mêle de « faire le dioula », l'astuce des Songhaïs n'est auprès de la sienne qu'enfantillage et naïveté.

A cette époque, les doctrines du Front populaire, sous la forte impulsion de Dakar, avaient entrepris de régénérer l'A.-O.F.

On avait fait appel aux sentiments élevés des fonctionnaires civils et militaires pour qu'ils interdisent à leurs frères de couleur de leur donner au passage ce salut, incompatible avec la dignité humaine, par quoi l'homme simple, qu'il soit du Soudan, de Bretagne, de Provence ou d'ailleurs, aime à marquer le plaisir d'une rencontre sur une route solitaire. D'ailleurs, on s'était rendu compte de la difficulté de cette réforme car on avait prévu des sanctions et le Français vraiment digne de son rôle colonial devait, en échange d'un souhait de bonne route, infliger une punition.

Et les pauvres prestataires, ô mes chers camarades ? D'un bel élan de fraternité, on augmenta leurs salaires, ce qui était bien ; on les augmenta beaucoup, ce qui était trop. Puis, comme on n'avait pas d'argent, on augmenta de treize pour cent les impôts déjà lourds des maîtres chargés de leur entretien et dont la domesticité est plus souvent une charge familiale qu'un indice de richesse.

Par surcroît, on voulut que ces travailleurs fussent des volontaires. Je ne crois pas qu'il existe en Afrique des gens assez fous pour s'en aller volontairement gagner un inutile superflu en faisant des routes, des puits ou des barrages alors qu'ils trouvent le nécessaire aux foyers de leurs maîtres. Comme il fallait cependant que ces routes, ces puits et ces barrages fussent construits dans l'intérêt même des commerçants, pasteurs et cultivateurs indigènes qui les réclamaient, les commandants de Cercle continuèrent à demander la main-d'œuvre indispensable aux chefs qui continuèrent à envoyer des prestataires qui continuèrent à fournir chacun le dixième environ du travail normal d'un terrassier européen, tout comme par le passé.

Mais ce sont là affaires de brousse dont les éléments sont forcément un peu vagues pour les sédentaires qui font les lois dans les bureaux ombreux où l'eau des gargoulettes est toujours fraîche et pure. Dans les villes, se posaient des problèmes plus urgents.

Par exemple, la tenue des facteurs noirs.

Certes, on avait le plus grand respect pour les coutumes indigènes, mais était-il admissible que des fonctionnaires de la République (on ne disait pas encore l'Empire) fussent habillés de ces seraouil et de ces boubous flottants qu'ont adoptés les Européens en séjour dans les pays chauds ? On les gratifia donc chacun de deux tenues à la française, faites sur mesure, une en laine, une en toile, avec képi, boutons de cuivre, ceinturon, pantalon droit et chaussures lacées, telles qu'en portent les facteurs ruraux de la métropole. Ça coûtait cher et ça tenait chaud, mais la dignité humaine vaut bien, de part et d'autre, quelques sacrifices.

Là encore, flairant quelques incommodités, on eut la prudence de prévoir des sanctions.

Les incommodités se révélèrent à la première prière. Passe encore pour les souliers qu'on peut ôter au seuil d'une mosquée, bien que les sandales et les babouches soient évidemment plus pratiques. Passe encore pour le képi qu'on peut mettre le derrière au-devant pour toucher le sol du front en prononçant le nom d'Allah. Mais, entuyauté d'un pantalon étroit, allez donc faire correctement les quatre, six ou huit prosternations des différents *salam* de chaque jour ?... Il y a pire : les plus scrupuleux musulmans font glisser leur siroual, vêtement impur, de dessous leur longue toge ; le pantalon européen ôté, reste-t-il, je vous le demande, au-dessous de la vareuse courte, une tenue décente pour se présenter devant Dieu... et devant les gens qui vous regardent ?

Aussi le vieux facteur de Tombouctou était-il bien perplexe, pris qu'il se trouvait entre la crainte de payer l'amende et l'ennui de changer de costume cinq fois le jour.

Pendant ce temps-là, le plafond de la poste tombait par morceaux sur la tête des postiers.

Les hommes d'âge avaient eu le temps d'apprendre ce qu'étaient, dans le fond, ces Français qu'une étrange fièvre d'innovations saisissait par moments. C'étaient « manières de Blancs », ça changeait, ça passait... Ça n'empêchait pas les routes caravanières d'être libres et sûres, les cultures de s'étendre chaque année, les affaires de prospérer, ni le toubib de guérir les malades. Ils considéraient donc ce nouvel accès de fantaisie d'un œil blasé.

Mais les jeunes ?... Ceux-là, on leur avait enseigné leurs droits, ce qui était facile et flatteur, mais non leurs devoirs, ce qui aurait pu leur déplaire. On leur proposait un idéal de revendications, de guerre perfectionnée, de politique et de biens matériels comme la machine à coudre, la tôle ondulée et le complet-veston. Cet idéal n'est pas suffisant pour faire un honnête homme, ni un homme heureux car le but d'un homme n'est pas d'être électeur, ni tirailleur, ni consommateur de produits européens.

On leur vantait la démocratie et la liberté sans leur apprendre l'art difficile d'être libre et de se gouverner soi-même. Ils n'étaient pas responsables de leurs erreurs.

Faussés, aigris, la tête bourrée d'idées mal comprises, infatués de leurs personnes mais dédaigneux ou ignorants des traditions qui avaient fait la noblesse et la grandeur de leurs races, les jeunes Noirs se lançaient hargneusement vers une civilisation étrangère où ils voulaient entrer de plain-pied, tout de suite, le poing haut, exigeant des prérogatives et reniant les bienfaits.

L'écho de certains événements qui se passaient alors à Dakar, en haut lieu, affligeait leurs pères, car les hommes simples aiment à respecter ceux qui les gouvernent, mais les jeunes, enivrés, laissaient grandir leur orgueil et leur mépris.

Comme ils avaient oublié leur courtoisie et leur sagesse à eux et que l'exemple de certains Blancs n'était point fait pour leur apprendre les nôtres, ils étaient insolents, injustes et malheureux.

Nous nous étonnions de voir quelque Berbouchi crachant par terre dans le bureau du Grand Chef et presque sur ses pieds, d'être bousculées par des Touareg sur le perron du « Cercle » ou de la poste, d'attendre une audience debout, au soleil, parce que des jeunes gens occupaient les bancs à l'ombre, et de voir surgir au seuil de notre chambre des tirailleurs, deux hommes et un caporal, réclamant avec force le cadeau du 11 novembre, le fusil à la main, comme un tribut de guerre. Nous nous étonnions parce que nous venions des pays sahariens de l'Ouest qu'une nature peu accessible protège contre les théories, les propagandes et les importations, et où les nomades, imaginant que tout Français appartient à une race de chefs, accordent à l'étranger qui les traite avec une courtoise fermeté, l'obéissance et les égards délicats et subtils qu'exigent leurs propres seigneurs.

Bien des choses ont passé sur la vieille terre d'Afrique, sur ses sables mouvants qui ne gardent point de traces, le long de ses fleuves dont les eaux, chaque année, recouvrent les rives d'un limon nouveau. Cette période-là aussi doit être passée, ne laissant derrière elle qu'un souvenir terne et une forte leçon.

Les forces spirituelles de l'Europe étaient représentées par deux éléments.

D'abord le plus fameux, Yakouba[1], ancien père Blanc,

1. Voir, aux éditions Phébus, de W. B. Seabrook, *Yakouba, le Moine blanc de Tombouctou, 1880-1930*, trad. fr. de Gabriel des Hons, Paris, 1996.

fonctionnaire français, citoyen de Tombouctou, ethnographe, commerçant et héros de roman. Sa célébrité tient surtout à ce que, s'étant aperçu assez vite qu'il s'était illusionné sur sa vocation religieuse, il jugea préférable de mettre fin à son erreur et d'être un brave père de famille plutôt qu'un prêtre médiocre.

Sa connaissance des indigènes avec lesquels il a passé toute sa vie lui a permis de rendre des services à l'administration et de renseigner utilement par ses ouvrages ethnographiques et sa conversation tous ceux qu'intéressent l'histoire, les êtres et les choses du pays songhaï. Mais bien d'autres coloniaux, en divers pays, en ont fait autant sans y gagner une publicité qu'ils ne regrettent peut-être pas…

Qui n'a point entendu parler du père Yakouba, le « Moine blanc de Tombouctou » ? Je ne vois pas bien ce que le fait d'avoir une grosse épouse noire, sept ou huit enfants, un penchant marqué pour le pernod et les visites de tout ce qui passe à Tombouctou peut bien présenter de monacal. Enfin, la gloire est ainsi faite ; dans ses choix, elle prend parfois le hasard pour conseiller, et elle est souvent un peu myope.

Un qui s'en fiche bien, c'est Yakouba !

Nous lui rendîmes visite le jour de son soixante-treizième anniversaire, dans sa grande maison de style indigène, voisine de celle où vécut René Caillié. C'était un vieillard tout blanc, un patriarche paisible, seulement soucieux de ses enfants éparpillés à Gao, à Dakar, en France, les uns au collège, les autres au régiment.

Dans la cour d'entrée, la vieille Salama, énorme reine barbare toute chargée de bijoux, trônait au milieu de ses serviteurs qui préparaient des marchandises pour l'azalaï.

Lui, Yakouba, se tenait en haut, sur le toit en terrasse. Son regard, perdu vers l'horizon au centre duquel il avait fixé sa destinée, ne laissait poindre nulle mélancolie et son crépuscule semblait aussi calme que celui qui prêtait à la ville de poussière une fugitive beauté.

L'autre élément spirituel était la Mission protestante de la place du marché. On l'avait ornée en grandes lettres noires d'une devise qui était à peu près ceci : « Souvenez-vous que vous mourrez tous. » Sans doute cette enseigne n'était-elle pas suffisamment attirante car le brave missionnaire devait y ajouter 10 sous par jour et par tête pour inciter une vingtaine de gamins à venir y épeler la Bible pendant les loisirs de leurs études musulmanes.

Miracle des mots ! Supposez que le missionnaire, plus économe, eût écrit : « Venez ici, et vous ne mourrez point ! » Cela revenait exactement au même, dans le fond, et ça vous avait tout de suite un petit air plus engageant.

La possession d'une croyance religieuse me semble un bien si précieux en même temps que fragile, un tel réconfort et une si noble poésie que j'ai peine à concevoir qu'on puisse sans trembler y porter atteinte sous le prétexte futile qu'on ne la partage pas. Même si l'on pense avoir mieux à offrir, peut-on assurer que la nouvelle croyance, transplantée sur un terrain hâtivement préparé, poussera d'aussi solides racines et des fruits aussi mûrs que l'ancienne foi, celle qui fait partie d'un patrimoine héréditaire et répond au tempérament, aux inclinations et aux besoins de races qu'elle a modelées au cours de tant de siècles, à travers le bonheur et l'adversité ? C'est un risque dangereux à courir, une responsabilité redoutable, si l'on y réfléchit bien, surtout lorsqu'il s'agit d'une doctrine qui est aussi une armature sociale, qui a ses grandeurs et ses naïvetés, ses saints, ses martyrs et ses superstitions, comme les autres, et qui soutient l'espoir de 200 millions d'hommes, depuis mille trois cent cinquante-six ans.

Je semble égarée loin de l'azalaï! Non, on n'est jamais loin de l'azalaï à Tombouctou.

Nous avions décidé de faire à tout hasard nos préparatifs pour le grand voyage. Le Berbouchi, aux chameaux duquel nous avions dû renoncer, voulait bien quand même nous transporter jusqu'à Araouane. C'était toujours 200 km de gagnés. Il en restait 500 à courir jusqu'à Taoudeni.

Un télégramme du général Trinquet, seigneur des confins algéro-marocains, nous avait encouragées. Comme il avait, onze mois plus tôt, facilité notre départ pour la Mauritanie, il protégeait maintenant notre retour et nous promettait son aide à partir de la frontière soudanaise. Le problème était d'atteindre cette frontière à Chegga.

Au hasard des rencontres, nous nous efforcions de glaner quelques renseignements sur cette fameuse azalaï.

– Comment marche-t-elle, demandions-nous au Maître.

– En ordre, mademoiselle !

– Je n'en doute pas puisque vous en assumez le commandement. Mais encore ?

– Au signal du grand *tobeul* de guerre placé chaque soir devant ma tente.

– Je veux dire quelles étapes, quelles haltes…

– L'azalaï ne s'arrête jamais !

– D'Araouane à Taoudeni, combien de jours ?

– Tout dépend de l'autorité du chef d'azalaï. Si on laisse les indigènes faire à leur tête, ils traînent dix à douze jours. Avec moi, ce sera dur : une semaine, maximum !…

Les caravaniers se montraient plus précis et plus encourageants.

– D'ici à Araouane, il y a beaucoup de pâturages ; on marche un peu seulement chaque jour parce que les chameaux ont besoin de manger pour être forts avant l'azalaï. A Araouan, on les fait boire et toutes les caravanes partent ensemble. Quand il n'y a rien à manger, on marche tant que le soleil dure. Quand on trouve de l'herbe, on s'arrête le temps qu'il faut. Il n'y aura rien avant le soir du deuxième jour. On campera à El-Oued jusqu'au matin du quatrième jour ; là, il y a de la paille de sbat que nous couperons pour nourrir les bêtes pendant la route… On trouvera peut-être un peu d'eau à Bir-

Ounân, s'il plaît à Dieu. Après, c'est fini. Le dixième jour, tu verras Taoudeni.

Ils comptaient les jours sur leurs doigts, et chaque pierre, chaque touffe d'herbe, chaque vallée, chaque dune, qu'ils revoyaient deux fois l'an, quatre fois même lorsqu'ils faisaient la petite azalaï, depuis leur adolescence. La naïve précision de leurs récits évoquait le charme de la vie nomade qui se divise avec simplicité en jours de pâturage et en jours de marche, en jours d'abreuvoir et en jours sans eau, cette vie humble et silencieuse, pleine de longs rêves, qui se mouvait lentement à travers des paysages infinis et vides, hors des murs de la ville.

Des nomades arrivant du nord apportaient des nouvelles. Il y avait encore de l'herbe verte entre les dunes, un peu d'eau au fond des aguelt ordinairement taris en cette saison. On disait qu'à Taoudeni 25 000 barres de sel étaient prêtes, plus de 5 000 charges de chameau. Toutes choses qui seraient favorables à l'azalaï cette année.

Ils racontaient aussi que des R'Gueïbat faisaient paître leurs troupeaux près de Telig ; qu'ils avaient rejoint, puis dépassé des bandes migratrices, familles de Berabich exilées dans le pays du Draa à la suite d'on ne savait plus quelle guerre et qui, rassurées par la paix nouvelle, profitaient de l'époque de l'azalaï pour regagner les territoires du Sud, patrimoine de leur tribu.

Des voyageurs avaient rencontré les détachements, des Groupes nomades soudanais qui allaient rejoindre à Chegga, le 5 décembre, ceux de Mauritanie et des confins algéro-marocains. Deux généraux, le Grand Chef de Tombouctou et leurs suites, avec avions et autos, tenaient conseil à Taoudeni.

Il y avait un monde fou dans le désert ! Une fois évadées de la ville, nous arriverions bien à trouver notre chance.

Le blédard haussait les épaules.

– La chance, l'heureux hasard, c'est très gentil mais je doute que vous rencontriez ça en quarante-huit heures autour des puits d'Araouane ! Vous partez dans trois jours avec les chameaux du vieux Berbouchi et des caravaniers Kel-Araouane. Bon. Et après ?... La chance, la bonne étoile ?... Et le retour à Tombouctou !... C'est vraiment tentant !... Non ! Si nous ne trouvons pas d'autre solution d'ici là, je vous donnerai une lettre pour un vieux type de l'azalaï qui emmène ma propre caravane avec la sienne. Il aura ordre de choisir parmi mes animaux ceux qui vous seront nécessaires pour atteindre Tindouf et de vous procurer deux convoyeurs sérieux. Pour diverses raisons, j'aurais préféré rester en dehors de cette affaire et arranger votre location avec des indigènes. Tant pis ! Après ce que vous avez fait, ce serait tout de même malheureux de louper votre retour sans raison valable, par la seule mauvaise volonté des gens d'ici. Quand ils vont se trouver, non plus en face d'un Beidani, mais d'un propriétaire français, il faudra bien qu'ils se résignent. Et puis, trop d'indigènes connaissent vos ennuis et vous ont refusé leurs chameaux. Moi, je n'aime pas que ces gaillards-là, mêlés à nos querelles, puissent entraver les plans d'un Français, quel qu'il soit, et se gausser de son échec... Faites donc vos préparatifs et prévenez le Maroc de votre arrivée pour le réveillon !

Et voilà comment le scepticisme de notre ami renforça notre confiance dans le facteur chance.

Seulement, cette chance, c'était chez lui, dès Tombouctou, que nous la trouvions, sans même qu'il fût besoin d'attendre Araouane.

Les palabres de la dernière heure battaient leur plein. Dans une affaire pareille, il y a toujours les mécontents qui compliquent tout, les malins qui intriguent jusqu'au dernier moment pour obtenir plus que leur part de bénéfices et de faveurs, et les retardataires qui embêtent tout le monde et au nombre desquels, bien involontairement, nous étions.

Il fallut obtenir d'une boulangère fort revêche notre provision de *takoula*. Indispensable ! Point de caravanier sérieux sans takoula ! Guère de venelles non plus, dans certains quartiers de

Tombouctou, sans un four de pisé noirci accoté à une maison, comme une guérite. Les grosses galettes de blé moulu qui cuisent là-dedans et dont une servante armée d'une pelle surveille la cuisson, les autres galettes dorées comme chapelure, éparpillées à même le sable aux pieds de la boulangère, ce sont les fameuses takoula. Un caravanier sans ces galettes serait comme un vagabond de chez nous sans un vieux quignon de pain dans son bissac. Ce n'est pas très bon mais c'est pratique. Cuit et recuit, ça se conserve d'autant plus longtemps qu'on ne peut les manger que dans les endroits où l'on trouve des cailloux pour les casser et les jours où l'on n'a plus le choix qu'entre ces galettes et les briques symboliques qui, au réel, ne seraient pas plus dures. On dit que les habitants de Tombouctou abandonnèrent l'usage du pilon de bois parce que son choc régulier dans le vase plein de blé, d'orge ou de mil, trahissant l'aisance de la maison, attirait le rôdeur targui. Par habitude, on s'en tient encore à écraser discrètement le grain entre deux pierres à la mode des boulangers néolithiques. Grâce à l'usure de cette meule, une poussière de grès se mêle à la farine, renforçant encore la solidité déjà remarquable des takoula et offrant une épreuve de plus aux dents des consommateurs.

L'approvisionnement du caravanier d'azalaï comprend aussi un fromage pareil à du très, très vieux gruyère ; le *tichtar* de bœuf, de chameau ou d'antilope qui se présente à la convoitise de l'acheteur sous forme de lanières de viande boucanée, sèches, brunes, ligneuses comme des liasses d'écorces ; et enfin le *dôkhn*, composé de farines d'orge, de mil et de baobab assaisonnées de piment rouge et de fromage en poudre. Vous délayez cela dans l'eau sale ou natronée dont la couleur et le goût se trouvent agréablement masqués ; vous ajoutez gros comme le poing de sucre et, les jours où l'azalaï ne s'arrête pas entre l'aube et le coucher du soleil, vous obtenez en un tournemain un repas complet, boisson comprise, plus nourrissant que tous les « déjeuners instantanés » des meilleures marques européennes. Bien plus intéressant que le tichtar et les takoula, et d'une absorption plus facile. Présente en outre, par le brassage du mélange et sans gaspillage d'eau, l'occasion de se laver les mains, ce qui, de temps en temps, peut paraître agréable aux personnes délicates.

La cour de notre ami, mieux close que la nôtre, devint l'entrepôt de la mission Puigaudeau-Sénones. Deux grues couronnées, belles et stupides, considéraient d'un œil rond ces ballots de vivres qui voisinaient avec de grands couffins de charbon de bois ; après Araouane, il ne fallait plus compter sur la nature pour nous fournir du combustible. Devant ce stock de farine, épicerie, galettes, viande sèche, sucre, thé, oignons, riz et conserves, nous étions presque aussi effarées que les deux échassiers, car jamais encore nous n'avions eu à prévoir deux mois de vivres pour trois personnes et un guépard.

Sur notre terrasse, rayon des harnachements, il n'y avait pas moins d'activité. Le forgeron beidani réparait une selle dont le bois s'était fendu, consolidait les vieux bâts qui venaient du Maroc, vérifiait les cadenas, ressoudait une cantine crevée, tandis que sa femme, empêtrée dans ses voiles bleus, recousait avec de fines lanières de peau les *tisoufren*, les outres et les sacoches. Le cordonnier nous essayait des sandales. Le tailleur du bataillon livrait un manteau pour Rachid en prévision des nuits froides, un beau manteau pour chien de luxe, en drap réglementaire kaki, avec boutons de cuivre à ancres coloniales.

En bas, des peaux de bouc neuves, remplies à l'essai, faisaient le gros ventre, quatre moignons de pattes écartées, ou bien se vidaient lentement sur le sable. Rachid guettait, plein d'inquiétude, le menuisier qui raccommodait sa caisse de voyage. Khouirou se livrait avec enthousiasme à des travaux ménagers qui parlaient de départ.

Il fallait veiller à tout, penser à tout, aux sangles et aux cordes de cuir qui n'avaient pas été graissées malgré les recommandations, au flacon de quinine vide, au matériel de pansement pour soigner en route l'impétigo, qui nous rongeait les jambes, au courrier hebdomadaire du lendemain, le dernier par lequel nous pourrions envoyer des nouvelles en France jusqu'à ce que nous ayons atteint le Maroc. Il fallait se faire couper les cheveux, surveiller le rinçage des peaux de bouc car on aurait toujours le temps de boire de l'eau sale, inventer un vêtement chaud pour Khouirou dans un de mes vieux costumes de tricot, heureusement extensible, et avoir une dernière algarade avec le Maître de l'azalaï qui, vaincu, faisait le beau joueur et nous accablait soudain de grâces ostentatoires plus exaspérantes encore que ses tracasseries.

Toutes ces occupations hétéroclites créaient l'atmosphère nerveuse, un peu affolée, des veilles de départ. Avec des sursauts brusques vers la prochaine liberté, on se décroche des habitudes récentes, on s'élance déjà, par-dessus les bagages et les murs, vers les pistes où vous attendent l'inconnu, l'aventure, le silence, le chaud et le froid, le vent et le sable, et toutes les peines et les joies frustes que l'on partage avec un petit groupe d'hommes et de bêtes qui seront une manière de famille sans servitude, aisément accueillie et aisément quittée.

Et l'on se hâte, à grands coups d'ordres, de reproches et de disputes, tout en se sachant d'excellents amis, parce qu'on a tous peur de manquer le merveilleux rendez-vous et de rester prisonnier au milieu des murs et des gens de la ville.

Le 19 décembre après-midi, tout était fin prêt lorsque les chameaux entrèrent avec méfiance dans la cour et s'accroupirent parmi les caisses, les ballots et les harnachements jetés en une pagaille inextricable.

Aussitôt, les scènes de départ se répétèrent, toujours pareilles, une fois de plus : les deux convoyeurs et le goumier bleu et blanc qui s'activent, musclés et vifs autour des bêtes et des bagages ; le cuisinier nègre, devenu interprète, qui transmet timidement les ordres et fait toutes les corvées dont les autres ne veulent pas ; la sangle qui casse avec un claquement sec ; la guerba ruisselante qui dégouline sur une couverture ou sur la plus jolie tassoufra et oblige à mettre toute une charge par terre; le guépard qui miaule d'indignation dans sa caisse retrouvée et le chameau de bât, promu chameau de selle, qui hurle avec raison parce que le goumier lui perce la narine pour y enfiler l'anneau de cuivre de la bride; et toute cette poussière remuée, cette chaleur, ces bramements et ces cris, cette odeur forte qui monte des bêtes et des hommes, laine sale et crottin, sueur, tabac et musc, des cuirs et des fourrures; et tous ces *Bismillah!* et ces *Ya, Cheikh! Ya, Moulana!* et ces *Inch'Allah!* toutes ces choses, ces bruits, ces travaux et ces gestes qui sont déjà la brousse.

C'est fini! On part! Les chameaux se relèvent en deux temps, éprouvent la stabilité de leurs charges et s'ébranlent avec dignité et lenteur.

Loin des maisons qui les effraient, on les fait baraquer à nouveau pour monter en selle. Nouveaux cris, nouvelles courses. Une outre déchirée par un caillou se vide. On a oublié le bâton d'une madame, la bouilloire du cuisinier. Un homme court, dans une envolée de tuniques et d'écharpes. Un autre arrive brandissant une entrave perdue. Une rahla est de travers; une autre est trop en avant... Les clefs! Où sont les clefs? Bon, c'est Khouirou qui les a suspendues à son cou « pour faire joli », avec ses amulettes et les ouvre-boîtes de conserve! Enfin, ça y est vraiment? On n'osait plus y croire!

De haut en bas, on serre quelques mains noires. *La illah ill Allah*. Que votre route soit vers Dieu!...

Passé les faubourgs de paillotes : talus de sable terne, végétation pauvre, épineux usés par la dent des chèvres. Que c'est beau, la brousse!

Une dune un peu plus haute, le creux d'un oued, un regard en arrière : Tombouctou a disparu.

L'AZAOUAD

Les chameaux doivent entrer dans l'hommage que vous rendez au Très-Haut. Vous en retirez des avantages multipliés. Invoquez le nom du Seigneur sur ceux que vous immolez.

Coran, Sourate XXII, 37.

C'était, plutôt qu'un voyage, une lente flânerie au pas. Rien ne pressait. Le Maître de l'azalaï, parti de Tombouctou deux heures avant nous, avait fixé notre entrée à Araouane au soir du 25 novembre, dernier délai, l'azalaï se mettant en marche en ordre et au signal du tobeul ! – le matin du 27. Une moyenne de 25 à 30 km par jour laisse aux voyageurs et à leurs montures dix-sept ou dix-huit heures de loisirs que les bêtes emploient à manger et les gens à boire du thé, à fumer, à chasser et surtout à bavarder.

Les jours agréablement tièdes permettaient les vêtements de percale légers et confortables. On pouvait encore dormir au creux d'un talus, le ciel dans la figure ; des tricots de laine, les deux sacs de couchage glissés dans le *faro* plié en deux suffisaient à nous protéger de la fraîcheur nocturne sans qu'il fût nécessaire de dresser la guitoune. Le matin, on partait vers 8 heures. La halte de midi se prolongeait. On campait pour la nuit bien avant le crépuscule, et Rachid pouvait jouer au fauve, tout son saoul, dans les hautes herbes et les buissons.

Sahara, c'est un grand mot, un mot lourd qui frappe l'oreille avec rudesse. L'imagination traduit aussitôt : la soif, les privations, l'incertitude, la peur, au centre d'une immensité de sable vide de tout secours. Le Sahara peut aussi avoir ses sourires, ses heures de charme et voiler sa pauvreté sous un manteau d'herbes légères et d'acacias aux fleurs parfumées.

Le paysage de l'Azaouad, ample broderie d'or, d'argent et d'amande – steppes boisées, prairies hautes, déjà sèches, que traversaient les coulées sableuses des ouadi – avait, à défaut de caractère, une douceur d'arrière-saison ensoleillée. Il y faisait bon vivre en nomades. Il était doux à l'œil, bienfaisant aux chameaux.

Des hardes de petites gazelles rousses et de grands oryx gris perle le franchissaient en quelques bonds légers, fuyant le goumier Baba, ses fanfaronnades, ses percales voyantes et son inutile fusil. Des vautours nous regardaient passer, ailes entrouvertes, leurs têtes stupides et cruelles tendues au bout de leurs cous décharnés, du haut des acacias dont les branches ployaient, trop minces pour eux. A un signal secret, toute la bande s'envolait avec un bruit de lourd brocart froissé, planait au-dessus de nous en larges cercles concentriques comme si les oiseaux glissaient, miraculeusement, contre la surface du ciel, et ils s'abattaient à nouveau, en poussant des cris rauques et tristes, sur les mêmes arbres, sans qu'on puisse savoir ce qui avait déclenché leur envol. Un soir, Baba réussit à en tuer un pour le guépard qui n'avait plus de viande fraîche. Trois mètres d'envergure. Deux hommes, l'un retenant la bête à deux mains, l'autre tirant les plumes, ne parvinrent pas à le mettre à nu ; il fallut le dépouiller au poignard, y taillader des quartiers, mais le jeune fauve affamé se détourna de cette viande puante et coriace.

Excepté aux abords de quelques puits, on ne rencontrait jamais personne. Quelle promenade apaisante ! Loud était responsable de nos chameaux que leur propriétaire lui avait confiés.

L'autorité de Loud s'étendait sur une longue cordée de chameaux liés à la queue leu leu. Il était juché sans façon sur les sacs de mil arrimés de chaque côté du chameau de tête.

Suivaient sept chameaux balançant leurs charges de grain, de sucre, de thé, de grosses liasses d'entraves et de cordes, et d'une quantité de choses diverses, d'apparence vétuste et crasseuse mais sans doute indispensables, difficiles à nommer, les unes ficelées, les autres accrochées ou suspendues, selon leurs formes et leurs emplois. Le neuvième chameau portait, soutenue par des sacs bien bourrés de paille, la caisse à travers les barreaux de laquelle sortait tantôt la longue queue annelée, tantôt la patte griffue d'un guépard obstinément réfractaire au métier de méhariste. La charge du dixième chameau se terminait en une petite pyramide de molle cotonnade couleur d'ardoise qui était le convoyeur spécialement responsable de Rachid. Puis venaient quatre chameaux portant nos bagages. Du haut du dernier, un troisième convoyeur, homme d'âge et d'expérience, surveillait tout le monde et alertait Loud dès qu'un accident troublait le bon ordre de la caravane, soit qu'un ballot vînt à rouler par terre, ou qu'une peau de bouc mal attachée battît aux jambes d'une bête, ou encore, un chameau s'étant arrêté sans crier gare, pour quelque raison connue de lui seul, et la corde reliant sa mâchoire à la queue de son camarade s'étant rompue, la caravane se trouvât scindée en tronçons aussi désorientés que ceux d'un ver coupé en deux. Il y a beaucoup de chameaux dans une caravane, et chacun des chameaux a, pour s'arrêter, beaucoup de prétextes relatifs à un chargement incommode, à une vipère qui traverse la piste, à une mouche ou une tique par trop importune, ou à une ombre mal interprétée. Les chameaux sont de grands rêveurs ; et, comme tous les rêveurs, ils ont des sursauts déraisonnables devant d'infimes réalités soudain aperçues. Ces coups de frein imprévisibles sont assez fréquents mais sans importance, les « cordes à bouche » étant faites de paille grossièrement tressée afin d'être beaucoup moins résistantes que la mâchoire ou la queue d'un chameau. Les caravaniers s'en tirent avec quelques imprécations à l'adresse de la race camélienne, quelques professions de foi musulmanes et un bon nœud. Après quoi, ils retournent à leurs chansons, les chameaux à leurs rêveries interrompues, et la caravane reprend sa marche paisible et somnolente.

Entre les haltes fixées par Loud, nous étions libres de flâner, de cueillir des plantes pour l'herbier, tandis que Khouirou et Baba poursuivaient les gazelles.

Moins libres cependant qu'une vieille grande chamelle rousse qui suivait la même route que nous et qui m'inspirait une vive sympathie bien que je n'eusse jamais été en relations directes avec elle. Elle ne permettait à personne de l'approcher à moins de cinquante pas. Nous l'appelions la Chamelle-qui-sait-où-elle-va. Elle le savait pour avoir fait au moins quarante fois, aller et retour, la route de Taoudeni depuis sa petite enfance. Elle n'appartenait pas à Loud mais, celui-ci ayant acheté à son maître un jeune fils encore jamais quitté, elle avait choisi de voyager avec lui et l'avait rejoint au premier pâturage après Tombouctou. Il arrive souvent que des chameaux éprouvent une telle affection pour quelque membre de leur famille, époux, mère, enfant, frère ou sœur, et même pour un ami de prédilection, qu'ils tombent malades si l'on vient à les en séparer de force.

D'autre part et, indépendamment de toute raison sentimentale, la Chamelle-qui-sait-où-elle-va avait peut-être pensé, car c'était une maligne, qu'en venant avec des étrangers, elle éviterait les sacs de vivres dont son propriétaire n'aurait pas manqué de la charger. Passagère clandestine, elle se tenait à l'écart, bien décidée à voyager gratuitement, le dos libre. Quant à son maître, elle le retrouverait, à Araouane pour lui demander à boire et à Taoudeni pour porter son sel. C'était bien suffisant pour une personne de son âge.

Parfois, elle disparaissait, ayant trouvé sans doute un pâturage à son goût, senti le besoin d'un petit somme ou préféré quelque raccourci impraticable pour une caravane chargée. Tantôt elle nous attendait à la halte du soir; tantôt ce n'était qu'aux premières ombres de la nuit, alors que nous étions campés depuis longtemps, que l'on voyait paraître sa haute silhouette osseuse se balançant avec nonchalance au-dessus des herbages.

Moi, j'avoue qu'à sa place, j'aurais mieux aimé me cacher dans la brousse et couper à la corvée de l'azalaï, mais je n'avais pas à lui donner de conseils. Les personne âgées tiennent à leurs habitudes, fussent-elles contraires à leurs intérêts, et la Chamelle-qui-sait-où-elle-va savait mieux que quiconque ce qu'elle avait à faire.

Des rites invariables réglaient le bivouac du soir.

La grande difficulté était de découvrir un terrain favorable. Loud hésitait, chipotait, regardait à droite, regardait à gauche, poussait un peu plus loin. Le pâturage était pauvre, ou bien ce n'étaient pas les herbes qu'il fallait ; celles-ci « vidaient le ventre d'un chameau », celles-là « ne mettaient point de graisse dans sa bosse » ; il n'y avait pas d'arbres assez touffus pour nous abriter du vent, ou il y manquait du bois mort pour alimenter les feux. Il fallait encore que le pâturage idéal montrât des places dégarnies d'herbes piquantes pour y installer le camp des Nazaréennes et celui des convoyeurs, et que ces places fussent à une certaine distance, pas trop près pour qu'on puisse être chacun chez soi, pas trop loin pour qu'on puisse s'appeler d'un camp à l'autre en cas de besoin. C'était toute une histoire.

Lorsque enfin Loud avait trouvé ce qu'il cherchait, il faisait signe de la main. Les convoyeurs sautaient en bas de leurs chameaux. Nous faisions baraquer les nôtres près de l'espace de sable qui nous était réservé. En hâte, nous aidions à décharger les montures qu'on chassait au loin avant qu'elles aient eu le temps d'uriner sur les bagages comme elles aiment à le faire sitôt libérées de leurs sangles. Khouirou étendait les nattes et les couvertures, déballait le « tout c' qu'y faut pour le thé », et les casseroles enduites de graillon, et les écuelles d'aluminium bosselées. Baba courait ramasser du bois. Du côté des convoyeurs, on se dépêchait comme si la vie de chacun était en jeu. On jetait à terre les sacs, caisses et cantines. Le guépard nous rejoignait en trois bonds. Il semblait qu'après la torpeur du jour, une frénésie de mouvement se fût emparée de chacun de nous.

Au bout de dix minutes, tous les chameaux s'égaillaient au petit pas grotesque des bêtes entravées ; une pagaille de marchandises et de bagages entourés d'un lacis de cordes présentait en problème insoluble le départ du lendemain ; et, près de la natte qui était notre salle à manger et notre cabinet de travail en attendant de devenir notre lit, le feu pétillait sous la bouilloire suspendue à trois tiges de fer.

Au camp des convoyeurs, un autre feu éclairait les trois hommes accroupis autour d'une bouilloire pareille à la nôtre. C'était le moment où je disais à Baba :

– Dis aux convoyeurs qu'ils peuvent venir boire le thé avec nous.

Baba appelait d'une voix aiguë :

– Iiiôouh !... Loud !...

Et Loud venait seul, soit que ses chameliers préférassent rester entre eux, soit qu'il les jugeât indignes d'approcher les Nazaréennes.

Bientôt, d'un camp à l'autre, les chocs des petits verres épais brisant les pains de sucre se répondaient nets et sonores, dans le silence du soir. Le plateau de cuivre luisait entre les trois hommes et nous. Rachid se tenait gravement assis, le plus près possible du feu, oreilles dressées, guetteuses de rumeurs à lui seul perceptibles. Des frissons couraient sous sa fourrure soyeuse, déplaçant les mouchetures noires le long de son échine. C'était une bête harmonieuse, sensible et tendre.

La supériorité de l'Arabe sur le Noir et du porte-fusil sur le cuisinier assurait à Baba l'honneur de faire le thé. A Khouirou revenait le soin d'attiser le feu et de passer la bouilloire. Baba avait une petite figure chafouine du genre museau de rat et un sourire doucement hypocrite. Il racontait des histoires sans fin, nous comblait de flatteries et s'embrouillait dans des mensonges trop compliqués pour lui.

Loud, malgré sa jeunesse, avait toujours l'air absorbé, un peu lointain, un peu méfiant. Il ne parlait guère que si nos questions l'y forçaient, et il répondait sans hâte, sans ennui comme sans plaisir apparents.

Khouirou, sous son aspect bonasse, cachait plus de malice que les deux autres sous leur ruse. Tels quels, le vide qui nous entourait nous faisait solidaires les uns des autres. Nous formions pour six jours une petite communauté saharienne, pareille à toutes celles que nous avions groupées, puis éparpillées au hasard de nos routes.

Les ancêtres de Baba étaient Berabich et il s'en montrait fier, mais il appartenait, comme Loud et ses camarades, aux Ahel ou Kel-Araouane qui ne sont pas une tribu à proprement parler mais le groupement de transfuges de beaucoup d'autres tribus.

Loud affectait une grande discrétion pour tout ce qui le concernait. Jamais je ne pus savoir si c'était un tributaire voyageant au service d'un maître, si au contraire les chameaux lui appartenaient, s'il allait acheter du sel pour lui ou pour quelque négociant de Tombouctou. Les Kel-Araouane sont ainsi : leurs affaires sont leurs affaires et non point celles des curieux.

Lorsque Loud avait soigneusement bourré sa petite pipe faite d'un os de mouton, aspiré une longue bouffée de fumée âcre et passé le reste à ses voisins, il comptait sur ses doigts les jours écoulés depuis notre départ et ceux qui nous séparaient encore d'Araouane.

– Nous entrerons avec le vendredi…

Ce qui, pour nous, signifiait jeudi soir, les jours musulmans commençant après le coucher du soleil.

– Tu verras alors plus de chameaux que ta tête ne peut en imaginer !… On dit qu'il y aura beaucoup de sel, grâce à Dieu. La *rebatna* a emmené près de cent mineurs.

– La rebatna ?

– Tu ne connais pas ? C'est la caravane qui transporte les nouveaux mineurs et leurs bagages, les provisions des types qui sont contents de rester à Taoudeni une deuxième saison, et les marchandises pour le caïd et pour la réserve des Français. Comme ça, y a plus moyen les gens crèvent de faim comme autrefois. Les mineurs qui ont fini leur travail reviennent à Tombouctou avec la rebatna qui rapporte aussi un peu de sel. Il y a deux rebatna par an, quelques semaines avant les deux azalaï.

– Les mineurs sont contents à Taoudeni ?

– Ça dépend. Ceux qui ont emprunté trop d'argent et qui vont aux salines pour payer leurs dettes ne sont pas contents ; ceux qui travaillent à leur compte et gagnent beaucoup sont contents. Tout le monde gagne de l'argent avec le sel : les propriétaires des salines qui ont des mineurs à leur solde, les gens qui ont des chameaux et vont chercher le sel pour les propriétaires restés à Tombouctou, les gens qui achètent et revendent le sel eux-mêmes, les marchands qui l'envoient loin dans le Sud, et le caïd qui prend aux mineurs 1 barre sur 10 pour l'impôt d'Achour. Mais forcément, celui qui gagne le plus, c'est celui qui a des captifs pour extraire son sel et des chameaux pour le transporter sans rien demander à personne.

– Et le transport coûte cher ?

– On paye 4 barres pour une apportée à Tombouctou. Autrefois, quand la route était dangereuse, on a payé jusqu'à 6 barres.

– Beidâni, va ! Tu vas me raconter que les marchands de Tombouctou paient le sel avec du sel ?

– Non ! Écoute-moi bien. Toi, tu es commerçant à Tombouctou, tu as envoyé des mineurs à Taoudeni, mais tu n'as pas de chameaux pour ramener ton sel. Moi, j'ai des chameaux et je suis content de faire azalaï, mais je n'ai pas l'argent, pas les marchandises pour acheter le sel. Tu me dis : « Loud, j'ai besoin de mon sel. Va à Taoudeni pour moi ! » Tu me donnes le mil, le sucre, le thé, les pièces de *chandorah* pour payer le travail de tes mineurs. La charge, c'est 4 barres, mais les petits chameaux portent seulement 2 ou 3 barres ; les chameaux bien forts peuvent porter 5 ou 6 barres. Moi, je m'arrange comme je veux ; je prends les chameaux qu'il faut, avec deux convoyeurs pour dix chameaux, et je les charge avec tes marchandises. A Taoudeni, je prends ton sel et, si j'ai des choses à moi et assez de chameaux, je peux acheter quelques barres, 7,50 francs à 10 francs chacune, sur les parts qui appartiennent aux mineurs. Quand je rentre à Tombouctou, je te donne 1 barre sur 5 et je garde 4 barres pour mon travail et mes chameaux. C'est comme ça !

– Et combien vaut une barre à Tombouctou actuellement ?

– 40 à 50 francs.

– En somme, pour moi, cela représente le prix de 5 barres. Je ne ferai pas fortune à ce métier-là !

– D'abord, puisque tu as des mineurs à toi, la barre ne te coûte pas 10 francs et, puisque tu es commerçant, tu as du bénéfice sur les marchandises qui ont servi à payer les mineurs. Tu gagnes encore en vendant le sel par petits morceaux à Tombouctou. Ou bien tu l'envoies vendre très cher au marché de Gao, de Gothey, de Tillabéry, de Bamako, partout, jusqu'aux pays des Anglais où l'on donne 200 francs et plus pour une seule barre.

– Dans cette affaire, c'est quand même toi qui gagnes le plus avec tes 4 barres sur 5 !

– *Manallah!* Écoute. Moi qui ne suis pas commerçant, je vends tout de suite mes barres, à toi, si tu en as besoin, ou à un autre, 50 francs pièce, et c'est fini ; je retourne dans l'Azaouad avec mes chameaux qui sont fatigués, blessés et qui ne feront plus rien jusqu'à l'azalaï d'été. Il y en a même qui ne pourront pas travailler avant l'autre saison froide. Un fort chameau chargé à 5 barres me rapporte 200 francs, mais il faut que je paye 3 francs la journée à mes convoyeurs et 1,25 francs par barre aux Français. Les bâts, les cordes, les courroies me coûtent cher. Je suis en voyage, loin de ma tente, pendant six semaines, occupé à un dur travail. Et encore, je risque mes bêtes. Tu verras bien des carcasses de chameaux sur la route de Taoudeni !

Ainsi les comptes étaient faits : un chameau d'une force au-dessus de la moyenne rapportait au caravanier un bénéfice maximum, net, de 150 francs par azalaï, et au propriétaire de mines le gain aléatoire qu'il pouvait réaliser sur une seule barre. Avant qu'elle ait doublé ou triplé sa valeur, au marché ou dans les pays du Sud, il fallait sans doute payer bien des taxes et bien des revendeurs et transporteurs.

« Tout le monde gagne beaucoup d'argent avec le sel », disait Loud. C'est vrai à condition de considérer les choses en Saharien pour qui le temps est sans valeur et qui se trouve parfaitement satisfait d'un vêtement de coton et d'un ordinaire de riz ou de mil, de dattes sèches et de quelques verres de thé, le méchoui constituant l'extra des jours fériés. Un homme peut se tenir heureux et bien portant avec cela tant qu'il ne se met pas à imaginer autre chose. Et les Maures n'imaginent rien que ce qu'ils ont coutume d'avoir. Dans un pays où un mouton se paye 15 à 25 francs, 1 kilo de mil 1 franc et quelques centimes, où un chef peut avoir une selle de luxe pour 50 francs, où une percale japonaise à belles rayures satinées, tout ce qu'il y a d'élégant et solide, va chercher dans les 3 francs le mètre, des bénéfices modestes suffisent à un seigneur pour assurer le bien-être de sa famille, de ses serviteurs, de ses protégés et du marabout voisin dont il veut obtenir la bénédiction.

Vous-même, étranger, vous pouvez, pour un billet de 1 000 francs, avoir une tente en coton blanc tissée à la main, doublée, brodée au pignon, avec ses supports, ses cordes et ses piquets, une tente de grand chef capable d'abriter vos enfants et les enfants de vos enfants. Ajoutez 500 francs, et vous la meublerez pour longtemps de nattes, de couvertures en laine ou en peaux d'agneau et de coussins de cuir peint. Que désirer de mieux ?

A ce sage équilibre entre les désirs, les dépenses et les recettes, les Européens, de la mer des Indes à l'Atlantique, s'efforcent généralement de remédier par l'acheminement progressif vers un standing de vie plus élevé, par l'introduction d'objets inutiles ou même nuisibles, par mille tentations harcelantes, par mille habitudes qui flattent d'abord et tyrannisent bien vite. On a déjà obtenu que des nègres accoutumés au casque de liège attrapent un coup de soleil s'ils sortent nu-tête comme quand ils étaient petits, que d'autres préfèrent rôtir sous des toitures de tôle plutôt que de se tenir au frais, à l'ancienne mode, sous le chaume ou le pisé, qu'ils boivent du pernod et mangent des conserves, et que le phonographe remplace pour beaucoup les tam-tams qui ne coûtaient rien que le plaisir de taper sur des tambours et de danser au clair de lune.

Il arrivera peut-être un jour où, à la colonie, les Européens seront seuls à porter commodément le siroual et le boubou flottants à 30 francs tout le costume, tandis que les indigènes arboreront fièrement complet-veston et souliers de ville.

Ainsi on peut espérer voir s'élargir peu à peu le fossé entre la richesse accrue et la pauvreté aggravée, en même temps que grandiront les besoins, les exigences, l'égoïsme, l'envie et les tracas. Alors on pourra vraiment parler de progrès.

C'est pourquoi je me sens plus à l'aise au Sahara où les nomades, protégés contre les innovations dangereuses par leur mode de vie, leur religion, leurs traditions, leur détachement et une instinctive méfiance envers les nouveautés, me laissent oublier que j'appartiens par malchance au clan des « civilisés » qui, faussant l'évolution naturelle des « primitifs », apportent avec eux des perturbations morales, économiques et militaires peut-être plus lourdes de conséquences que leurs bienfaits et n'ont aucune chance d'obtenir de meilleurs résultats dans la jeune Afrique que dans notre vieux monde.

Comme une file de minuscules fourmis traversant une carte qui n'a pas l'air finie, la piste Tombouctou-Araouane trace une ligne presque droite de tirets bien nets, bien noirs, en surimpression par-dessus de courtes barrières de pointillés bistres qui sont des dunes. A distances presque régulières, un jalonnement de petits ronds bleutés. Loin vers l'est, le Timétrine a fourni des plateaux, des pitons, des krebs et des ouadi pour meubler la carte. A l'ouest, un grand morceau de papier blanc, le vide du M'raïé, du Miroir de sable tout uni.

Une bonne piste, en vérité, et qu'un enfant suivrait sans crainte !

Sur le terrain réel, la caravane s'en va en zigzags imprévus, contournant ici un monticule, là une crête de sable, suivant le creux d'un oued vers la droite, évitant un bois touffu sur la gauche, cherchant un pâturage écarté de la ligne idéale. Indéfiniment, se déplie devant elle une ondulation de dunes et de vallées qui se ressemblent.

Et voici les petits ronds bleus, jalons si rassurants : Agonegifal, Dayet en-Naharat, puits profonds autour desquels, à longueur de jour, bavardent les bergers maures et touareg, piétinent les troupeaux de zébus et de chèvres tandis que les bourricots tirent ou ramènent sans fin la longue corde qui fait grincer les poulies dans les fourches de bois ; Touérat où quelques nomades attendaient patiemment que l'eau, épuisée, suintât au fond du puits ; et Tagant Keyna où un sergent français surveillait des ouvriers auprès des cylindres et des auges de ciment d'un puits en construction. Parfois, les petits ronds ne sont rien qu'un bouquet d'arbres, une certaine dune, un lieu-dit, El-Hajébat, Aouéssy ould Ali, Beit-Sidi-Mokhtar, Taïert-el-Ghenem, que rien ne distingue, qu'il faut avoir vu bien des fois pour le reconnaître. Parfois aussi, c'est un endroit historique, bataille, meurtre, ou pillage, bien entendu. Ainsi la dune de Naïma qui est un tertre funéraire.

Pendant que nous la franchissions, j'entendis Loud murmurer dévotement à plusieurs reprises : « Il n'y a qu'un seul Dieu et Mohammed est l'Envoyé de Dieu ! », puis, tourné vers moi, il ajouta : « Beaucoup de types, là-dessous ! »

On assure qu'aux anciens temps, des Berabich avaient dressé leurs tentes en cet endroit. Une bonne aubaine pour un razzi de soixante Touareg qui, passant par là, rançonnèrent le campement et s'y installèrent pour la nuit. Lorsque, repus et fatigués après la ripaille et les fêtes, ils s'endormirent enfin, les Berabich récupérèrent le tribut versé, non sans avoir préalablement égorgé leurs visiteurs. Mais dans cette région, fief des Touareg, les Berabich n'étaient qu'une petite caravane isolée. Il convenait donc de faire disparaître au plus vite toute preuve du crime, par crainte de représailles. Les esclaves creusèrent un grand trou où l'on jeta les soixante cadavres avec leurs lances, leurs poignards, leurs grands boucliers de cuir et leurs bagages, et même leurs chameaux qu'on avait égorgés eux aussi. Recouvert de sable, le tas fit une petite dune de plus dans un paysage qui en présente beaucoup et les Berabich s'enfuirent tandis que le vent effaçait leurs traces. Ce ne fut que deux ans plus tard que l'indiscrétion d'un esclave fit découvrir l'affaire et la tribu des Berabich dut payer une *dia* de quarante chameaux par homme tué.

C'est du moins ce que nous dit Loud en buvant le thé du soir près d'un petit *atil*, et il assura même par surcroît qu'à l'ombre de cet arbre, le roi des Touareg tua de sa propre main deux des meurtriers.

Tagant Keyna signifie la Petite Forêt ; des *talha* bien verts s'y arrondissent sur fond de sable presque blanc. Derniers talha que nous verrions d'ici le Hank. Les chameaux s'y offrirent un casse-croûte de choix qui était leur adieu aux nourritures sahéliennes. Après cela, il n'y avait plus qu'à faire de la route sans rechercher d'introuvables pâturages.

Le matin du 25 novembre, Loud nous avertit qu'il ne pourrait amener sa caravane à Araouane avant la nuit et que nous ferions mieux de prendre les devants avec Baba et Khouirou.

Chacun mit dans une tassoufra ses objets personnels, on emporta une petite guerba, un peu de dôkhn, quelques dattes et de quoi faire du thé, on fignola le harnachement des chameaux et on partit au trot, joyeux et légers comme un *mechbour* de Maures, le long de la Taïert el-Ghenem.

Malgré son nom pastoral[1], cette vallée n'offrait que des bosselures de sable hérissées de vieux sbat mort depuis bien des saisons. Le moins exigeant des moutons y serait mort de faim. Au pied des dunes jaune pâle, le sable chassé par le vent filait en larges ondes brillantes et argentées.

1. Vallée des Moutons.

Vers la fin de l'après-midi, nous aperçûmes des tentes se profilant en silhouettes coniques en haut d'une crête contre le ciel doré, mais nous n'y prêtâmes que peu d'attention parce qu'au même moment apparut, en direction opposée, vers Araouane tout proche maintenant, un magnifique troupeau de grands oryx qui entraînèrent tout le monde sur leurs traces.

Descendues de chameau, nous regardions Baba et Khouirou qui, cheveux au vent et tuniques troussées haut, poursuivaient les antilopes avec plus de zèle que de chance lorsqu'un goumier nous rejoignit au grand trot, stoppa net près de moi et, du haut de sa monture, me cria que le Maître de l'azalaï venait de nous voir passer dans la Taïert-el-Ghenem et qu'il nous défendait d'entrer ce soir à Araouane où il n'entrerait lui-même que demain avec les notables qui l'accompagnaient.

Bien qu'on ne monte au Sahara que des chameaux, on y contracte fatalement des habitudes un peu cavalières. Marion m'assure que je répondis au méhariste un mot fort court – oh ! cinq lettres, pas plus – mais maintenant que je suis de passage en France, j'ai peine à me croire capable d'une telle vivacité.

Ayant invité assez vertement le goumier à mettre pied à terre pour me parler, j'ajoutai à mon premier message quelques précisions écrites : on nous avait dit d'atteindre Araouane le 25 ; nous avions fait le nécessaire pour être exactes ; à présent, notre convoi était loin en arrière et nous n'avions ni eau, ni vivres, ni couvertures ; dans ces conditions, nous n'allions pas camper à une heure de la ville et nous y entrerions à la date prévue, avec ou sans notables.

Telle Iris, messagère des dieux, l'envoyé déploya ses draperies et ses voiles, sauta en selle et s'élança vers son maître. Quant à nous, rappelant nos deux chasseurs, nous reprîmes tranquillement la direction d'Araouane.

Nous dévalions une assez haute dune molle et allions entamer une large vallée lorsque, sur la hauteur à notre gauche, se détachant contre le soleil couchant, parut un méhariste, puis deux autres suivis d'un petit groupe : le Maître et sa suite qui s'arrêtèrent, en frise couronnant la dune. Ayant apprécié à sa valeur cet effet classique de carte postale du Grand Sud, nous continuâmes notre marche, parallèlement à celle des notables.

Par trois fois, ils prirent de l'avance, s'arrêtèrent en formation triangulaire dont le Maître de l'azalaï occupait la pointe, face à nous, à cinquante mètres de notre route. Nous passions, la conscience paisible, et il repartait avec son escorte nous attendre un peu plus loin. Que pouvions-nous faire d'autre ? Nous n'avions rien d'urgent à lui dire, n'est-ce pas ? Et puis le jeu nous semblait drôle.

Ce fut au pied de la haute dune Bouhouheraï qui porte le fort d'Araouane que le Maître, abandonnant l'espoir que nous fassions un détour pour aller lui offrir nos respects, se décida à venir nous saluer.

Il était bien heureux de nous revoir après tant d'inquiétudes à notre sujet depuis Tombouctou ; le souci de notre liberté l'avait seul tenu à l'écart… Quel dommage que nous arrivions ce soir, l'obligeant à nous accompagner ! Eussions-nous consenti à nous passer de dîner et à grelotter dehors toute la nuit, nous aurions vu demain son entrée dans la ville d'Araouane à la tête des tribus qui l'attendaient… Tant pis ! Nous verrions en revanche le départ de l'azalaï qui serait particulièrement spectaculaire cette année où l'on renouait les vieilles traditions.

Il faisait nuit noire. Les gens du village accourus à notre rencontre apeuraient les chameaux qui trébuchaient dans le sable. Des gosses tapaient mollement sur un tambour…

– Les braves gens ! Quelle fête ils me font quand je viens ici !

Devant le poste, le Maître étendit la main :

– Sidi Mohammed, le frère du chef de village, va vous emmener chez lui où votre logement est préparé.

– Ah ! Très bien ! On loge chez l'habitant ici ?…

– Oui… c'est-à-dire que… enfin, euh ! manque de place dans le poste… Vous serez plus tranquilles, d'ailleurs !…

Et il s'en fut de son côté tandis que le vieux Sidi Mohammed nous guidait vers sa maison.

La tranquillité était, en effet, la seule chose qu'on pouvait espérer de ce logis. Il était rigoureusement vide depuis la cour d'entrée jusqu'à la longue pièce étroite du premier étage qui nous était destinée. Un escalier de terre sèche, usé à s'y rompre le cou, y grimpait. Le vent glacial de la nuit s'y engouffrait par les ouvertures sans portes et par les lucarnes et les meurtrières des quatre murs. Une chandelle fichée dans le sable éclairait ce néant. La villégiature à Araouane s'annonçait mal.

Là-dessus, nous vîmes entrer notre fidèle Khouirou, en statue du désespoir. Sa chambre cuisine, en bas, étant aussi dénuée de ressources que la nôtre, il recourait à cette façon gênante qu'il avait dans les moments critiques de décider que nous étions des divinités tutélaires capables de trouver les remèdes à tous les maux. Ce soir, nous avions à faire surgir de l'eau, du combustible et un convoi de bagages et de vivres.

– Dis à Baba d'aller au village acheter du riz et du bois.

– Araouane, c'est ville pour Baba ; y en a parti tout de suite avec cousins pour lui.

Habituée au pouvoir osmotique des Beidân en voyage, je lui conseillai d'aller rejoindre son camarade pour dîner.

– Y a trop loin les maisons ; je pas connais la route, ni les gens, rien…

– T'en fais pas, Loud va venir.

– Baba a dit moi : Loud pas moyen rentrer avant le soleil haut.

Ça, c'était le bouquet ! Il aurait pu au moins nous prévenir ! Khouirou haussa les épaules avec un gros soupir de découragement ; il ne savait rien, lui, et il était accablé devant l'impuissance de ses protectrices. « C'est pas gens de mon pays ! » La crise de cafard était imminente qui le rendrait inutilisable pendant deux jours. Pour lui changer les idées, on procéda à notre emménagement.

Par bonheur, nous avions toujours nos meubles avec nous : nos selles avec chacune un *lebda*, coussin plat en cuir rembourré de paille, en forme de cœur, que l'on met dessous, et un *ilouich*, peau de mouton du Nord, à laine épaisse, que l'on met dessus. Trois grosses pierres, qui se trouvaient là par hasard, serviraient de table de toilette quand on aurait de l'eau et du savon. C'était simple, mais coquet. Demain, si Loud était arrivé, on placerait les gros meubles : les cantines et la caisse de Rachid. Dès maintenant, on n'était plus obligé de s'asseoir à même la poussière souillée qui recouvrait le sol pour attendre les événements en fumant nos dernières cigarettes et en rêvant de quatre jolis petits verres de thé bien chaud et ambré.

Des bruits de pas ! Tout le monde fut sur pied. Loud peut-être ? Non, un tirailleur. Le Grand Chef de Tombouctou, revenant avec le toubib de son voyage en auto à Taoudeni, nous envoyait chercher pour dîner au poste.

Derrière sa triple ceinture de fils barbelés, de murailles et de logements, la cour du fort Grosdemange semblait prête pour y tourner un épisode de film colonial. Le décorateur, exagérant jusqu'à l'absurde l'architecture soudanaise, avait obtenu un effet impressionnant de puissance brutale et de lourde solidité, style Empire d'outre-mer pour exportation de propagande, en élargissant tout par la base, les blocs de construction, les portes largement taillées, les pilastres monumentaux plaqués aux murs comme de gigantesques pains de sucre. Il avait usé de toutes les variétés d'ouvertures, rondes, carrées, trapézoïdes, de toutes les formes de balustres. On n'avait pas lésiné sur l'épaisseur, ni sur la fantaisie. Une barrière de banco, large comme un dos d'âne, soutenue par des X de briques et des piliers en forme de termitières, fermait cette cour.

La lumière crue des lampes à gaz d'essence accusait de lourds épaulements, des découpes inattendues et de grandes ombres massives.

Magie du décor ! A lui seul, il suggérait, il créait le drame. Son romanesque vous gagnait, faisait un signal de la plus innocente sonnerie de clairon et prêtait une allure inquiétante à l'inoffensif tirailleur qui vous précédait sans bruit, pieds nus sur le sable mou. Le traître du film était-il embusqué derrière ce pilier, ou dans le noir de ce réduit ? Quel cri d'alarme lancerait la sentinelle aux aguets sur la terrasse ? Quelle Antinéa allait paraître en haut de cet escalier d'argile battue qui, s'enfonçant sous un large porche, grimpait tout droit, en pleine masse d'un bâtiment, vers un carré de ciel nocturne ? A quelle heure le prochain razzi de figurants maquillés en hommes bleus du pays de la Peur et de la Soif ?...

La répétition n'était pas pour ce soir-là. Il n'y avait dans la cour que trois Français fort paisibles, assis dans des fauteuils en planches de caisses devant une longue table chargée d'assiettes et de quarts émaillés, d'argenterie en fer-blanc et de bouteilles d'apéritif.

Et, si la soirée fut dénuée de cordialité, il ne s'y passa rien d'imprévu. Le Grand Chef nous reprocha aigrement d'avoir refusé en son absence les chameaux berabich qu'il avait eu tant de mal à nous procurer et d'en avoir loué d'autres. A quoi j'objectai que nous n'avions pas eu le choix et que nos chameaux avaient sur les siens l'avantage d'être à notre disposition jusqu'au terme de notre voyage et d'appartenir à un Français, ce qui coupait court à bien des difficultés. Il nous informa qu'après Taoudeni, nous ferions route avec une petite caravane de commerçants tadjakants retournant à Tindouf et dont le chef se présenterait chez nous le lendemain matin.

Finalement, il nous jeta rageusement un télégramme par lequel le général commandant les confins algéro-marocains confirmait qu'une escorte militaire nous serait envoyée de Chegga et nous priait de faire connaître sitôt que possible la date de notre départ de Taoudeni et notre itinéraire au-delà de ce point.

Après cela, pour nos hôtes, nous cessâmes d'exister. Le Grand Chef s'éleva contre le sans-gêne avec lequel les « Confins » se permettaient d'envoyer un détachement de forces supplétives sur le territoire du Soudan qui s'étendait jusqu'à Chegga, qui englobait même Chegga si l'on s'en rapportait aux cartes officielles. Le Maître de l'azalaï développa longuement son plan de marche sur

Taoudeni. Et le toubib se tint coi par prudence. Ainsi nous n'eûmes pas besoin de chercher de prétextes pour nous esquiver de bonne heure.

Devant la porte en chicane, le sergent-chef de poste nous rejoignit pour nous faire un petit discours assez embrouillé. Il espérait que nous n'étions pas trop mal logées. Quand même, pour des dames, ça devait être dur de mener une vie pareille !... Il nous avait fait préparer une chambre ici. Oh ! pas bien confortable ! Vous savez ce que c'est qu'un poste de bled... Enfin, il avait fait de son mieux ! Mais on lui avait fait comprendre... on lui avait défendu... Euh ! oui ? quoi ! Il avait voulu aussi jeter un coup d'œil sur notre installation chez Sidi Mohammed, envoyer des couvertures, de l'eau. Il n'avait pas pu. Il n'aurait pas dû nous parler mais, voyez-vous, ça lui faisait souci que nous puissions croire que tout ça était la faute des sous-officiers d'Araouane... Vous comprenez bien, n'est-ce pas ?

Oui, oui, nous comprenions parfaitement qu'il y a des obstacles contre lesquels toute la bonne volonté d'un sergent ne peut rien, fût-il chef de poste et le plus brave homme du monde.

Quelques instants plus tard, couchées par terre, les genoux au menton, la tête appuyée aux selles renversées, nous goûtions à nouveau la « tranquillité » de notre logis. Loud n'était pas arrivé. La guitoune, les nattes, le bon faro en peaux d'agneau, tout cela gisait, Dieu sait où ! sur du sable propre et moelleux. Et, cherchant vainement le sommeil dans le courant d'air qui nous faisait grelotter sous nos capes de molleton, nous ne parvenions pas à nous détacher d'une vision obsédante : une chambre bien close, deux couchettes vides avec, ô luxe inouï! des draps de toile bise et de rudes couvertures kaki.

ARAOUANE
LA VILLE AUX CENT PUITS

Il y aura une récompense pour quiconque désaltérera tout être doué d'un cœur vivant.

LE PROPHÈTE MOHAMMED,
Hadith.

Es-Sadi, le vieux chroniqueur du Tarik es-Soudân, nous apprend qu'avant la fondation de Tombouctou au Ve siècle de l'hégire, « les Touareg, pendant la saison sèche, campaient sur les bords du Niger dans le village d'Amadagha ; à l'automne, ils se mettaient en route et regagnaient Araouane où ils demeuraient. C'était leur limite extrême dans la région des hautes terres ».

A cette époque, Araouane, comme Tombouctou à son début, n'était qu'un campement de hocoums, de tentes brunes en peaux de bœuf, groupées autour des puits. Sans doute, le dessèchement de cette région n'étant pas aussi avancé qu'aujourd'hui, les pasteurs y trouvaient-ils les pâturages nécessaires aux troupeaux qui leur fournissaient la viande, le lait et le cuir. Les caravanes pillées au passage subvenaient au reste.

En tout cas, la place était bonne puisque des maisons, une mosquée remplacèrent peu à peu les tentes nomades. Les Kel-Araouane revendiquent l'honneur de la fondation de cette ville.

Il semble que le Sahara développe chez certains êtres un goût si insatiable de la solitude qu'ils cherchent sans trêve un isolement de plus en plus total, loin des vanités du monde telles que peuvent en offrir un campement errant ou un de ces centres intellectuels et commerciaux dont, en dépit de leur titre pompeux, la population ne dépasse guère quelques centaines d'âmes. L'hagiographie maure est pleine de solitaires faiseurs de miracles, découvreurs de puits, fondateurs d'ermitages qui furent parfois le berceau de villes renommées.

C'est ainsi qu'au XVIe siècle, un marabout du nom de Sidi Ahmed ben Adda quitta le ksar d'Es-Souk, à deux jours de marche au nord-ouest de Kidal, pour s'en aller au désert. Un de ses disciples et le forgeron Aïssa partirent avec lui. Les trois ermites voyagèrent longtemps à travers les espaces que les Arabes nomment la Grande Solitude, où l'oiseau Qata lui-même se fatigue et s'égare. De l'autre côté, au Touât, ayant retrouvé les hommes, ils redescendirent vers le sud, au puits de Telig.

Là, ce furent les hommes qui vinrent les trouver, les soldats du pacha Djouder. Comme ce n'étaient que renégats et esclaves espagnols du sultan, sans respect pour le vénérable marabout, ils l'enchaînèrent et interdirent au fidèle Aïssa de puiser un peu d'eau pour les ablutions rituelles de son maître. Dans une légende bien faite, il n'y a pas d'ermite sans miracles. Sidi Ahmed en fit deux coup sur coup. D'abord ses fers se rompirent d'eux-mêmes ; puis il sortit de sa poche une lettre du sultan lui demandant de se rendre à Telig pour conseiller Djouder. Je ne sais quel conseil il lui donna. L'essentiel pour la suite de l'histoire est qu'il s'éloigna en paix, avec son disciple et son forgeron, sous les yeux des Marocains frappés de stupeur.

Sidi Ahmed arriva au lac Faguibine dans le temps où les Marocains entraient à Gao. L'année suivante, en 1592, il était à Araouane où campaient quelques Berabich et Touareg imaghcharen.

C'est alors que l'ermite éprouva le désir bien naturel d'avoir un ermitage. Ce lieu désolé lui plut. Il y construisit une maison, épousa Fatimata mint-Ferdouz, veuve d'un homme des Kel-Antassar, en eut un fils qu'il éleva en pieux musulman, et vit bientôt se grouper autour de lui de nombreux fidèles attirés par son renom de sainteté. Il y avait là des Rehammas, des Berabich, des Kountas et des Tadjakants qui, oublieux de leurs origines, n'étaient plus que les gens-de-la-zaouïa-d'Araouane, les Ahel ou Kel-Araouane. Seuls, les Touareg restaient sceptiques et la main d'Allah se fit lourde sur eux. Après un voyage du marabout à La Mecque, une épidémie de variole les décima. Les survivants se convertirent en hâte.

Sidi Ahmed ben Adda mourut en 1627, et son tombeau dans les ruines d'une petite mosquée construite par lui est encore un lieu de pèlerinage.

Cela, c'est ce que les Kel-Araouane se plaisent à raconter. La vérité oblige à dire qu'en 1470, le chérif Ahmed-es-Saqli, de Tindouf, protégé d'un puissant chérif de Foum-el-Hassan, s'arrêta à Araouane et reçut du cadi et de l'imam un cadeau de 1 500 dinars pour continuer son voyage.

Cela indique clairement que, cent vingt-deux ans avant que Sidi Ahmed ben Adda vînt s'y établir, Araouane était déjà une ville importante, toutes proportions gardées, possédant une cour de justice, une mosquée, et des coffres bien garnis. Cela indique aussi que notre ermite n'était pas un bon exemple de solitaire saharien et qu'il n'était peut-être pas si détaché du monde que ses historiens veulent bien le dire.

Il faut la puissance d'illusion des Maures et leur goût de magnifier toutes choses pour voir une « ville » en cette centaine de maisons, ruines comprises, éparpillées au hasard sur la pente occidentale de la dune que domine Fort-Grosdemange. Au premier abord, le voyageur qui arrive, l'œil égaré par le miroitement infini des sables, les distingue à peine. Dans tout ce gris, ce beige, ce blond mouvant, poudreux, çà et là, un losange ou un trait d'ombre souligne durement un pan de mur ou un cube d'argile massif comme un fortin, à demi enfoncé dans la courbe d'une volute de sable poussée du large par le vent. Maisons sans grâce, simples gîtes de caravaniers, entrepôts de sel et de vivres, conçues pour défier les voleurs, le soleil et le vent. Elles prennent jour sur une cour intérieure. Au-dehors, la plupart n'ont d'ouverture qu'une porte épaisse munie d'un gros verrou, de bois. Quelques demeures de notables s'ornent d'une lucarne en bois ajouré rapportée du Maroc; des pilastres à la mode de Tombouctou encadrent l'entrée que surmontent trois clochetons faits de jarres enrobées d'argile.

Tout le ravitaillement vient du Sud ou, en de rares occasions, du Maroc. Point de pâturages, donc ni lait ni viande fraîche. Parfois, un chasseur apporte une antilope. Quelques volailles faméliques picorent les grains de mil échappés aux pilons.

Point d'arbres non plus, vivants ou morts; les chameaux des caravaniers fabriquent autour des puits le seul combustible dont les servantes et la marmaille emplissent des corbeilles et des jarres à mesure de sa chute.

En avril 1906, le lieutenant Cortier, menant la première expédition française à Taoudeni pour y rencontrer le colonel Laperrine et le lieutenant Nieger, trouva Araouane peuplée d'un millier d'habitants. Les routes plus sûres ont favorisé l'exode de beaucoup de Kel-Araouane vers la grand-ville d'où ils peuvent revenir facilement pour surveiller leurs intérêts. On m'a parlé de cinq cents habitants. Ceux qui possèdent maison de ville à Tombouctou n'habitent Araouane qu'aux époques d'azalaï. Les autres, qu'ils soient chefs de village ou pauvres hères et serviteurs, végètent sur leur dune comme sur une île où aucun bourgeon, ni feuilles, ni fleurs, ni graines ne marquent jamais le rythme des saisons. Sans changer de visage, l'année se partage en mois chauds où toute activité s'endort, retirée dans l'ombre des demeures, et en saison froide où Araouane se rattache au monde des vivants par les voyageurs qui reparaissent avec leurs marchandises, leurs récits, l'imprévu, le plaisir, sur la grande piste caravanière si fréquentée jadis, ruinée par l'insécurité, ensuite par la concurrence du commerce et des transports européens, et que les Français, à présent, s'efforcent de ranimer.

Telle quelle, en son humilité, Araouane compte parmi les lieux émouvants du Sahara. Sa beauté ne réside pas dans la pauvre architecture de ses maisons, mais dans le contraste entre l'exiguïté de ce groupement humain et l'immensité qui l'entoure de toutes parts sans même trouver de fin à ces horizons embués d'une vapeur de sable. Née du sable, accroupie dans le sable, elle fait mieux que de s'harmoniser au décor, elle s'y mêle, elle s'y perd, sans troubler les grandes lignes souples du paysage le plus vaste, le plus fluide, le plus noblement dénudé que l'on puisse voir.

Au milieu du désert, elle est la vie même, secrète et douce, la vie de l'eau qui monte de ses puits intarissables vers la soif des bêtes et des caravaniers.

En ces derniers jours de novembre, on dirait un camp à la veille d'une bataille. Bataille pacifique contre le grand désert qu'on va traverser. Au flanc des dunes festonnées d'ombre et de lumière, les caravaniers ont installé leurs bivouacs. Des ballots entassés délimitent les demeures passagères où, tout le jour, des hommes s'affairent aux mille petits métiers de l'azalaï.

Ici, des bergers tordent du sbat humide pour en faire des cordes à bouche, des entraves et des bâts primitifs composés de deux gros coussins rectangulaires d'aspect confortable à l'état neuf, qu'on arrime comme un toit sur le dos du chameau et dont le poids de la charge fera vite deux minces galettes, au grand dommage des flancs de l'animal.

Plus loin des convoyeurs consolident des selles, raccommodent des outres, des guitounes de cuir, de la friperie. Celui-ci mesure du riz ; celui-là fabrique des sandales ; l'autre affûte des couteaux. On déballe, on calcule le poids des charges, on remballe, on vend, on achète, on échange, on boit du thé en parlant affaires. On vérifie soigneusement des cadenas à triple secret dans lesquels sont coulissés les bords de sacs en peaux de mouton qu'un coup de canif suffirait à éventrer.

Des peaux d'oryx gris pâle, des peaux de bœuf rouge acajou, peaux crues raides comme planches, sont étalées sur le sable. Mouillées, pétries, étirées, elles reprennent une souplesse d'étoffe.

Un vieux berger, homme d'expérience, prépare le travail. Avec une régularité de machine, son couteau découpe en spirale une peau qu'il maintient entre ses pieds et sa main gauche. Une lanière se déroule ; la peau diminue à mesure, ovale, jusqu'à ce qu'il en reste pour finir de quoi faire une semelle de sandale. Ça n'a l'air de rien, mais essayez, pour voir ! Des garçons, assis près du chef d'atelier, pliant la lanière par la moitié sur leurs gros orteils, tordent les deux bouts l'un sur l'autre. Une boucle à chaque extrémité. Sans qu'on ait rien mesuré, cela fera exactement le tour d'une barre de sel. A Taoudeni, on les remouillera ; on en cerclera, deux par deux, chaque barre avec laquelle, en séchant à nouveau, elles feront corps. La peau d'oryx non tannée ne s'use ni ne casse.

De tous côtés s'affaire en hâte une foule de Beidân, Kel-Araouane, Tadjakants, Berabich de l'Est ou de l'Ouest, Ousras, Tormoz, drapés de tous les bleus, des plus noirs aux plus clairs, de tous les blancs, des plus purs aux mieux verdis. La course et le vent déploient leurs voiles sur fond d'or pâle. Il faut aller au village pour négocier un arrangement difficile, régler un litige avec le cadi ou les Français, revenir au bivouac pour diriger le travail des serviteurs et surtout, dans les vallées encloses entre les dunes, surveiller autour des puits la grande affaire de l'azalaï, celle dont le succès, le gain, la vie même dépendront : l'abreuvoir des chameaux.

Ils sont là par centaines, bruns, roux et beiges, laineux ou pelés, des jeunes turbulents et craintifs, des vétérans aux bosses déformées, échancrées en avant par la pression du bât, les flancs et l'échine tailladés de cicatrices. Ils ne sont pas beaux ; beaucoup ne sont pas bien forts. Ce sont les parias de l'espèce. On n'a même pas le temps de se refaire une bosse sérieuse entre deux azalaï. Les maîtres sont durs et avares. On est mal harnaché, on porte tout le sel qu'on peut, souvent plus qu'on ne peut. Et, un jour ou l'autre, on crève en route, tout seul, en regardant ses frères de misère s'éloigner, puis disparaître à l'horizon.

Il n'y a pas d'entrée spectaculaire de l'azalaï à Araouane. De temps à autre, une caravane surgit en haut des dunes, se profile un instant contre le ciel, s'arrête pour être déchargée et descend lentement vers les puits.

Pendant trois jours et trois nuits, 3500 chameaux vont s'y abreuver ; chacun exige 80 à 100 litres pour faire son plein. Cent puits profonds entourent la ville, mais une soixantaine seulement ont été débouchés. Il y a aussi les peaux de bouc d'un millier d'hommes à remplir, le village et le fort à ravitailler. Avec la part du sable, cela fait dans les 400000 litres d'eau à tirer de puits semblables à ceux du Yémen et qui n'ont pas été perfectionnés depuis l'époque de la reine de Saba ! 400000 litres d'eau qui vont passer, par 7 ou 8, dans 60 *délou*, espèces de seaux faits d'une peau de chèvre froncée en poche autour d'un cercle de fer.

Sans arrêt, à chaque puits, un chameau entraîne, et ramène la longue corde qui se déroule et s'enroule alternativement sur le treuil de bois tandis que les bergers vident le délou dans une auge cimentée, une touque de fer blanc ou un abreuvoir en peau de bœuf, le *hodh*, suspendu à une armature de branches entrecroisées.

Les chameaux se pressent, épaule contre épaule, nez contre nez, aspirent longuement puis, têtes relevées, secouent leurs molles babines et recommencent. On les a laissés sur leur soif depuis plusieurs jours afin qu'ils boivent plus avidement. A maintes reprises, leurs bergers les ramènent à l'abreuvoir, les encourageant par de rauques mélopées. Tout le monde ne sait pas faire boire un chameau. Tous les chameaux ne savent pas boire pour longtemps. Parmi ceux de l'azalaï, quelques-uns viennent du Sud marocain, du Draa, et, faute d'expérience, refusent un excédent qu'ils regretteront bientôt. D'instinct, ceux de l'Azaouad s'emplissent posément, plusieurs fois, jusqu'à ce que leurs corps soient plus larges que hauts.

J'ai rencontré ma vieille amie, la Chamelle-qui-sait-où-elle-va, gonflée à bloc comme un ballon ovale prêt à éclater ; elle revenait tant bien que mal boire encore une goulée sur la part des autres.

Repus, les chameaux s'éloignent un peu, poussés par le berger. Sur trois pattes, l'antérieure gauche pliée en deux par une entrave, ils ruminent, geignent doucement, les yeux vagues à l'ombre des grands cils, leurs beaux yeux paisibles pleins de mélancolie.

Soudain, sans qu'on sache quelle fantaisie la prend, une bête part au galop. Deux, trois, dix garçons hurlants, échevelés, s'élancent. Le sable vole. Les bêtes apeurées s'agitent, avec des bramements désespérés. Les chasseurs poussent le fugitif vers une montée où il s'enlise, traînant un gosse accroché à sa queue. Un *aouli* lancé d'une main sûre s'enroule à une patte; un homme saute au nez de la bête qui se calme aussi subitement qu'elle s'est emballée… Le calme se refait dans l'ombre violette qui monte des vallées vers les dunes de cuivre rose et éteint les couleurs, reflet par reflet. Le chameau, cuisses écartées, pisse à petits coups et s'oublie longtemps ainsi, grotesque, distrait, perdu à nouveau dans son interminable rêve.

Tout autour d'Araouane, les feux de bivouac s'allument un à un, mais le grincement des poulies ne cesse pas, ni le ruissellement de l'eau, ni les appels des bergers.

Cette nature a mis son âpreté et sa mélancolie dans l'âme de ses fils. Point de rires, de contes ni de chansons comme le voyageur en écoute chaque soir dans les campements de l'Ouest. Ici, on parle affaires, on discute sournoisement, on se querelle et on fait ses comptes. Avare comme le désert, le Kel-Araouane n'accueille pas l'étranger mais s'efforce d'en profiter.

Je n'ai pénétré dans aucune demeure, pas même dans la partie de notre maison réservée à la famille de Sid Ahmed. Je n'ai point vu dans les ruelles ni aux alentours du village de ces jeunes filles curieuses et charmantes qui, près des puits mauritaniens, versent à boire au voyageur et à sa monture comme faisaient leurs aïeules des temps bibliques. Le serviteur d'Abraham n'eût point trouvé ici la fiancée d'Isaac. Je n'ai vu que des servantes en capuchons noirs qui ramassaient des crottes de chameau dans un pan de leurs robes, et deux autres qui, sans grâce, faisaient remplir une jarre par un caravanier. Les femmes de chefs étaient peut-être restées à Tombouctou.

L'azalaï n'est pas affaire de femmes. Il n'y avait plus autour de nous que des hommes rudes, soucieux de leurs travaux et se préparant à pousser douze heures par jour, sans trêve, vers les salines, des chameaux affamés, liés tête à queue en longues files et parfois muselés afin qu'ils ne mangent pas la paille tordue de leurs cordes. Et sur tout cela, sur la peine des hommes et des bêtes, et sur les squelettes qui jalonnent la piste séculaire, et, là-bas, sur les mineurs de Taoudeni, comme à Tombouctou sur les demeures des marchands, pèse cet unique mot : le Sel.

Notre logement est donc le seul échantillon des demeures d'Araouane que nous ayons connu. Il occupait une des faces d'un vaste cube évidé en son centre par une cour carrée. Les trois autres côtés étaient l'habitation de Sidi Mohammed et nous ne fûmes pas invitées à y entrer.

En Afrique, le rez-de-chaussée est réservé aux serviteurs et aux stocks de vivres. Khouirou avait donc installé son logis personnel, sa cuisine et les bagages dans deux petites pièces sombres comme des tanières, ouvrant sur une courette.

La pièce que nous habitions au premier étage mesurait à peine 3 m de largeur, mais au moins 10 m de long. Deux gros troncs d'acacia la traversaient, maintenant l'écartement des murs. Le plafond était soutenu par des branches fourchues et noueuses, formant solives, entre lesquelles des nattes en lanières de palmes bombaient sous le poids de la toiture faite d'un matelas de sbat recouvert de banco. Les architectes d'Araouane n'ont pas à se préoccuper de la pluie !

Nous nous tenions au milieu de cette galerie sur le faro qui nous entourait d'un îlot de propreté relative. Un rai de lumière tombait là d'une petite ouverture ménagée en haut d'une porte qu'on avait bouchée aux trois quarts avec des mottes d'argile. Le fond de la pièce appartenait à Rachid.

A notre droite, sur une natte, Khouirou avait son matériel à thé, qui venait de s'enrichir d'un objet étonnant dont il n'était pas peu fier : un brasero qu'il avait fait établir sur ses plans par le forgeron du village ; une vieille petite cuvette d'émail blanc percée de trous en constituait le foyer, fixé en haut d'un cylindre qui était un bidon d'huile à moteur dont on avait ôté la partie supérieure ; une porte d'aération était découpée dans le bas. C'était simple, léger, solide et cela coûtait 2 francs de matériel et 5 francs de façon. Deux anses de fer-blanc et la chimère rouge du Gargoyl composaient l'ornementation de l'appareil. Cependant, et par l'incompréhension du forgeron, il n'était pas tout à fait aussi joli que Khouirou l'aurait souhaité et, chaque fois que nous complimentions l'inventeur, il s'en excusait avec une fausse modestie. Tel quel, ce brasero fournissait un excellent exemple de l'ingéniosité que déploient les Maures pour adapter des objets d'origine européenne à leurs goûts et à leurs besoins sans faire de concessions à l'exotisme, et il nous rendit grand service pendant ce voyage à travers un désert dépourvu de combustible où l'on ne pouvait brûler que du charbon de bois.

Si la fierté des Kel-Araouane, Berabich et autres Maures de l'Azaouad leur interdit d'inviter un étranger dans leurs maisons ou sous leurs tentes, elle leur permet fort bien de venir boire le thé de l'étranger dans sa demeure.

Du matin au soir, la nôtre était pleine d'intrus. Ils entraient furtivement, comme des ombres, en se courbant sous le linteau de la porte basse, murmuraient : « Le salut soit sur vous ! », allaient s'accroupir le dos au mur et attendaient.

Chaque arrivée déplaçait des nuages de poussière sale et des essaims de mouches.

Parfois un visiteur de marque s'asseyait face à nous, en premier plan. C'étaient, trois fois par jour, le vieux Sidi Mohammed et son frère Baba, chef des Kel-Araouane, qui venaient galamment prendre de nos nouvelles aux heures de thé ; chaque matin, Moulay el-Khalifat, le chargé d'affaires de notre ami de Tombouctou, et les deux chefs tadjakants, Mohammed es-Seghir et

Bouhié, avec lesquels nous devions voyager de Taoudeni à Tindouf ; et, au hasard de leurs loisirs, des curieux qui, avec ou sans prétexte, venaient voir ces Nazaréennes, ces folles qui voulaient « faire azalaï» sans acheter de sel et traverser le Sahara alors qu'aucune raison commerciale ne les y obligeait.

Moulay el-Khalifat était un grand vieillard fort digne, hautain, et tranquillement autoritaire. Ses vêtements brillants, toujours neufs et propres, ses tuniques superposées, son énorme turban, son gros chapelet d'ébène mêlé de perles en verre de couleur, sa barbe blanche et soignée, ses belles mains fines lui assuraient la déférence qu'on accorde en tous pays aux marques extérieures de la richesse. Il avait une façon à lui de vous consulter avec courtoisie, de promettre avec sérénité et d'agir ensuite à sa guise, selon ses propres intérêts.

Et l'on est en droit de supposer qu'il n'avait pas perdu ceux-ci de vue en acceptant la garde des chameaux appartenant au négociant qui avait bien voulu nous en louer. A chaque azalaï, Moulay les emmenait à Taoudeni avec les siens et les chargeait, au compte de leur propriétaire, de sel dont il prélevait une partie pour prix de ses soins. Cette fois, il aurait de plus à organiser notre caravane.

La lettre que notre « armateur » nous avait donnée pour remettre à Moulay disait :

« Je te salue et t'informe que tout est bien ici. J'espère qu'il en est de même pour toi, avec la permission de Dieu.

« Je t'envoie le présent papier par les deux Nazaréennes que tu as vues chez moi avant ton départ. Tu sais qu'elles veulent aller à Tindouf. Or, précisément parce que certaines personnes seraient heureuses qu'elles ne puissent y atteindre, je serai heureux, moi, de les y faire parvenir, avec l'aide de Dieu et la tienne.

« Voici mes ordres formels. Il me plaît que tu les exécutes sans murmurer ni discuter, toi qui te dis mon ami ; ton obéissance sera la meilleure preuve de ton amitié.

« Tu voyageras jusqu'à Taoudeni avec ces femmes et tu t'occuperas d'elles en route en veillant à ce que tout le monde les respecte.

« A Taoudeni, tu verras le caïd Youbba qui me doit encore de la reconnaissance s'il n'a pas déjà tout effacé de sa tête… Il devra trouver une maison pour ces femmes et veiller à ce qu'elles ne manquent de rien.

« Tu choisiras dans mon troupeau les chameaux les plus beaux, le nombre qui sera nécessaire pour transporter ces femmes, leur serviteur et leurs bagages. Tu confieras ces chameaux au meilleur convoyeur que tu auras pu trouver. Il faut que cet homme soit consciencieux, honnête, dévoué et qu'il connaisse bien les chameaux. Tu lui promettras une bonne solde à son retour et tu lui fourniras tout le nécessaire comme bâts, cordes, etc.

« De Taoudeni à Tindouf, les deux femmes et ton convoyeur suivront la caravane des Tadjakants. Parle à son chef, Mohammed es-Seghir, dès Araouane ; dis-lui que ces femmes sont protégées par le général Trinquet et qu'ils trouveront profit à les bien traiter en cours de route.

« Je te laisse libre de donner à ton convoyeur toutes instructions pour son retour. Qu'il attende à Tindouf le premier départ de Tadjakants vers le sud afin de faire route avec eux. Qu'il voie s'il n'y a rien d'avantageux à acheter à Tindouf, thé ou guinée, et s'il peut charger du sel en repassant à Taoudeni.

« Ne me dis pas que j'ai tort et que je vais crever mes chameaux. Tu sais que même lorsque tu penses que j'ai tort, j'ai tout de même raison. Mes chameaux sont à moi et si je veux les faire tous crever, c'est mon droit. Et n'oublie pas que le Maître de l'azalaï passera alors que, moi, *je reste*.

« Mais je compte sur ta sagesse et sur ton dévouement pour que tout marche bien et que mes chameaux reviennent en bon état après avoir fait ce que je veux. »

Moulay lut cette lettre en égrenant son chapelet d'ébène d'une main nonchalante, attentivement mais sans surprise parce qu'il savait tout cela d'avance par ses informateurs privés. Il la replia soigneusement et la glissa sous sa tunique dans un étui de cuir. Puis, ayant réfléchi, il nous informa, avec cet air de noble détachement qui lui était propre, que, bien entendu, tout serait fait selon les ordres que lui dictait cette lettre, qu'il estimait à neuf le nombre de chameaux nécessaires et qu'il jugeait préférable de nous donner deux convoyeurs.

Un homme comme Moulay imposait la confiance, et l'on pouvait considérer son acquiescement et ses promesses comme une garantie de succès.

Cependant, nous préférions Mohammed es-Seghir, ce petit homme vif et souriant qui nous rappelait nos anciens compagnons de Mauritanie, toujours prêts à raconter des histoires et à rire d'une taquinerie. Mohammed aimait à nous décrire longuement les grands déserts du Nord qu'on ne peut traverser qu'en troupes nombreuses, avec de bons chameaux et des outres bien pleines. Il semblait d'ailleurs fort amical et tout disposé à faire son possible pour nous faciliter ce voyage. Et il nous parlait aussi des palmeraies, des jardins, des anciennes kasbah accrochées aux flancs des montagnes, de tout ce Sud marocain où le Sahara et le Maghreb mêlent leurs beautés et qu'il nous promettait, au bout de la longue route, comme une magnifique récompense.

Baba, neveu du caïd de Taoudeni, comptait parmi nos convives les plus assidus. C'était un grand type fortement métissé de noir, à l'air dédaigneux. L'administration lui avait octroyé le titre de chef des Kel-Araouane de préférence à son frère aîné, le vieux Sidi-Mohammed, parce qu'il était malin, savait faire sa cour à Tombouctou et parlait très bien français.

Moi, je n'ai pas beaucoup de sympathie pour les indigènes qui disent « vous ». D'abord, il faut leur répondre sur le même ton alors que le tutoiement africain est une habitude charmante qui met une illusion d'amitié entre des gens parfaitement indifférents, réunis par hasard dans des régions où les êtres humains éprouvent un vague besoin de se serrer les coudes. Ensuite, ce « vous », qui exprime plus de distance que de respect, trahit toujours une éducation scolaire à l'européenne dont le but, à n'en juger que par le résultat, semble être de dépenser beaucoup d'argent en pure perte.

Je ne sais à quoi tient ce phénomène paradoxal, mais c'est ainsi. Tous nos essais de conversation avec ce Baba, chef de tribu, se heurtaient à des réponses maussades et à des regards hautains.

Il me faisait penser au fils d'un chef du Tagant, un gosse de quinze ans, que nous avions emmené comme interprète pendant ses vacances. Boursier à la Médersa française de Boutilimit, il était instruit, logé, nourri et habillé par l'administration qui, de plus, lui fournissait un chameau et une escorte pour le ramener chez lui aux vacances. Les Français n'avaient eu pour lui que des bontés. Sa haine pour eux, son mépris transperçaient par toutes les fissures d'une politesse de commande. Il ne nous offrit jamais qu'un visage sournois, rageur, ulcéré d'être à notre solde pour un service qui eût consisté principalement à être un gentil compagnon de route. Si, d'aventure, je le questionnais sur une histoire ou une coutume de son pays, il se renfrognait dans un mutisme farouche. Il nous disait « vous » aussi, celui-là ! Finalement, il se découvrit une migraine insurmontable, une insolation, que sais-je ! et nous tint en panne pendant deux jours à l'ombre d'un rocher entre Tichitt et Oualata. Après s'être fait dorloter comme notre propre fils, il demanda un bon certificat et un goumier pour le reconduire soigner ses névralgies dans une case de Tichitt, accepta avec dignité un cadeau de sucre et de thé pour sa route et s'éloigna sans un adieu ni un merci. Il est vrai que c'était un petit ksourien, un sédentaire, un « fatigué » perdu à jamais pour les libres courses au désert.

Les autres garçons qui nous accompagnaient, ses compatriotes, pasteurs, chasseurs, fils de la brousse, ne connaissaient rien qu'un peu de Coran, une vague histoire de leur peuple toute parée de poésie et de légendes naïves, l'art de poursuivre les gazelles et de soigner les chameaux, mais ils étaient rieurs et contents, sans arrière-pensées, et ils nous entouraient de prévenances gentilles.

Pas plus que d'arrivée solennelle, il n'y eut de départ en masse au son du tobeul.

Les soins des chameaux priment tout, les ordres supérieurs aussi bien que le plaisir d'une parade. Comme 3 500 chameaux ne peuvent s'abreuver en même temps autour de 60 puits, leurs maîtres, par un accord tacite, échelonnent les arrivées. Chacun a ses idées. Celui-ci préfère rester le plus longtemps possible dans les pâturages de l'Azaouad et gagner les puits au dernier moment. Celui-là, au contraire, fait son abreuvoir plus tôt et emmène ses bêtes brouter un peu de sbat dans les plis des dunes avant le gros effort. Le véritable rassemblement se fait à deux jours de marche, soit 80 km plein nord d'Araouane, aux champs de sbat d'El-Oued.

Quant aux Kountas de Bourem, ils avaient décidé de faire leur petite azalaï personnelle et de monter directement aux mines avec leurs chameaux.

Sitôt prêtes, les caravanes s'éloignaient l'une après l'autre, au pas lent et gauche des bêtes remplies d'eau.

Las d'attendre les retardataires, le Maître fit comme les autres et, le 28 novembre après-midi, sans fanfares, l'air chagrin, tout seul avec un goumier, s'en alla prendre le commandement de son azalaï au jour et au lieu où les « tribus », comme il appelait un peu emphatiquement les groupes de chefs et de convoyeurs, avaient choisi de la lui livrer.

Nous, sans être les dernières, nous ne partirions que le lendemain matin, puisque ainsi en avait décidé le vieux Moulay el-Khalifat.

L'EXODE

Laisse les chameaux blancs mesurer les terres incultes, fais-les nager dans les mers de vapeurs du soir et du matin. Nourris-les de marche, car il y a longtemps qu'ils paissent le kaïssoum, le chih et le talha!...

LE POÈTE SIDI-ABDALLAHI
BEN MAHAM EL-KHADI.

A travers les sables mous qui croulaient sous les pieds des chameaux, nous entrions sans bruit au royaume du vide et du silence. On enfonçait peu à peu dans l'épaisseur du silence. Un silence qui n'était pas un arrêt, ou une attente, ou un passage, mais un ordre essentiel, définitif, la somme de multiples silences établis en larges cercles concentriques, d'horizon en horizon, sur une immensité vide. Après ce silence et ce vide, on pressentait d'autres vides et d'autres silences. C'était comme si cela ne devait jamais finir. C'était toute une nouvelle forme d'existence qui commençait, dans une nouvelle forme d'univers.

Au-delà des surfaces aperçues, la conscience de surfaces invisibles, la notion de grandeur comptent pour beaucoup dans la beauté d'un désert et dans l'émotion qu'un voyageur en peut ressentir. Ce désert-là semblait infini.

Aux flancs des dunes croissaient encore quelques aigrettes de sbat, qu'on appelle aussi *drinn* ou alfa, d'une fraîcheur inattendue, comme ces éventails d'herbes trop vertes que l'on voit sur le papier jaune et soyeux des estampes japonaises.

Bientôt, le paysage s'aplatit. Les chameaux dédaignèrent le had demi-mort qui, de loin en loin, bosselait le sable. Pourtant son feuillage gras et piquant, salé, qui ressemble, à des touffes de bruyère vert pâle, est une de leurs nourritures préférées.

Mais ce had-là, sec et tout rabougri, n'offrait plus que des branches ligneuses au feu des caravaniers.

On ne rencontrait personne; on n'entendait rien.

Les Kel-Araouane se tenaient à l'écart. Khouirou, en arrière, surveillait les nouveaux convoyeurs.

Cette première journée nous parut longue : neuf heures trente de marche au pas.

A midi, je proposai une halte pour faire le thé et, comme disait Khouirou, casser « une » croûte. Les Kel-Araouane s'étonnèrent. Ils devaient se hâter pour rejoindre avant la nuit leur convoi parti de bonne heure.

– Qu'ils aillent en avant, nous prendrons leurs traces pour les rattraper !

Cependant, ils mirent pied à terre.

– Avant que ton eau soit chaude, dit Moulay, le vent aura peut-être effacé nos traces et tu seras perdue.

– Mais il n'y a pas de vent.

– Non, il n'y a pas de vent, *l'hamdoulillah!* Le vent soufflera à l'heure fixée que tu ignores, ce soir, ou demain, ou peut-être tout de suite, Dieu seul connaît !

C'était à présent que le dôkhn allait prendre toute sa valeur. Khouirou en délaya une pleine cuvette. On y puisait, à grandes gorgées, la vivacité du piment, le réconfort de la farine, du fromage et du sucre. En cinq minutes, on était nourri et désaltéré. Un biscuit de takoula compléta le déjeuner.

Remonté à chameau, Moulay tendit le bras :

– Si tu pars d'ici vers le nord, ou vers le soleil levant, ou le couchant, tu peux marcher dix jours sans rien trouver que du sable pareil à celui-ci. Ne compte pas sur les traces marquées sur du sable, ne perds jamais de vue les gens de l'azalaï et n'oublie pas qu'eux-mêmes, le vent de sable peut les cacher à tes yeux.

La nuit tombe sur les dunes. Au milieu des sables, deux petits bivouacs abrités par des murettes de bagages : celui des Kel-Araouane, celui des Nazaréennes. Deux maigres feux de racines sous deux marmites pleines de riz et de tichtar. Il fait froid, mais le vent n'est pas encore revenu. On ne dressera pas la guitoune et les deux bivouacs resteront semblables. Rien ne les distinguera sur l'égalité du désert uniforme lorsque, chacun dans un trou de sable, nous dormirons enfin, enfouis dans un burnous, une couverture de peaux, un morceau de vieille tente.

Comment Moulay et ses compagnons ont-ils retrouvé leur convoi dont ils n'ont même pas recoupé les traces ? Par le repère d'une petite dune au profil indécis, pour nous pareille aux autres ; par la succession de vallées à peine creuses ; par la fuite du soleil, par la première étoile ; par cet instinct des nomades qui mènera l'azalaï vers Taoudeni, tout droit, cet instinct qui, aux siècles obscurs de leur histoire, mena leurs ancêtres, par des puits inconnus, au fond du Sahara.

Le guépard s'est glissé en ronronnant sous ma couverture et pèse, lourd et chaud, contre mon épaule.

Les chameaux baraqués, genoux pliés par les entraves de paille tordue, ruminent ou dorment près de nous.

Il n'y a plus, au seuil d'un long voyage, que le repos fraternel des bêtes et des gens, les rêves, les respirs et le grand silence entre le sable nu et le ciel étoilé.

De belle heure, tout le monde fut sur pied. Le vieux Moulay avait prévenu que la journée serait dure, qu'on marcherait sans trêve afin de camper le soir à El-Oued.

Pendant la nuit, des caravanes sont venues. Avec nous marchent, ce matin, une trentaine d'hommes, chefs et bergers, 500 ou 600 chameaux.

Le vent aussi nous a rejoints, un grand vent de sable, le vent El-Bared qui souffle du nord en rafales glacées.

Il fait froid. Impossible de tenir immobile en haut des

chameaux. Le visage dans l'aouli, tête basse, on marche à grands pas pour se réchauffer, tirant derrière soi la monture qui renâcle au choc des bourrasques. Le sable crépite sur les vêtements, crible la peau de mille piqûres d'aiguilles.

Nous comprenons maintenant les craintes de Moulay : les traces d'un chameau qui marche à 50 m devant nous sont déjà effacées, saupoudrées de sable, lissées par le vent. A 200 m, l'animal lui-même est invisible. Le Sahara, ce paysage d'hiver, balayé de blizzard ?

A l'éclaircie, vers 10 heures, pas une teinte chaude : le sable est presque blanc sous un ciel à peine bleu, à peine mauve, que ne réchauffe pas un soleil rose dépouillé de rayons. Les touffes de had sont givrées de sable. Les burnous neigeux contrastent durement avec les aouli noir violacé, avec les tuniques bleues. Les rubans de cuir qui flottent aux tisoufren sont couleur de feuilles mortes.

Beaucoup de caravanes convergent vers El-Oued. Elles surgissent de l'horizon en masses sombres, compactes et allongées comme des navires. D'abord estompées dans la brume de sable, elles grandissent, plus nettes, traversent la plaine, se jetant les unes aux autres un appel, un salut. Chacune s'enfonce à son tour derrière la vague d'une petite dune, émerge encore une fois, un instant, pour disparaître dans la zone indécise où le ciel et la terre se fondent.

L'impression de mer est obsédante. La plaine est gonflée d'une large houle à laquelle le vent arrache une écume argentée.

Les chameaux s'en vont par flottilles, en longues cordées, ou flanc contre flanc, tous ensemble, tous serrés ; parfois, une tête se dresse brusquement en figure de proue et se retourne d'un mouvement furtif vers l'inconnu aride et redoutable qui les cerne de toutes parts.

Et sur son carnet, comme sur un livre de bord, le voyageur, éclairé d'une chandelle plantée dans le sable à l'abri d'une caisse, fixe chaque soir les incidents minuscules qui marquent la succession des jours monotones et vides.

Il y eut aussi des escales.

Mercredi, 1er décembre. – El-Oued.

Débarqués là hier soir à l'extrémité d'un large demi-cercle de lumières clignotantes. La nuit était pleine de monde, pleine d'une rumeur de voix, de beuglements, de pierres cognant sur des piquets, de bagages lancés à terre. Des hommes que nous ne connaissions pas, portant des brassées de paille et de racines, des chameaux entravés se hâtant à petits pas traversaient la zone éclairée par notre feu, puis s'effaçaient dans le noir.

Une caravane défila. Étonnement de nous entendre saluer par nos noms, comme en Mauritanie : les Tadjakants de Tindouf avec lesquels nous voyagerons après Taoudeni. Khouirou les a suivis d'un long regard mélancolique :

– Ces types-là, c'est comme gens de mon pays !...

Le petit Baba s'est sauvé pour rejoindre le Maître de l'azalaï et ses goumiers dont le bivouac est établi très loin, au bout des derniers feux qu'on distinguait à peine. Aidées de Khouirou, nous avons dressé la guitoune.

Vent et froid, dehors.

Même au Sahara, c'est bon de retrouver son chez-soi à la fin d'une journée d'hiver – cette maison sans poids, sans épaisseur, couleur du sol sur quoi elle pose, légère, et qui protège sans séparer ni asservir. Depuis longtemps, elle était oubliée dans son sac indigène. La voici pour un jour et deux nuits, familière, avec ses rapiéçages, ses piquets un peu tordus et ses ficelles raboutées, avec sa faîtière de bambou que le soleil fit éclater, et ses supports de bois entamés par les termites, avec toute son histoire liée à la nôtre.

Le long des parois de toile, les sacoches, l'herbier, les bidons à eau, le fusil, le photophore, tous les menus bagages sont alignés en ordre sur le plancher de nattes. Les appareils photographiques pendent au portemanteau. Devant la tente, les selles et les cantines limitent une courette et protègent du sable. C'est bon, une trêve de confort ! Et, en nous glissant dans les sacs de plume, sous le faro où Rachid s'est déjà installé au retour de sa promenade nocturne, en posant nos têtes sur les tisoufren bourrées de vêtements, nous avons murmuré : « Ce qu'on est bien ! », comme chaque soir, que le lit soit de sable ou de cailloux. Car la perfection appelle vite l'indifférence et, pour goûter pleinement sa part de bien-être, il faut le contraste d'un peu de gêne. Par exemple, ce vent qui tourbillonnait autour de la tente et faisait apprécier la chaleur des fourrures, ou, dans mon oreiller, cette boîte de fer-blanc calée contre ma nuque et qui faisait paraître un paquet de lainages plus moelleux sous ma joue.

Endormies au désert, nous nous éveillons dans un village au bord d'une rivière. De laine, de toile sont les maisons ou de grandes peaux de bœuf acajou, tendues sur des bâtons à la mode des Touareg. La rivière est de sable.

Un village au temps des moissons.

Il a plu ici, un jour, je ne sais quand. Pour quelques heures, l'oued est devenu torrent, et les graines de sbat qui dormaient depuis bien des saisons se sont éveillées en hâte et ont poussé leurs germes longs et minces comme des fils. L'eau a ruisselé, le temps de retrouver son chemin à travers le sable qui l'a bue à mesure. Le torrent est redevenu oued jusqu'à une autre année de pluie.

Les germes, cramponnés à leur chance, ont grandi, vite, plus vite que la fuite de l'eau, en graminées à feuilles coupantes, à tiges dures, renforcées par des nœuds, plus hautes qu'un homme.

Vite, les graminées se sont fleuries de franges et de panaches blancs et soyeux que les bergers nomment *illig*. C'était la saison chaude ; les troupeaux des hommes étaient loin. Les antilopes ne sont pas si nombreuses qu'elles puissent empêcher une plaine couverte de sbat de recevoir assez de graines patientes pour recommencer le miracle des germes à la prochaine pluie.

Trois semaines après sa naissance, le sbat était sec. En gerbes dorées, puis brunes, puis grisâtres, il bruissait au vent tandis que le sable, au pied de chaque touffe, s'amoncelait en tertres arrondis.

On ne sait quand il pleuvra de nouveau.

« Le pays riche, s'il s'appauvrit, peut retrouver la richesse, mais le pays pauvre, s'il s'enrichit, redeviendra pauvre. »

Parce qu'il y eut ici des lacs et des rivières entourés de prairies où paissaient des troupeaux, aux temps que racontent les traditions vieilles et charmantes comme des légendes, parce que les graines d'illig nées de ces prairies ont appris à survivre aux longues sécheresses, il y aura toujours, sur la route du sel, cette réserve de sbat qui sauve les caravanes.

Les chameaux ont mangé tout leur saoul ; quand leur panse est pleine d'eau, ils peuvent se contenter de nourriture sèche.

Les bergers de chaque caravane fauchent de grandes bottes qu'ils disposent sur le sable, deux par deux, reliées par des cordes de paille, toutes prêtes à être chargées demain matin sur leurs chameaux. C'est la provision pour l'aller et le retour, et pour Taoudeni où il n'y aura rien.

De nouvelles caravanes ont rejoint l'azalaï. De nouveaux bivouacs se sont installés. Sur la plaine bosselée de monticules, hérissée de sbat, il y a 3 000 chameaux.

J'ai revu la Chamelle-qui-sait-où-elle-va. Après que tous les autres, gavés, s'étaient accroupis pour ruminer, elle arrachait encore de longues poignées de paille qui lui pendaient de chaque côté de la bouche, tandis qu'elle les broyait lentement, la tête haute et le regard distrait perdu vers l'horizon. L'expérience lui avait appris que boire et manger au-delà du besoin fait partie de la tâche d'un chameau consciencieux.

L'azalaï a deux benjamins : un garçon de dix ans et un chamelon de deux mois.

Le garçon que son père a emmené pour économiser un convoyeur suscite bien des discordes dans sa caravane. Les autres convoyeurs sont mécontents. Les besognes trop dures pour l'enfant retomberont sur eux ; mais tout le monde sait qu'un enfant, s'il fait moins de travail, boit autant d'eau qu'un homme. Au bruit des querelles, le gosse serre les poings et cambre la taille sous la courte draperie de chandorah qui laisse voir un petit corps déjà musclé.

Crânement, il s'applique à faucher la paille à grands coups

de couteau et à la lier en bottes plus grosses que lui. Et il fera la route sans se plaindre, juché en haut des marchandises. S'est-il plaint, à Araouane, de la corvée d'abreuvoir ? A-t-il boudé devant les sacs de grain si lourds à charger ? A dix ans, l'orgueil laisse les forces en arrière.

Le chamelon est une drôle de petite bête frisée, neigeuse, poil et figure d'agneau, plate comme un edelweiss tombé des pages d'un herbier. Avec ses longues pattes molles et ses petits pieds en velours, ça trottine bravement ses 40 km par jour.

Mais quel souci pour la mère ! Comment, tirée entre deux cordes dans l'alignement d'une caravane, surveiller ce bébé, le protéger du vent, du soleil, des pieds des autres chameaux ? C'est jeune, c'est étourdi ; ça court à droite, à gauche ; ça reste à la traîne ; ça s'empêtre dans les cordes. Effrayé par les gronderies des mâles et le bâton du berger, ça se sauve en bêlant et va se réfugier sous le ventre d'une chamelle inconnue, plus ou moins indulgente. Et comment, je vous le demande, le faire téter s'il pleure de faim quand on est liée à cette maudite caravane qui ne s'arrête pas de la journée ? Tout ce qu'on peut faire, c'est de l'encourager, de le rappeler, d'essayer de le consoler avec ces doux mugissements des mères chamelles.

Le chef caravanier, lui, comme le père du petit garçon, n'a vu que son intérêt immédiat. Pour une naissance inopportune, il n'a pas voulu laisser dans l'Azaouad une bête forte et grasse qui portera sans peine ses 4 barres, peut-être 5. Comme elle n'aurait pas voulu suivre, on l'a cordée, avec des sacs et un convoyeur sur le dos.

Des gens assurent que le lait de la mère va se tarir faute de nourriture, et que le petit mourra bientôt de faim et de fatigue. D'autres disent qu'il fera la route mais qu'ensuite il dépérira peu à peu. D'autres ont déjà vu des chamelons suivre l'azalaï, des plus jeunes encore que celui-ci, et qui ne s'en portaient pas plus mal après quelques jours de repos. Une seule chose est certaine : il faut bien envoyer aux mines tout ce qu'on possède de chameaux et en rapporter le plus de sel possible, car le sel est un bienfait de Dieu. Et ils s'excitent à des calculs qui semblent absurdes à un esprit européen : un chamelon qui, adulte, vaudra 1 500 francs pour une charge de sel !

Oui, mais les 200 francs de sel sont là, tout proches, offerts à la cupidité de ces Maures d'Araouane ; l'avenir du chamelon est dans la main d'Allah, et l'on sacrifie le petit chameau blanc.

Fin de jour. Crépuscule rose. Calme.

Sur une natte, devant la guitoune, Khouirou prépare le thé. Marion rêvasse, à plat ventre dans le sable. Rachid digère de la tripaille d'antilope qu'un chasseur r'gueïbi lui a donnée. On est bien tranquilles tous les quatre, en famille.

Mais aux bivouacs d'à côté, les hommes rentrés de la corvée de paille nous guettent du coin de l'œil, mine de rien. Ils ont vu le feu, la bouilloire ; ils attendent le moment propice pour venir nous saluer, quand l'eau sera chaude.

Décidément, je les aime de moins en moins. Ailleurs, les Maures sont insouciants, gais, généreux et mendiants. Ils prennent et ils donnent ; ils donnent le lendemain ce qu'ils ont pris la veille, avec la même joie. Ça n'a pas d'importance. Ce sont des nomades. Ici, ce sont des mercantis, des gagneurs de sous, des transporteurs de sel.

– Le salut soit sur vous !

Le vieux Moulay-ould-Khalifat est venu le premier, très digne, au bruit des verres posés sur le plateau.

Le petit Baba et un autre goumier arrivent du bivouac seigneurial juste comme Khouirou casse le pain de sucre.

« Salam aleïkoum ! » ... Le chef d'une tribu du lac Faguibine... « Salam aleïkoum ! » Les convoyeurs... « Salam aleïkoum ! » ... Un passant, puis un autre. Lorsque Khouirou verse le thé, ils sont neuf, accroupis en cercle autour de nous.

On épuise consciencieusement les divers sujets de conversation classiques sous toutes les latitudes.

Politesses : « Les Madames ne sont pas fatiguées ? Elles n'ont pas eu froid ?... Ni trop chaud ?... Rien ne leur manque ?... Gloire à Dieu !... »

Le temps, qui pourrait être plus mauvais, *l'hamdoulillah !...* Le sbat, l'état des chameaux, etc.

La vie chère : On n'aura guère à Taoudeni que 7 barres pour une pièce (entendez 250 kilos de sel pour 15 mètres de guinée ou chandorah), 5 barres pour 1 kilo de thé vert, une seule pour 6 kilos de riz, ou en échange d'un pain de sucre. Les temps sont durs, et ces requins doivent regretter l'époque, vers 1922, avant que le contrôle français fût possible, où ils exigeaient des malheureux mineurs deux tiers de barres pour 1 kilo de riz, 60 barres pour une pièce qui valait alors une vingtaine de francs à Tombouctou.

Puis les nouvelles : On dit que les Kountas de Bourem amèneront 5 000 chameaux, ou 1 500, ou peut-être 2 000... Un homme de la rebatna a dit au Maître de l'azalaï qu'on trouverait un pâturage de had vert à une demi-journée d'El-Oued, demain ou après-demain, s'il plaît à Dieu... On dit...

L'Afrique a un magnifique mépris des précisions !

– Demain, annonce gravement Moulay, le voyage commencera vraiment et les Nazaréennes verront ce qu'est l'azalaï. Le tobeul donnera le signal du départ. Les caravanes marcheront toutes ensemble derrière le chef français, les chefs de tribus et le cadi d'Araouane. Ainsi chaque jour, du lever au coucher du soleil, jusqu'à Taoudeni.

Cela fait transition avec l'affaire principale dont on veut nous parler.

– Les gens de l'azalaï se réjouissent que les Nazaréennes soient venues. C'est un honneur pour eux, et une bonté du ciel parce qu'elles sont riches et puissantes et qu'elles voudront sûrement donner un grand *oussourou*...

– Mais nous n'achèterons pas de sel ! Et nous ne reviendrons pas à Tombouctou !

Le mot berbère *oussourou* désigne la « taxe d'entrée » que, après les Askias songhaïs et les sultans marocains, la colonie du Soudan français, propriétaire du sol et du sous-sol, perçoit à Tombouctou : 1,25 franc pour chaque barre transportée [1]. Mais il s'agit maintenant d'un tout autre impôt.

– Tous ceux qui montent à Taoudeni pour la première fois doivent faire un cadeau à l'azalaï; tous, même les bergers, même le petit gosse qui est venu cette fois-ci. C'est la coutume.

– Qu'arrive-t-il si le voyageur ne veut pas donner de cadeau ?

– Celui qui refuse, les jeunes gens le poursuivent, le bousculent jusqu'à ce qu'il tombe de chameau. Ses bagages sont jetés à terre ; ses cordes à bouche sont cassées. Le malheur est sur lui pendant toute l'azalaï.

– Même s'il ne possède rien ?

– Forcément, chacun donne selon ses moyens mais, sur son salaire, le plus pauvre berger d'azalaï peut toujours donner une poignée de tabac ou un moud de riz. Ceux qui sont riches donnent beaucoup.

Et, tous ensemble, les voilà qui se mettent à stimuler notre générosité éventuelle par des récits d'oussourou somptueux. Un officier méhariste avait fait égorger quatre chamelles grasses, emmenées tout exprès. Un autre avait donné 2 000 francs. Cent pains de sucre et 12 kilos de thé vert pour l'oussourou du chef des Berabich. Au départ, un Kel-Araouane avait chargé des moutons sur ses chameaux, assez de moutons pour que chaque maître de caravane, chaque convoyeur, chaque berger pût manger du méchoui jusqu'à ce que son cœur lève dans sa poitrine. Ça, c'était des oussourou de nobles, des oussourou qui pouvaient compter dans les annales de l'azalaï, ou du moins dans sa légende !

Malheureusement, les Nazaréennes, si elles en sont à leur première azalaï, n'en sont plus, depuis longtemps, à leur première histoire de Beidân ! Khouirou sourit doucement en remplissant les verres…

– Ça ne doit pas être toujours commode de partager un oussourou entre les centaines d'hommes de l'azalaï?

– C'est facile. Tu donnes ton oussourou à un type sérieux, Baba si tu veux, qui fait quatre parts égales : une pour tous les

1. Cet impôt a été supprimé en 1938.

chefs de tribus ensemble, une pour le chef de ta caravane, une pour les goumiers, une pour l'azalaï. La part de l'azalaï est remise aux chefs de tribus.

– Ah ! oui. Je vois ! Un quart pour les quatre goumiers, un quart pour Moulay et une moitié pour les cinq chefs de tribus soudanaises. Cela simplifie bien les choses, en effet… Et à quel endroit donne-t-on l'oussourou ?

Grande discussion ! Ce soir même, disent les plus pressés… Non, c'est trop tôt ! Demain, quand on campera au pâturage de had… On a toujours payé à la passe de Foum-el-Alba… Non ! A celle de Foum-Allous, juste avant d'entrer à Taoudeni !…

Avec son autorité de vieux chef caravanier, Moulay tranche la question :

– Les Nazaréennes paieront au Khenachich ; c'est la tradition.

Rien à faire pour connaître l'origine de cette tradition qui ressemble au rite du passage de la Ligne. Notre rôle est de payer et non de savoir pourquoi. Si je ne puis entendre une belle histoire, je puis au moins faire enrager ceux qui me la refusent.

– D'ailleurs, tout cela n'a aucune importance. C'est au-dessus de ma tête et ne me regarde pas. Ignorant cette coutume, nous n'avons rien emporté de Tombouctou et d'Araouane, et nous ne pourrons payer l'oussourou !

– De l'argent suffira, répond Moulay avec sérénité.

Et, les verres étant vides pour la quatrième fois, nos hôtes se sont levés en hâte pour aller se prosterner sur le sable, car le soleil vient de disparaître et le temps fugitif de la prière de maghreb se termine avec son dernier reflet à la limite du ciel et de l'horizon.

Dans la soirée, j'entends Khouirou qui confie à Rachid, assis gravement près de lui devant le feu où mijote la casserole de riz à l'oignon :

– Mon vieux, tu connais bien j'ai tout qu'est-ce qu'y faut pour payer mon oussourou, mais je suis plus content perdre mon œil droit et couper ma main droite que de faire un cadeau aux gens de l'azalaï!

Jeudi 2 décembre. – Départ : 6 heures. Campé à 14 h 10.

Sur la plaine obscure, les clameurs de 3 500 chameaux réveillés par les convoyeurs ont brutalement rompu le silence de la nuit.

En hâte, on a levé le camp.

Lorsque la caravane de Moulay fut prête, les hommes (et nous comme les autres, à notre rang de départ) s'accroupirent sur le sable glacé, grelottant sous les burnous, le bâton en travers des genoux et le poignet dans l'anneau de la bride. Debout, les montures et les chameaux de charge attendaient, massés derrière nous.

Engourdies de froid et de sommeil, nous avons attendu longtemps, sans curiosité ni impatience, comme les bêtes, sans même penser à demander pourquoi.

Une lueur terne sépara de lourdes nuées, s'élargit et s'étira lentement au-dessus de la plaine. Un grondement sourd roula comme un orage lointain :

– Le tobeul !

Aussitôt, il sembla que, parmi les ombres et les lumières de l'aube, les sables se levaient en masses confuses. Les dunes croulaient dans l'oued. L'oued gonflé se mouvait vers le nord. Les caravanes s'avançaient, majestueuses, fauves et brunes, estompées de pénombre rougeâtre et de sable roussi.

Deux méharistes s'élancèrent au grand trot, en éclaireurs, et disparurent.

Sur leurs traces, le Maître de l'azalaï, solitaire, ouvrait la marche, suivi du petit groupe des chefs, à pied, et de leurs montures tendant vers le ciel embrasé les coupes de leurs rouahel vides.

Et le grand exode commença.

Toutes les caravanes des Berabich de l'Est et de l'Ouest défilèrent d'abord, sur plusieurs rangs, par longues cordées rectilignes, par masses compactes de bêtes haut le pied autour desquelles les hommes couraient en brandissant leurs bâtons, par groupes de montures confiées à un berger jusqu'à l'heure du boute-selle.

A contre-jour, déformées par les charges, cous tendus horizontalement entre les remorques, les chameaux de bât avaient des silhouettes monstrueuses, en dérive au-dessus du nuage de sable qui leur montait au poitrail. Ceux qui portaient le sbat semblaient des meules errantes.

De loin en loin, un espace vide coupait l'énorme corps.

Puis d'autres caravanes surgissaient, dans le même ordre : un détachement d'hommes à pied, le troupeau des bêtes libres, les convois de marchandises, les porteurs de paille, avec les mêmes mouvements indéfiniment répétés, les mêmes pulsations transmises de proche en proche, comme si tous ces hommes, toutes ces bêtes étaient les membres d'un seul être.

Il n'y avait plus de chameaux et de chameliers. Il y avait une vie unique et impérieuse. Il y avait l'azalaï qui est sourde et aveugle et qui, une fois lancée, marche sur les traces de ses guides invisibles jusqu'au signal de halte, selon un ordre immuable et des lois séculaires.

Lorsque vint le tour de la caravane dont nous faisions partie, nous nous sommes mises en marche, entraînant nos montures, sans même y songer, prises dans l'engrenage de ceux qui nous précédaient et de ceux qui allaient venir. Nous étions un anneau d'une chaîne de 3 km de long, un élément d'une masse vivante d'1 km de large. Nous avancions avec les autres, courbées contre le vent comme les autres, au rythme qui tenait tout cela ensemble : nous étions entrées dans l'azalaï.

Les feux du soleil levant brûlèrent, puis s'éteignirent et le désert reprit son aspect coutumier : une plaine de sable beige pâle, veloutée, balayée par le vent, sous un ciel couleur de sable percé d'un soleil rond, mat comme un verre dépoli.

Après deux heures de marche, le geste d'un chef qu'on ne voyait pas, quelque part, à l'avant, se propagea de caravane en caravane, comme un frisson le long d'une échine, et chacun prit son chameau et le monta, les maîtres dans leurs selles, les convoyeurs sur les sacs ou entre les bottes de paille, deux ou trois par dizaine de chameaux.

Vers le milieu du jour, la large route tracée pour quelques instants par tous les pieds de l'azalaï s'incurva sur la droite afin que ne soit pas écrasé le meilleur d'un pâturage de had frais, arrondi en grosses touffes miraculeusement vertes et juteuses. Au passage, les chameaux frémirent d'envie.

Par-dessus le moutonnement de l'azalaï, très loin, de l'autre côté du pâturage, on aperçut les guides immobiles en haut d'une levée de sable.

Le Maître de l'azalaï, ses goumiers et son convoi gravirent la pente et s'arrêtèrent aussi. Deux hommes saisirent le tobeul par ses poignées de corde, et les maillets frappant en cadence la peau de taureau brun tendue sur l'énorme timbale annoncèrent à l'azalaï l'heure de son repos.

Les caravanes s'étalèrent en large front qui déferla au bas de la colline, chacune prenant la place qui, depuis toujours, lui était assignée selon sa tribu. Les Ousras du Faguibine et les Tormoz du Sahel obliquèrent à gauche vers le soleil couchant. Les Kel-Araouane se groupèrent entre eux et les Berabich de l'Ouest qui occupèrent le centre. Ensuite venaient leurs cousins, les Berabich de l'Est, et, à l'aile droite, les gens du Maroc : Tadjakants, Teknas et Arribs, moins nombreux, qui ne sont, en somme, que des invités.

La grande tente blanche du Maître de l'azalaï se dressa sur la hauteur, face aux Berabich de l'Ouest.

Nous avons reçu l'ordre d'établir désormais notre bivouac au nord des Kel-Araouane, près de Moulay el-Khalifat, responsable de nos bêtes.

Sitôt déchargés, les chameaux, par centaines, se sont hâtés au pâturage sous la garde des bergers.

Et l'immense village errant, aux quartiers délimités par des remparts de ballots et de fourrage, a repris sa vie de toutes les haltes, ses palabres, ses cuisines en plein vent, ses menus travaux et ses sommeils de hasard, sa vie précaire et quasi animale, parée du charme que l'on prête aux choses de passage qu'il faudra quitter avant d'en être las.

Vendredi 3 décembre. – Départ : 11 h 30. Campé à 17 h 50.

Le départ annoncé pour le petit jour a été retardé afin de laisser à quelques traînards le temps de nous rejoindre et de profiter du had. Cette fois, l'azalaï est au complet.

La prairie d'épaisse verdure a disparu, fauchée par 4 000 bouches aux longues dents jaunes, aux babines molles, prenantes comme des mains

A mesure que nous avançons vers le nord, le désert s'anime de larges ondes, de quelques dunes à peine ébauchées, si douces de forme, de couleur, de substance.

Et rien d'autre, à perte de vue, que du sable !... Rien sur le sable. Aucune vie. La nuit, on voudrait entendre un crissement d'insecte, le hurlement d'un chacal, même l'aboi sinistre de l'hyène, n'importe quel bruit vivant qui allégerait le silence. La plainte d'un chameau, le murmure d'un dialogue dans la masse sombre de l'azalaï endormie ne suscite aucune réplique du désert qui l'entoure. Le jour, on voudrait une trace de pied, un vol d'oiseau. On voudrait que le désert nous donnât signe de vie. Mais il n'a d'autre vie que celle que nous y apportons et qui s'éloigne avec nous.

Ce soir, au crépuscule, il nous a donné le signe d'une vie passée : des pierres rouges, orangées, vineuses, marbrées de jaune et de brun, des milliers de pierres éparpillées le long d'un couloir sinuant entre deux amas de dunes. Pas des pierres quelconques pour que, toutes deux, nous en ressentions tant de joie ! Des outils de quartzite, des lames, des grattoirs ronds et ovales, taillés, ciselés sur les berges d'une rivière enfuie par des artisans disparus.

Leurs réserves de pierres brutes et les déchets de leur travail sont encore là, mêlés aux pièces achevées. C'est émouvant, cette œuvre humaine, petite et rouge, aux facettes brillantes d'une patine millénaire, qui a coûté tant de peine et de patience, qui est restée là si longtemps abandonnée et qui, un soir, retrouve sa place au creux d'une main parce que l'azalaï a passé dans cette vallée-ci plutôt que dans dix autres semblables et parallèles, où il n'y avait rien que du sable tout uni.

Laissant l'azalaï s'éloigner puisque l'heure de la halte est proche et que les feux s'allumeront bientôt, en hâte, nous ramassons les pierres. Baba et Khouirou nous aident, au hasard. A pleines mains, nous remplissons nos poches et nos aoulis, ces coiffures si précieuses aux ramasseurs de fossiles et de cailloux !

L'azalaï est campée lorsque nous la rejoignons, immense, agrandie de tous les chameaux que les hommes ont gardés près d'eux, baraqués côte à côte, puisqu'il n'y a pas de pâturage.

Ça ne vaut plus la peine de dresser la guitoune. Trop tard. On s'installe au petit bonheur parmi les bagages.

Thé, soupe d'avoine, riz au tichtar. Aucun danger que la gourmandise prolonge le repas !

Triage des cailloux à la lueur du photophore abrité par la caisse de Rachid. Station 104. On numérote, on emballe dans des chiffons pour éviter le frottement qui userait les reliefs de taille et on entasse, bien serré, bien bourré, dans de vieux sacs de cuir emportés tout exprès.

Travail en musique. Il y a thé-concert chez le Maître de l'azalaï dont nous avons décliné l'invitation. Étrange d'entendre résonner ici ce tam-tam de fête.

Un de nos convoyeurs, Ramdhân, qui nous regarde curieusement emmailloter ces cailloux comme des objets précieux, nous dit que demain, vers midi, nous passerons à Foum-el-Alba et qu'on y trouve beaucoup de pierres grandes comme la main – son doigt dessine sur le sable un pic, une hache – pareilles à celles que le docteur a récoltées en revenant de Taoudeni, sur la piste automobile qui est à une demi-heure de Foum-el-Alba, vers l'est.

Samedi 4 décembre. – Départ : 6 h 15. Campé à 17 h 20.

Aujourd'hui, c'est le tobeul qui a frappé le réveil à 4 heures du matin. Le Maître de l'azalaï avait prévenu que si, par malheur, il entendait crier un chameau avant le signal, le propriétaire serait à l'amende. Résultat : au lieu de tracasser leurs bêtes dès le milieu de la nuit, les caravaniers les ont laissées dormir – et nous aussi par contrecoup !

Au premier roulement de tambour, les convoyeurs qui guettaient, cordes en main, se sont précipités vers les chameaux et l'azalaï, par ses 4 000 gueules, a jeté, d'un coup, une énorme clameur.

Évidemment, les Maures aimeraient bien partir de meilleure heure quand les bêtes n'ont rien à manger. Ils sont prêts longtemps avant le signal du départ et enragent d'attendre que leur chef apparaisse, bien après le jour, pour se mettre à leur tête. Les chameaux lourdement chargés se fatiguent à rester immobiles, baraqués ou debout, plus qu'à marcher. Si l'azalaï fait ses étapes sans haltes, c'est pour éviter aux bêtes la fatigue de l'attente sous les charges, ou aux hommes celle d'une corvée de chargement supplémentaire ; c'est aussi pour traverser au plus vite ce pays de famine.

Il fait calme, presque chaud. Pas de vent pour la première fois depuis longtemps. On en est tout désorienté.

Midi. Le sable lisse, figé, très clair, miroite. Un pli d'aouli ramené au-dessus des paupières, on ferme les yeux, on somnole au bercement régulier des chameaux. Automatiquement, les muscles jouent, et les nerfs, et la pensée, à la cadence de leur pas. On ne fait plus qu'un avec son chameau. Attentif, il obéit à un murmure, à une distraite pression du pied, comme si votre désir avait été le sien, en même temps. S'il fait un écart, on est surpris d'avoir fait le même, sans y songer. On est collé à la rahla, qui est ficelée à l'animal qui porte tout, qui emmène tout ; on vit du même souffle, du même mouvement, ensemble. N'a-t-on pas toujours vécu ainsi ?

13 h 45. – Baba, en passant, m'a tirée de ma torpeur.

– Regarde ! Foum-el-Alba !

La plaine se relève jusqu'à un grand talus, roches gris perle chaussées de sable jaune, qui, d'est en ouest, barre l'horizon. Droit devant nous, une échancrure au milieu des dunes vives : Foum-el-Alba, la Bouche de la Très Longue Dune.

Elle semble toute proche : il faut deux bonnes heures pour l'atteindre. Loin, à droite, la piste automobile où le toubib a laissé un petit kerkor de beaux « coups-de-poing » paléolithiques qu'il ne pouvait emporter. Impossible de nous dérouter jusque-là, mais les Maures nous promettent d'autres pierres dans la vallée au-delà de la crête.

Avec nos chameaux légèrement chargés, nous pouvons au moins trotter en avant pour photographier et filmer l'azalaï au passage.

Une chance que le temps soit clair ! Trêve de ce maudit vent de sable qui donne aux photos les plus sahariennes un air d'effet de brume en Bretagne.

Bien nette sur fond d'or pâle, l'azalaï déploie un front de 2 km scindé en groupes rectilignes. Elle avance dans un ordre rigide comme une armée avec ses régiments, ses escadrons, ses pelotons, par carrés, par files bien droites, bien rangées, transversales ou parallèles. Entre les colonnes, circulent des méharistes, porteurs de consignes et de nouvelles. On en ressent la griserie instinctive que donnent le nombre, la grandeur, la symétrie, l'ordre, par exemple une parade militaire, une démonstration de culture physique ou tout autre manifestation de force multiple et disciplinée.

Nous avons fait halte en haut de la dune. Au sud, la plaine inclinée où avance l'azalaï. Au nord, les sables s'effondrent brusquement dans une vaste dépression au relief complexe : plateaux rocheux, massifs d'*aklé*, ravins à fond de dalles gréseuses, argentées, polies par les torrents d'autrefois. Pas une feuille, pas une branche morte. Du sable et de la pierre, si pâles, noyés de lumière, qu'ils semblent la vision de rêve d'une planète inconnue.

A mesure que l'azalaï approche de la passe, le front se resserre. Chaque caravane s'étire sur un seul rang, s'aligne lentement derrière celle qui la précède.

Le groupe des chefs franchit le seuil et disparaît sur l'autre versant d'où s'élève aussitôt un grand nuage doré.

Alors commence l'interminable piétinement de l'azalaï. Les caravanes défilent toutes pareilles, avec la même hésitation des chameaux de tête devant le vide, le même tâtonnement indécis au premier pas de descente, et le même écroulement cabré, cou en S, tête appuyée à la bride raccourcie, antérieurs roides, postérieurs ployés, fesses touchant terre, dans un remous de sable bouleversé.

Une caravane suit l'autre, sans arrêt. Des méharistes poussent les troupeaux haut le pied. Les cordées de chameaux tirent, refusent, cèdent. Un berger se faufile entre les pattes impatientes, attrape au vol une amarre brisée, relie la chaîne interrompue. Deux hommes descendent une charge qui a roulé par terre ; on arrangera cela tout à l'heure ; pas ici. Qu'un chameau s'arrête, cela fait une caravane en pagaille, et le choc se répercutera jusqu'au dernier chameau, là-bas, au milieu de la plaine. L'un après l'autre, les 4 000 chameaux grimpent, hésitent, plongent sous les charges de ballots et de paille brinquebalant sur leurs dos.

Les vieux routiers comme la Chamelle-qui-sait-où-elle-va prennent la descente de biais, avec le calme des vieilles troupes. Les jeunes se lancent tout droit, à l'étourdie.

Au milieu d'une cordée, le petit garçon convoyeur passe, très digne, juché sur des sacs, l'air d'un qui en a vu bien d'autres.

Mais le chamelon affolé a perdu sa mère et bêle désespérément tandis qu'un berger qui l'a empoigné par les douces frisures blanches de son épaule le guide vers la passe.

La Bouche de la Très Longue Dune a mis près de deux heures à avaler toute l'azalaï.

En nous aidant à ramasser des pierres acheuléennes dans les ravins pendant que l'azalaï se reforme, Baba nous raconte que le Niger coulait ici autrefois, du moins les vieilles gens l'assurent et le prouvent… par cette histoire :

Une esclave d'Araouane, n'osant plus rentrer chez ses maîtres sans le troupeau de zébus qu'elle avait égaré, marcha longtemps, jusqu'au fleuve dont elle suivit la rive. A Foum-el-Alba, elle aperçut enfin ses bêtes dans un grand pâturage, avec des éléphants et des hippopotames. Elle les ramena le long du fleuve et, lorsqu'elle revint à Araouane, les taureaux et les veaux étaient si gras, les vaches avaient tant de lait que le maître fit un beau cadeau à l'esclave pour la récompenser d'avoir si bien gardé son troupeau.

Le campement de l'azalaï s'est établi dans une immense arène au pied des dunes de Siddrem.

Les caravaniers ont éparpillé sur le sol des bottes de paille autour desquelles les chameaux se bousculent. Non loin de nous, Moulay soigne un chameau dont « la fatigue, m'explique Khouirou, est montée dans sa tête ». Saisi par l'oreille, l'animal reste immobile, tête basse, et, d'une grosse veine percée au-dessus du nez, le sang jaillit en long trait qui rougit le sable.

La tente seigneuriale s'est perchée sur le plus haut sommet battu par le vent froid qui souffle à nouveau. Nous avons préféré l'abri de cette même dune, au creux d'une petite cuvette, qui nous épargnera la corvée de guitoune.

Il y a une atmosphère de hâte, ce soir, sur les travaux des Beidân. Chez nous, la soupe est déjà sur les braises pendant que les quatre théières se succèdent à un rythme accéléré.

C'est l'Aïd es-seghir, la Petite Fête de la rupture du jeûne, et chacun veut être libre de guetter tout à l'heure la naissance du mince croissant qui annoncera que la lune du Ramadhân est bien morte.

Aux abords des bivouacs, des groupes se forment autour

d'un chef ou d'un homme d'âge pour une prière en commun plus solennelle que d'habitude.

– La lune !

Les goumiers, sur la hauteur, la saluent d'une salve de fête. Et, d'en bas, Khouirou, ivre de vanité, brandissant notre petite carabine de chasse, tire lui aussi, coup sur coup. Il peut bien s'en donner à cœur joie avec nos cartouches désormais inutiles ! Elles sont loin, les tourterelles et les pintades du Sud !...

Loin aussi le temps où Khouirou, pieux serviteur des marabouts de Tidjikja, ne voulait même pas porter cette carabine, objet impur, pendant les étapes ! Complètement corrompu par la vie des camps ! Et maintenant, bombant le torse sous un grand boubou neuf, il s'en va rejoindre les goumiers devant la tente du Maître de l'azalaï où il y a thé, chansons et danses guerrières au son du tobeul.

Il ne faudrait pas imaginer cependant que cette liesse soit la revanche d'un long jeûne. Le Coran est indulgent aux nomades et, pendant les voyages, il les exempte d'une pénitence qu'ils acquitteront plus tard, à leur commodité ; de même qu'il leur permet d'écourter les cinq prières quotidiennes, ou de les faire toutes ensemble, le matin ou le soir, pourvu que le compte y soit.

Tout en classant nos cailloux, nous évoquons d'anciens Aïd es seghir... L'an passé, sur d'autres champs de sable, au Sud d'Aïn-ben-Tili, avec des Chaamba dont l'un avait apporté, lié en croupe derrière lui, le mouton du sacrifice... Autrefois, sur la côte de Mauritanie, au bord de la mer...

Ces souvenirs de moutons gras et d'océan, ces visions de légendaires pâturages où paissent des vaches laitières au bord d'un grand fleuve, ici, tandis que le pauvre Rachid boude devant son écuelle de riz au tichtar et que nos chameaux mâchonnent de la vieille paille, au cœur d'une stérilité mortelle !

L'auteur à Chegga (janvier 1938)

Odette du Puigaudeau et Marion Sénones

Avec le jeune guépard «Rachid»

Rachid avec des enfants de Oualata

Le cérémoniel du thé

Khouirou le fidèle cuisinier

Beauté soudanaise

Le Maître de l'azalaï des Ahel-Araouane

Taoudeni : on taill[e] les barres de sel destinées à Tombouctou

Traversée du lac Faguibine par Rachid

Transport des barres de sel

Le père Blanc Yakouba

Femme arabe de Tombouctou

Jeunes filles à la mode : bijoux soudanais, coiffure bambara, robe de rayonne du Japon

Une tour de guet dans la saline de Teghazza

Mosquée de Sankoré

Cabanes de mineurs à Taoudeni, brique de vase salée, linteaux en barre de sel

Mosquée de Tombouctou renfermant la tombe du saint protecteur de la ville

Architecture traditionnelle à Tombouctou

Maison de Tombouctou : sur la terrasse, les merlons sont des jarres retournées enrobées d'argile

L'arrivée de l'azalaï à Taoudeni

Dimanche 5 décembre. – Départ : 6 h 15. Campé à 12 h 30.

Décidément, Moulana protège notre azalaï! Il a mis sur notre route, juste à l'heure du déjeuner, le miracle d'un petit pâturage d'*ascaf* et, dans ce pâturage, deux magnifiques oryx que les goumiers, partis en éclaireurs, ont surpris et tués. Des R'Gueïbat de la caravane marocaine ont sacrifié un chameau blessé. Tout le monde, bêtes et gens, libérés de bonne heure, ont célébré de bon appétit l'Aïd es-seghir.

Une veine pour moi, cette étape écourtée ! Le paludisme rôde. La plaie sous mon pied gauche, toujours bourrée de sable malgré le pansement, me gêne beaucoup pour marcher. Et l'anthrax de droite ? Il profite bien, merci, sans se décider à crever, que j'en ai la jambe enflée du mollet jusqu'aux orteils. Tout cela pour une misérable petite égratignure saupoudrée de poussière malpropre !

Aussi le cadi d'Araouane a-t-il trouvé un accueil assez maussade lorsqu'il est venu à son habitude, en service commandé, s'asseoir devant le brasero en vieux bidon que Khouirou a apporté sous la tente pour nous réchauffer.

Il m'agace, ce messager officieux, mi-nègre mi-berbère, costumé en notable marocain (burnous, djellaba et turban de laine blanche, babouches jaune canari), avec son sans-gêne, sa suffisance, son obséquiosité et ses discours tendancieux.

– Quel dommage que vous ne veniez jamais sous la tente du Maître de l'azalaï!... Votre travail, sans doute ?... Ou la fatigue ? Tous les chefs en éprouvent de l'étonnement et une vive déception. Ils aimeraient tant causer avec des femmes de votre rang et de votre grande intelligence...

Ça y est, encore un qui dit « vous » !

– Ne viendrez-vous pas aujourd'hui ? Il y aura une très belle fête, comme celle d'hier que votre cuisinier a dû vous raconter...

La ficelle est un peu grosse. Le Maître de l'azalaï, n'ayant pas réussi à nous barrer la route, a adopté une nouvelle tactique dont le succès aurait l'avantage d'établir aux yeux de ses administrés qu'on ne peut accompagner l'azalaï sans être de ses amis et que ses invitations représentent un honneur impossible à décliner. Par malheur, un Maure, fût-il cadi, nous semble assez mal indiqué pour servir de médiateur entre Français.

– A propos de votre cuisinier, poursuit-il d'un air soucieux, permettez-moi de vous donner un conseil. Ce devoir d'amitié m'est pénible à remplir, car je sais que Khouirou est un brave garçon qui vous sert avec dévouement ; mais Dieu a voulu, dans sa grande sagesse, que chacun de nous ait quelques défauts. Khouirou aime trop la dispute ; bien qu'étranger ici, il est brutal et insolent envers les gens de l'azalaï. Surveillez-le de près car, s'il continue, il pourrait vous attirer des ennuis… D'ailleurs, ne vous tourmentez pas prématurément : il n'a encore rien fait de très grave… et l'oussourou arrangera tout cela, grâce à Dieu !

Et, pour faire diversion, le voilà qui entame des histoires venimeuses sur le compte d'anciens chefs français, au bénéfice des chefs actuels dont il a besoin et dont le tour viendra, après leur départ, d'être sacrifiés à leurs successeurs. Ce qui nous permet enfin de l'envoyer vertement porter ailleurs ses conseils et sa diplomatie.

Au grésillement qui annonce la fin prochaine de la bougie, Marion est sortie pour aller fouiller à tâtons dans les sacs de réserves. Une voix indignée s'élève de derrière les bagages.

– Qu'est-ce que toi y a chercher là, madame ?

– Une bougie.

– Pourquoi tu pas appelé moi ?

– Je croyais que tu dormais.

– Non, non, je pas dors ! Je juste fini manger mon du riz !

Accroupi au seuil de la tente, devant les tisons, Khouirou bougonne tout en nettoyant le photophore :

– C'est pas bon tu sors quand y en a beaucoup le vent, et le nuit, et tout ! Y en a pas besoin tu faire ça puisque tu as gagné un bon fils !

La bougie neuve accuse soudain en lumières et ombres portées l'énorme lippe boudeuse, le nez trop large, tout le visage bon enfant et mal pétri de notre « fils »!

– Forcément, moi, c'est même chose ton fils! Si un quelqu'un s'en va tout seul loin de son parent et de son pays, celui qui faire la route avec lui, qui lui donne le manger et les boubous, qui faire attention lui y a pas malade, y a pas manquer rien, il l'appelle son père et sa mère et y faire bon le service pour lui… T'as pas besoin venir chercher dans « mon » bagage quand moi y en a là!

Simplicité biblique et émouvante du serviteur africain dont on n'a pas encore fait un boy!

Khouirou s'est attardé, rêveur, à croupetons, les bras étendus au-dessus des braises.

Je pense soudain aux racontars du cadi.

– Tu as le cafard? Tu regrettes d'être venu avec l'azalaï?

– Non, je suis content seulement.

– Quand tu retourneras en Mauritanie, tu auras beaucoup d'histoires à raconter. Avec ton argent, tu feras le dioula dans la brousse et tu épouseras une belle femme très jolie!

– Plaît à Dieu!

– Pourquoi n'as-tu pas été au tam-tam ce soir?

– Pas besoin tam-tam.

– Tu es bon camarade avec les goumiers et les convoyeurs?

– Oui, oui, complètement.

– C'est très bien… Qu'est-ce que tu vas leur donner pour l'oussourou?

– Je pas donne rien pour oussourou!

– Pourquoi?

– C'est pas gens de mon pays! C'est pas manières de mon pays!

– Voyons, Khouirou, nous sommes plus étrangères ici que toi et nous donnerons quand même l'oussourou.

– Toi, tu faire comme tu veux dans ta tête.

– Écoute : c'est une dépense de voyage; alors, madame et moi nous paierons ton oussourou.

– Non, merci, merci, madame! Si je suis content donner, je

donne moi-même. Je veux pas donner rien !

J'insiste, Marion insiste. Khouirou s'entête, buté ; puis soudain, il éclate :

– Les gens de l'azalaï, c'est trop mauvais. Ça pas connaisse blaguer, ni monter joli sur les chameaux, ni faire belles choses, rien. Y a dire mon pays, c'est pays de sauvages où les gens n'ont rien à manger…

Il est à remarquer que, sous toutes les latitudes, la suprême injure est le reproche de pauvreté. « Eh ! va donc, crève-la-faim ! », insulte finale d'une querelle entre deux commères parisiennes.

– Pourquoi dis-tu alors que tu es camarade avec les goumiers ?

– Je suis pas content raconter z'histoires ; nous, y en a besoin la paix seulement. C'est toi qui as demandé. Les goumiers y en a appelé moi « sauvage ». Moi, c'est hartani pour grands marabouts… Un goumier qui a un cousin à Taoudeni, il a dit : « Mon cousin connaît faire boy complètement ; c'est plus bon il va à Tindouf avec les Madames et que toi, Khouirou, tu travailles aux mines à sa place. Et ça, madame, c'est mauvais complètement pour moi !…

(Tiens, tiens, voilà qui pourrait bien expliquer la sollicitude du cadi !…)

– Et quand tu étais en colère, tu as battu le goumier ?

– *Manallah !* J'ai dit seulement que Mour'tanie, c'est grand pays qui a gagné les dattes, le mil, les bêtes, les femmes jolies et toutes les choses bonnes pour musulmans. J'ai dit : « Moi, c'est Beidâni, pas sauvage, jamais ; et les Madames, c'est très bon, très content pour moi, et il a pas moyen elles me laissent crever dans les mines ! » Voilà !

– Bien. Maintenant, tu vas t'arranger pour rester toujours près de nous sans t'occuper des Kel-Araouane.

– Moi ! Y a fini regarder les Kel-Araouane ! Y a pas besoin eux ; y a casser la route avec eux dans quatre jours ! Seulement, si les Kel-Araouane disent les coutumes de mon pays sont pas jolies, moi je dis les coutumes des Kel-Araouane, c'est trop mauvais pour Beidân de Mour'tanie et je pas donne rien pour oussourou. Dans mon pays, les gens sont libres de marcher la route sans rien payer à personne, jamais !

« … Celui qui refuse l'oussourou, le malheur est sur lui pendant toute l'azalaï… »

Lundi 6 décembre. – Départ : 6 heures. Campé à 17 h 40.

Malade.

Mardi 7 décembre. – Départ : 6 h 10. Campé à 18 heures.

De la journée d'hier, je ne me rappelle pas grand-chose.

L'azalaï a doublé l'archipel de pitons qui entourent le puits de Bir-Ounân, à 380 km d'Araouane. Dans un tel vide, des cônes grisâtres de 10 à 20 m de haut prennent une allure de montagnes. Un beau poste de guet pour les pillards d'autrefois ! Un entrepôt pour les caravaniers d'aujourd'hui. Les années où les mineurs ont extrait plus de charges de sel qu'il n'y a de chameaux, les caravaniers transportent un premier stock de Taoudeni à Bir-Ounân, retournent aux mines charger leurs bêtes une seconde fois et regagnent directement Araouane ; plus tard, ils reviennent chercher leur dépôt de Bir-Ounân. C'est ce qu'ils appellent « faire la *khazna* ».

Une corvée d'eau envoyée au puits n'a pu y remplir qu'une cinquantaine de peaux de bouc.

Pour le reste, la journée n'a été qu'un long cauchemar fiévreux, grelottant, traversé des douleurs aiguës de ma cheville et brouillé par le vent de sable, ce vent El-Bared, plus atroce que le gel, et dont rien ne protège.

Onze heures de marche en claquant des dents. Obsession : ne pas tomber avant la fin de l'étape.

Khouirou a dû me descendre de chameau et me poser par terre sur mon ilouich avant d'aider Marion à dresser la guitoune. L'azalaï était déjà campée. Pas un caravanier ne m'a offert un abri ni un verre de thé.

40,3 °C de fièvre. Marion m'a dit que j'avais déliré toute la soirée. Khouirou m'a dit qu'un djinn était entré dans ma tête.

Aujourd'hui, ma température a baissé : 39,2 °C. Celle du vent a monté : 5 °C à 6 heures du matin, 16 °C à 6 heures du soir. Ça pourrait être pire ; des thermomètres de Groupes nomades ont enregistré, à pareille époque, jusqu'à – 2 °C.

Les caravaniers ont laissé des meules de paille en réserve pour le retour. Un petit *guelb* voisin servira de repère.

Les chameaux commencent à avoir des airs de famine. Sans eau, le sbat ne passe pas bien. On raccourcit les sangles autour des ventres creusés en ogives au-dessus des jambes qui semblent trop longues. On a muselé les affamés pour qu'ils ne dévorent pas les cordes à bouche.

Le garçon crâne toujours, un peu plus maigre seulement. Mais, vers l'arrière, une petite silhouette blanche trotte par à-coups, s'arrête, repart, bute de droite et de gauche et pleure éperdument sa mère que la caravane entraîne de force et qui n'a presque plus de lait.

La Chamelle-qui-sait-où-elle-va, de plus en plus osseuse, ressemble à une bête héraldique, mais elle marche bon pas.

L'azalaï est devenue du grand sport, du sport d'endurance. Le long de sa route, les ossements des vaincus annoncent aux vivants qu'il faut marcher ou mourir.

Une petite pyramide de barres de sel, blanches comme marbre, brille au soleil. Un monument aux morts de l'azalaï? Non, une charge abandonnée pour cause de décès du véhicule. Un cercle tracé sur le sable l'entoure d'une barrière morale. Le nom du propriétaire est peint en noir et bleu sur les barres. Et nous sommes pourtant au pays des pillards !

Vers 16 heures, changement de décor : le Khenachich, le Haut du nez. Ici, le visage de la terre est tout creusé d'orbites, de trous et de sillons entre des arêtes et des bosses. Falaises de grès couleur de brique et de cuivre, à peine visibles de loin, mais plongeant leurs bases dans des ravins profonds où coulent des fleuves de sable orange. Lointains mauves. Sur les hauteurs, gisent des tronçons de branches pétrifiées, qu'on dirait de bronze, où se voit le travail des vers dans les couches d'aubier.

A la nuit, l'azalaï s'est installée au fond d'une longue et étroite vallée, l'oued Morkba où il n'y a plus de *morkba*, près des puisards où il n'y a plus d'eau.

Courses de pieds nus, cris autour de la guitoune :

« Oussourou ! Oussourou ! Il faut payer, ô toi qui veux passer ! » Simulacre d'attaque nocturne qui révèle peut-être l'origine de l'oussourou. Autrefois, il ne s'agissait pas de plaisanterie et, dans l'ombre de ces ravins en coupe-gorge, près du piège des aguelt où la soif poussait les caravaniers, R'Gueïbat et Chaamba du Nord, à l'affût, exigeaient de l'azalaï qui venait d'échapper aux pillards du Sud un droit de passage dont celui d'aujourd'hui commémore le souvenir.

Peut-être aussi, jadis, les nouveaux venus, avant de s'engager dans ces régions redoutables, domaine des razzieurs et des démons, faisaient-ils quelque sacrifice, quelque aumône pour conjurer le mauvais sort.

Commémoration de dangers passés ou précaution contre les dangers à venir, nous avons chargé Baba de remettre 200 francs aux chefs de tribus et de les inviter à venir boire le thé demain soir.

Ensuite, les quêteurs se sont tournés vers le bivouac cuisine où Khouirou surveillait notre soupe d'avoine.

Une voix furieuse s'écrie :

– Il ne veut pas payer l'oussourou ! Il dit que les coutumes des hommes de l'azalaï sont au-dessus de sa tête !...

– Louange à Dieu ! répond doucement Khouirou, penché sur

sa casserole, loin au-dessus, comme le charognard est au-dessus du lion !

Mercredi 8 décembre. – Départ : 6 h 15. Campé à 18 heures.

Toute la matinée, l'azalaï a rampé dans les labyrinthes du Khenachich, grimpé sur des plateaux, contourné des pitons et de profondes coupures. Nous nous sommes faufilés le long des passes et au creux des ravins. On apercevait par les entailles des plateaux des tronçons de l'énorme chenille à seize milliers de pattes qui passait entre les montagnes. Des caravanes se profilaient soudain sur les hauteurs, contre les feux roses du soleil levant, puis dévalaient en se bousculant vers les plaines où elles s'étalaient sur l'argile rouge en moutonnement confus de toisons fauves et de sbat verdâtre. Les cris gutturaux des Maures pour retenir leurs bêtes, leurs mélopées sur deux notes monotones pour les rassurer se répercutaient sans fin aux parois des canyons. L'azalaï emplissait le Khenachich.

C'était, pour ce dixième jour de voyage, le dernier avant Taoudeni, un spectacle inoubliable.

Comme elles avaient passé vite, ces longues journées de marche à travers un paysage vide où, comme l'Una de Kipling, « on voit où l'on veut aller et on y va… et il n'y a rien dans l'intervalle ». Rien que l'apport du voyageur, ses rêves, ses jeux, ses querelles, ses soucis, sa joie ou sa lassitude, auxquels l'immensité du décor et des problèmes vitaux impérieux mais tracés à grands traits simples rendent leurs véritables dimensions : celles de puérils passe-temps. Non, rien, que le charme et le silence et le détachement, l'emprise de la vie nomade qui, une fois goûtée, ne libère jamais.

Seulement, ces longues étapes, c'est aussi dix à douze heures de travail perdues qu'il faut rattraper le soir.

Au sein du grand rythme puissant de l'azalaï, nous avons établi notre propre rythme.

D'abord, chaque matin, deux heures à pied, tous les trois. Une fois en selle, nous trottons, sans trop de précipitation, pour aller présenter nos devoirs au Maître de l'azalaï. Il se tient à l'avant, à une longueur de sa cour de chefs et de goumiers, ce qui l'oblige à se tordre le cou pour converser avec eux. Il en fait de même avec nous, gardant sa distance. Assez vite, nous rentrons dans le rang, causons au passage avec les chefs de tribus, puis avec les chefs de fractions, puis avec les goumiers, enfin avec l'infirmier noir qui va relever celui qui termine ses six mois de séjour au dispensaire de Taoudeni. Nos visites protocolaires terminées, nous nous laissons glisser insensiblement pour nous perdre à nouveau dans la masse obscure des caravaniers.

A 9 heures, on grignote une poignée de cacahuètes dont nous avons une réserve dans nos poches.

Vers midi, nous faisons halte comme les chefs mais à l'écart. Khouirou allume un petit feu de paille et de braises et prépare en hâte un casse-croûte. Le menu est invariable : dôkhn, pâté sur des brisures de takoula, et le thé dont il a appris à faire quatre petites théières en vingt minutes ce qui est un record inespéré.

L'azalaï défile devant nous. A la dernière caravane, il faut que tout soit rangé et que, sautant en selle, nous regagnions au flanc de l'azalaï, le terrain perdu.

Il y a quand même des distractions et le métier de caravanières n'est pas si déplaisant que des sédentaires pourraient l'imaginer. On bavarde avec l'un ou l'autre. On fait le chien de berger avec les hommes montés qui vont et viennent en serre-file autour des pelotons de chameaux haut le pied et rejettent les étourdis dans le rang.

La qualité de la cuisine dépendant de l'état psychologique du cuisinier, on raconte des histoires à Khouirou et on lui en fait raconter; on parle de la Mauritanie que nous regrettons plus que lui, nous qui n'y retournerons peut-être jamais; et on blague pour lui remonter le moral, les jours de cafard.

Comme aujourd'hui, par exemple.

Une demi-douzaine de jeunes vauriens ont choisi le plus mauvais passage du Khenachich pour faire expier à Khouirou son mépris des coutumes étrangères. C'est à qui essaiera de désarçonner le pauvre type et frappera son chameau lancé dans une galopade éperdue.

Par bonheur, outre le cuisinier, l'animal porte notre matériel et une guerba qu'une chute risquerait fort d'éventrer. Cela nous permet de faire appel aux chefs pour rétablir l'ordre en faveur de nos biens, à nous qui avons payé notre oussourou pour le partage duquel ils sont en train de se disputer comme des voleurs. Pensez donc ! Leur quart officiel et celui des caravaniers, cela leur fait bien dans les 20 francs par tête ! Il n'y a pas de bénéfice négligeable pour les gens de l'azalaï. Celui-ci vaut sans doute qu'on donne des ordres. Khouirou est quitte pour un vieil ilouich volé, et ses persécuteurs pour laisser refroidir leur vengeance jusqu'à Taoudeni.

Cet après-midi, l'azalaï s'est arrêtée quelques minutes sur la plaine retrouvée au sortir du Khenachich pour faire un second dépôt de sbat au pied d'un petit massif montagneux.

– On l'appelle Guelb-Dôkhn, m'explique Moulay, depuis que, pour son oussourou, un chef de ma tribu y a nourri pendant quatre jours les hommes d'une azalaï de 40 000 chameaux. Il y a longtemps, longtemps !...

Le mouvement de sa dextre levée au-dessus de sa tête semble brasser des tourbillons de siècles.

Cette orgie de dôkhn peut étonner, et cette halte de quatre jours, mais pas le nombre des chameaux. En 1910, R. Chudeau, d'après les notes du capitaine Grosdemange qui venait d'être tué au combat d'Achourat, cite bien une azalaï de 30 000 bêtes des Berabich et 20 000 des Kountas.

Un rapport du capitaine Ballieu nous apprend que, l'année 1896, le Soudan importa 3 000 tonnes de sel de Taoudeni, ce qui laisse supposer le chiffre coquet de 25 000 chameaux. Étant donné que, de son temps, on avait 10 barres pour une pièce de guinée à 16 francs, l'auteur, avec un remarquable sens pratique, émettait le vœu « que les Européens, munis de decauvilles, s'installent aux débouchés des caravanes et monopolisent ce commerce de première nécessité ». Après quoi, les caravaniers indigènes n'auraient plus, je pense, qu'à essayer d'introduire au désert la culture du topinambour ou, plus sûrement, à crever de misère.

Par chance, la route Tombouctou-Taoudeni possède quelques moyens de défense efficaces contre les decauvilles, et les Français, d'ailleurs, ont heureusement modifié leur idéal de colonisation.

Le Maître de l'azalaï, les chefs de tribus et leurs suites viennent de se retirer après le thé d'adieu.

Debout, nous regardons l'azalaï étalée sur la plaine. Tout est comme d'habitude, mais les plaintes des bêtes muselées par des cordes deviennent chaque soir plus nombreuses. La famine pèse sur l'azalaï.

Un long mugissement triste nous fait penser au petit chameau blanc qu'un berger a ramené de très loin vers le camp… Un autre n'a pas reparu à la halte du soir, un vieux chameau fourbu qui doit être en train de mourir près du Guelb-Dôkhn. On l'a vu ralentir, puis s'arrêter, le souffle court. L'espace s'élargissait entre lui et la dernière caravane. Il était seul au milieu de la plaine… Il bramait faiblement, le cou tendu vers ceux qui s'éloignaient. Mais l'azalaï en marche est inexorable…

Marion a questionné un berger :

– Pourquoi n'essaie-t-on pas de l'entraîner ?

– Pas la peine, il est vieux.

La dernière fois que nous nous sommes retournées, il était accroupi sur le sable, résigné comme tout ce qui participe à la vie saharienne.

Longtemps, nous regardons l'azalaï, veillée par la jeune lune. C'est le dernier soir. Demain nous ne reverrons plus ces grands carrés sombres qui sont des centaines de chameaux endormis sur le sable clair, ni tous ces bivouacs où clignotent des feux.

Nous n'y laissons point d'amis. Nous n'étions qu'un élément isolé dans la masse de l'azalaï. Mais parce que, demain, elle ne sera plus qu'un souvenir, nous regrettons déjà cette aventure dans l'espace du désert et le temps de la Bible.

Jeudi 9 décembre. – Départ : 5 h 45. Arrivée à Taoudeni : 12 h 40.

Réveil de bonne heure ce matin. Tout le monde est content d'arriver.

L'azalaï a fait toilette. Le laisser-aller de dix jours de route a été remis en ordre. Les chargements ont été soigneusement rangés, et des brides de cuir à franges multicolores ont remplacé les cordes des chameaux de selle.

Les chefs se pavanent dans des burnous blancs du Maroc, ou des toges soudanaises de guinée presque noire à reflets violet et bleu, luisantes comme des élytres de scarabée. Ils ont tiré de leurs réserves des sacoches de filali rouge vif, des ceintures brodées de soie, des poignards d'argent ciselé et des amulettes de luxe qui pendent sur leurs poitrines en liasses rouge et noir rehaussées de cuivre. On voit de gros turbans neigeux et des aouli indigo, et même un fez entortillé de mousseline.

Pas un pauvre berger qui n'ait au moins un bout de chandorah neuve roulé autour du crâne et une tunique de percale propre.

Même Khouirou s'est mis en frais ; il a enfilé, l'un par-dessus l'autre, trois pantalons et quatre boubous de service, en laine et en coton et de diverses couleurs, ce qui est pour lui le comble de l'élégance.

Quant au Maître de l'azalaï, nous avons eu du mal à le reconnaître sous un déguisement de goumier maure. Tout y est, même le ceinturon à cartouches. Seulement, comme il est frileux, on aperçoit des manches de gros tricot retroussées sous les tuniques de percale neuve, bleu sur blanc, réglementairement relevées aux épaules. Plus de casque : le bonnet de coton blanc à pompon que portent les Maures quand ils vont à la chasse. Mais, comme il est prudent et craint, sous le vingt-troisième degré de latitude Nord, le soleil de décembre, il s'est enroulé autour de la tête un vieux chech syrien de flanelle blanche, puis une grande écharpe noire à franges dont les bouts, croisés sur la nuque, sont ramenés devant comme les brides d'une fanchon. Le casque-à-mêche pointe au beau milieu de tous ces enroulements, avec son coquin de pompon qui se balance au rythme du chameau. L'ensemble est assez réussi.

Mais la note personnelle, l'accessoire qui donne tout son chic à ce travesti, le fin du fin… c'est un monocle ! Parfaitement ! « Le petit Goumier au Monocle », titre pour le Salon des Humoristes. Sept heures de marche, en plein Sahara, avec ce rond de carreau vissé dans l'orbite gauche !

J'ai d'abord cru à un accès d'humilité ou à quelque obligation pénible. Mais non :

– Que voulez-vous, « ils » sont tellement habitués à me voir ainsi ! Ça leur fait plaisir !

– Oh ! évidemment, un personnage historique se doit à sa légende !… La rançon de la gloire !…

A travers un paysage rougi, rose, doré, tout gonflé de dunes et balafré de crêtes rocheuses, les caravanes cheminent et s'écoulent en vingt torrents, par toutes les brèches, par toutes les passes.

11 heures. – Vision soudaine d'un Sahara que nous ne connaissons pas encore. Dans un envol d'étoffes flottantes, deux goumiers touareg en tenues blanc et noir accourent vers l'azalaï au trot allongé de splendides méhara.

Ils viennent saluer les chefs et leur annoncer que leur lieutenant est campé à Taoudeni avec un détachement du Groupe nomade du Timétrine. Il y a aussi un civil de l'administration qui doit être un grand personnage, « même chose gouverneur général » puisque quatre avions commandés par un capitaine l'ont amené hier soir aux salines.

L'azalaï des Kountas de Bourem arrivera peut-être demain. Enfin une nouvelle qui se met à courir de bouche en bouche jusqu'au plus lointain convoyeur : il y a tant de sel qu'il en restera encore après que chaque caravanier de chaque tribu aura chargé son dernier chameau !

Mais la khazna est interdite cette année ! Pourquoi ? Dieu sait mieux que nous !

Immédiatement, les charges qu'ils emporteront ne comptent plus, mais celles qu'ils laisseront, et ils se lamentent comme s'ils voyaient déjà, comme s'ils touchaient cet excédent de sel, ce manque à gagner, cette perte, cette ruine ! Toutes ces barres de sel dont le nombre augmente à mesure qu'ils en parlent ! Crever leurs chameaux faméliques, tant pis, c'est plus tard ! Le sel est là, tout de suite !

11 h 30. – Un vrombissement qui se rapproche. Un point au fond du ciel, qui semble immobile et qui pourtant grandit devant nous. Deux ailes rigides rayées noires et blanches qui volent sans mouvement, en ligne droite, puis en larges cercles, au-dessus de notre exode de primitifs. Il y a des siècles de distance entre nous et cet avion dont le bruit effraie nos chameaux.

Les hommes ont levé la tête, presque distraitement. Ça, « c'est une affaire pour les Européens et non pour les musulmans ». C'est par trop loin d'eux, trop loin des champs habituels de leur imagination et de leurs étonnements.

– Ce n'est là que du fer, disait un chef maure à un officier. Donne assez de fer au forgeron de mon campement, et il te fabriquera une machine comme celle-ci, avec la permission de Dieu.

Assez naïvement, je quête l'admiration de Loud qui marche près de moi :

– Tu as déjà vu des avions ?

– Manallah ! Jamais.

– Ils sont malins, les Français, hein, Loud ? Avant trois heures, les avions de Taoudeni pourraient arriver à Tombouctou.

– Oui… On dit qu'ils marchent très vite… On dit aussi que le feu qu'ils portent peut sortir de sa boîte et tout brûler. Quelquefois aussi le feu s'éteint et l'avion tombe. A quoi sert d'avoir marché vite avant de brûler ou de tomber loin d'un puits ?

Et Loud a ajouté poliment :

– Oui, les Français sont très forts !… Mais les hommes sont tous ensemble dans la main d'Allah.

– Avec les avions, ceux qui gouvernent un pays peuvent aller partout, et tout voir et entendre eux-mêmes. Le « civil » avait besoin de venir à Taoudeni ; il est venu, vite.

– Toi aussi, tu avais besoin de venir à Taoudeni, et tu es venue sur ton chameau, comme moi, comme tous les autres. Tes yeux verront autant de choses que les siens. Ça ne sert à rien de faire la prière avant l'heure, ni de s'impatienter pour faire courir l'ombre.

Les avantages militaires de l'aviation n'ont pas plus touché Loud que les qualités de vitesse.

– Je sais ! Un goumier de Tombouctou m'a raconté que les avions qui font la guerre volent loin dans le ciel de leur ennemi pour jeter de grosses boules de fer qui se cassent en tombant et envoient partout du feu et de la fumée. Tous les gens sont étouffés, même les petits gosses, même les troupeaux et les bêtes de la brousse ; les pâturages sèchent et l'eau des puits est empoisonnée. Ça, c'est une trop mauvaise guerre !…

Maintenant, c'est moi qui admire la sagesse de cet homme simple. S'il ne comprend rien au miracle de la machine volante, il refuse de se laisser éblouir et, dans son ignorance, il pèse tranquillement les minces avantages et les féroces inconvénients d'une invention qui devait être une des plus belles et qui, faussée, détournée de son but par la folie des hommes, s'est abaissée à n'être que la plus destructive.

Foum-Allous : la Bouche des Salines. Un col entre une grosse dune effilée en *cif* aigu, à l'ouest, et un talus de roches noires, à l'est.

Encore un bon piège à caravanes ! Les pillards n'avaient même pas besoin d'y faire le guet. A l'approche de l'azalaï, ils tendaient entre deux sentinelles des cordes que le sable dissimulait un peu en dessous de la crête. Puis, sûrs d'être réveillés par les secousses des cordes passées à leurs bras, ils attendaient en dormant que l'azalaï leur apportât la fortune. Le premier chameau qui labourait le sable s'entortillait les jambes dans les cordes et culbutait. Les autres suivaient en pagaille ; et les pillards n'avaient plus qu'à se tailler une large part dans les caravanes affolées.

L'azalaï nous offre ici une dernière revue générale. Après quoi, elle se regroupe en bas de la passe.

Encore quelques dunes.

12 h 30. – La dernière crête franchie nous livre d'un coup l'immense plaine rousse de Taoudeni, dure et nue, ponctuée de pitons, ceinturée au nord par une falaise, au sud par les sables.

Au centre, un mamelon bas, allongé, gris-vert : les salines d'Agorgott, magma de vase durcie, taraudée de trous qui sont des mines et des gîtes de mineurs. Des taches claires scintillent au soleil de midi : les barres de sel gemme.

Nous nous sommes élancées au trot avec le groupe des chefs et des goumiers qui ont laissé l'azalaï en arrière. Une délégation s'avance à notre rencontre : le caïd Youbba, son jeune frère, entourés d'hôtes de passage et de chefs d'équipes.

Saluts protocolaires, souhaits de bienvenue, discours.

Fatigué par la route, ébloui par l'intense réverbération de ce sol durci, givré de sel, on voit mal ; tout semble irréel, informe et sans couleur. C'est vers cela, vers ce néant lunaire, qu'on a marché si longtemps à travers le désert !

L'azalaï déferle comme une marée autour du petit îlot gris.

Nous nous sommes remises en route avec le Maître de l'azalaï et les goumiers vers le ksar de Smida, à 3 km au nord. Les convois de bagages suivent.

Doublé un gros guelb de grès verdâtre et lie-de-vin. Du sable clair où affleurent des croûtes de roches gris pâle. A droite, un petit marabout à demi ruiné, entouré de tombes. A gauche, un éperon de la falaise.

En face de nous, au-delà des quatre avions rayés de noir comme des libellules d'eau, se dresse un ksar minuscule, flanqué de tourelles et juché sur une petite dune. En contraste avec ce qui l'environne, l'argile de ses murs est d'un rose trop délicat pour que l'accueil de Smida soit triste au voyageur.

Invraisemblables en ce coin du monde, des silhouettes blanches, les aviateurs, le lieutenant et les sous-officiers, en uniformes impeccables où brillent des ancres.

Des tirailleurs, des goumiers touareg étroitement voilés, en longs seraouil noirs et bouffants, présentent les armes.

Devant la muraille aux nuances si douces, les tentes blanches des Français, les bivouacs des hommes composent, avec l'éclat d'un cuivre, la volute d'une fumée, le rouge d'une cartouchière ou d'une chéchia et les couleurs d'un fanion, une harmonieuse toile de Fromentin baignée de poésie, de lumière et de paix saharienne.

TAOUDENI

La patience est le sel qui perce les pierres.

Proverbe arabe.

Ce mot berbère, qui s'écrit parfois Taodenni, ou la Taoudenit, désigne la région au centre de laquelle se trouvent le petit ksar de Smida et les salines d'Agorgott.

Les Arabes en ont fait un jeu de mots : *Ta ou deni*, charge et pars, excellent conseil en ce pays où il n'a jamais fait bon s'attarder.

On peut traduire, avec V. Bonafos : « l'endroit où les chameaux stationnent l'encolure basse ». S'ils baissent ainsi la tête, c'est sans doute par découragement. En tout cas, ce n'est pas pour brouter. Sur toute la plaine, pas un végétal : du sable, du sel gemme, de la pierraille. Pas d'eau : de la saumure. Il y a bien un puits d'eau potable, quoique fortement natronée, dans Smida, et un autre, encore pire, près du cimetière, mais ils sont réservés aux habitants et à leurs bourricots, aux outres et aux montures des voyageurs de marque.

Les chameaux de l'azalaï n'ont rien à espérer ici. Dès qu'ils les ont déchargés, les bergers les emmènent à 30 km vers l'est, aux 40 puits et aux champs de had de Telig où ils se reposent pendant quatre jours avant de reprendre, bardés de plaques de sel, la route de Tombouctou.

Le suzerain de ce monde perdu est le caïd Youbba, frère aîné du chef d'Araouane, qui trouve à cet exil de larges compensations. Les 1 800 francs par an de l'administration ne sont qu'une bagatelle. L'intéressant, c'est de jouir de la paix française, d'être délivré des voleurs et de la prime de 400 barres que ses prédécesseurs payaient aux Berabich pour une assurance sans garantie contre le pillage, et de percevoir néanmoins comme autrefois un dixième du sel extrait, soit une cinquantaine de mille francs gagnés à ne rien faire. Cela sans préjudice des honnêtes profits que lui assurent ses ouvriers personnels, ses caravaniers, ses chameaux et un commerce florissant « Épicerie-Rouennerie » qu'il tient dans sa maison du ksar.

Pour le caïd Youbba, les mines de Taoudeni sont des mines d'or.

On peut cependant préférer être pauvre ailleurs que riche à Smida et l'on ne voit pas bien de quel usage peut être une fortune dans ce village en ruines entouré de désert.

Il est juste de reconnaître que, si la fortune y est sans emploi, elle y est du même coup à peu près inoffensive. Par la force des choses, celui qui la possède ne court ici aucun risque de s'abandonner à un luxe amollissant et se trouve protégé contre l'abus, la satiété, l'impatience, l'inaptitude à supporter les désagréments ordinaires de la vie, toutes choses qui sont trop souvent la rançon de la richesse.

A longueur d'année, le caïd mange le même mil au beurre rance et boit la même eau natronée que ses serviteurs. Ainsi, lorsqu'il lui arrive de faire une petite virée dans le Sud, il éprouve certainement autant de plaisir qu'eux à changer de menu.

Le petit ksar rose est là, tout seul, depuis près de trois siècles. Il est un but et un exil, un refuge et un appât.

On songe aux razzieurs de jadis se profilant soudain aux sommets des plateaux et dévalant les passes des montagnes. On songe à la vieille route de l'or, des esclaves et du sel, de Tombouctou au Draa et au Tafilalet, à la puissante montée des caravanes à travers les sables, à la poignée d'hommes et de femmes qui vivent là, sans cultures, ni troupeaux, ni fêtes, à 500 km d'Araouane, à 1 000 de Tindouf, à 1 200 de Tabelbala. Et l'on se laisse aller à une facile émotion.

Pourtant, vue du dehors, Smida a une certaine allure de citadelle féodale que sa solitude, sa situation géographique et son décor mettent en relief.

Son enceinte en briques crues est épaisse, solide et mesure 120 m du nord au sud, 80 m d'est en ouest. Cette muraille est flanquée de cinq bastions carrés : un à chaque angle, le cinquième sur le côté ouest près de la porte fortifiée, cube massif aux lucarnes grossièrement rebouchées avec des moellons de banco. L'étage qui, vers 1912, servit de poste militaire, donne accès au chemin de ronde ménagé dans l'épaisseur du mur d'enceinte.

On ne ferme plus la porte. On a oublié la crainte. Les vantaux à cloutage de fer, sortis de leurs gonds brisés, s'enfoncent de biais dans le sable mou. On dit que ces vantaux furent apportés de Teghazza, l'ancienne ville du sel, à trois jours de marche Nord-Ouest ; mais on dit tant de choses !

Un mur protège les abords de cette porte, délimitant une cour extérieure où l'on pénètre par une brèche le long de la muraille, sous le feu des bastions. C'est une porte comme celles de Tiznit et de beaucoup d'autres ksour marocains.

Deux mortiers abandonnés sur le sable représentent la fameuse artillerie du pacha Djouder qui mit en déroute les archers du Soudan.

L'envers de la façade est beaucoup moins imposant. Le curieux n'y voit d'abord que monceaux de pierres et de briques effritées. Une étroite ruelle longe la muraille depuis l'ancienne mosquée, au nord, jusqu'à la maison du caïd attenante au bastion de l'angle sud-ouest.

Cette masure est un émouvant pèlerinage. Ce fut, il y a juste dix ans, au fond de ce cul-de-sac, sur le seuil de cette porte qu'il venait de faire enfoncer après deux jours de pourparlers et le meurtre d'une de ses sentinelles, que le lieutenant de Sèze se trouva face à face avec le caïd djakani Mokhtar, son frère et un serviteur. Avant d'avoir pu faire un geste de défense, de Sèze tomba, mortellement blessé, sans pour cela consentir à quitter le combat. Par les meurtrières de la tour où il s'était réfugié, le caïd tenait la ruelle sous son feu. Quatre tirailleurs furent tués.

Après la mort des rebelles, qu'il fallut enfumer comme des renards dans leur terrier pour en venir à bout, le caïdat fut rendu aux Kel-Araouane en la personne de Youbba.

Sa demeure, sa réserve de marchandises, celle de l'administration, quelques cases de serviteurs, forment le seul quartier encore vivant de Smida. Sur une petite place s'ouvre le puits, simple trou de 15 m de profondeur, béant parmi les immondices dont la poussière glisse lentement, depuis des siècles, dans la seule eau potable du pays.

Tout le reste n'est que ruines entre lesquelles sinuent des chemins de sable où l'on enfonce jusqu'à la cheville.

En 1906, le lieutenant Cortier avait trouvé 200 personnes à Smida. Quatre ans plus tard, le capitaine Grosdemange y comptait 20 hommes libres, chefs de cases, 100 mineurs sédentaires, 80 femmes et enfants, plus une centaine d'étrangers, non compris les caravaniers d'azalaï.

A présent, la population de Smida se réduit à la famille du caïd, ses serviteurs, son *mâllem*, l'infirmier noir et quelques voyageurs. S'il y a tant de ruines, c'est que les logements ne manquent pas, car il serait facile d'en reconstruire si l'on en sentait le besoin, étant donné l'abondance des matériaux amoncelés sur place et la simplicité architecturale des cases encore debout.

Même la mosquée est à l'abandon. Un petit garçon de Tindouf, en villégiature à Taoudeni avec son grand-père, s'étant attaché à nous en qualité de guide, nous conduisit dans cette mosquée. Il fallait d'abord grimper sur le toit, puis redescendre par un escalier écroulé dans la cour intérieure. La salle de prière était vide, ouverte à tout venant. Une double colonnade de style marocain soutenait le plafond recouvert de palmes tressées. Sur le sol, quelques débris de nattes. Du temps où les hommes du Nord faisaient leur prière ici, une atmosphère de recueillement persistait dans l'ombre et le silence. On parlait bas, d'instinct, comme si quelque vieux marabout était encore prosterné derrière les piliers. A présent, la coutume saharienne du *salam* en plein air a fait oublier le chemin de la vieille mosquée.

Après avoir erré dans ce village croulant, il est assez agréable de sentir sous ses pieds un sol résistant et libre d'embûches. On trouve cela au dispensaire français installé dans l'ancien poste de garde, au-dessus de la porte d'entrée. L'infirmier était en train de prendre possession de son nouveau domaine. Avec un peu d'imagination, il serait facile de faire de ce dispensaire un objet d'horreur à l'usage des grands quotidiens. Pour ma part, j'ai trouvé proprement admirable de pouvoir me procurer là, à Taoudeni, tout ce qu'il fallait pour soigner mon anthrax et d'y renouveler ma provision de quinine. Certes, ce n'est pas une clinique de luxe. Tel quel, il rend grand service. L'infirmier dispose d'une pharmacie et d'un matériel élémentaires mais suffisants, car ce ne sont pas des gens maladifs qui viennent travailler aux mines ou qui s'avisent d'entreprendre le voyage de l'azalaï qui est peut-être la partie la plus « infernale » de l'affaire.

De plus, chaque année, le médecin capitaine de Tombouctou profite d'une reconnaissance militaire pour venir inspecter Taoudeni.

Dehors, le vent brasse des tourbillons de sable et de mouches dans les ruelles vides. Un nègre passe avec des peaux de bouc qu'il va remplir au puits. En période d'azalaï, l'élément masculin de la haute société smidienne s'occupe de négoce à Agorgott. Parfois, à la tombée du jour, nous avions la visite, d'inspiration commerciale, du frère du caïd et de son forgeron.

Quant aux femmes, pendant notre séjour, nous en avons vu quatre : l'épouse du caïd, deux négresses horribles et une charmante petite captive coiffée d'un bonnet pointu qui riait en poursuivant son bourricot parmi les ruines. On nous a dit qu'il y en avait deux ou trois autres.

Nous avons vu aussi les trois petits enfants du vieux Youbba qui, sous la garde d'un vieillard aveugle, jouaient dans le sable d'un carrefour, comme tous les petits enfants qui ont du sable à leur disposition.

Sous des peaux de diverses couleurs et derrière les masques de coutumes différentes, les êtres humains, en leur essence profonde, sont partout les mêmes. Ces femmes doivent avoir, elles aussi, leurs joies, leurs peines, leurs intrigues, leurs recettes de beauté, leurs superstitions astrologiques, leurs bébés qu'elles allaitent pendant deux ans et leurs drames sentimentaux, à cause des caravaniers, des Touareg, des goumiers maures, des tirailleurs soudanais, des trafiquants marocains et de tous les beaux garçons qui viennent à Taoudeni, et puis s'en vont.

A cause des cent mineurs qui travaillent aux salines et qui s'en vont, eux aussi, tous les six mois, avec les caravanes de ravitaillement.

C'était peut-être auprès d'eux, à Agorgott, qu'il fallait chercher « l'enfer du sel » et les sensations horrifiques que, décidément pareille à tant de petits villages sahariens, la paisible Smida nous refusait.

A vrai dire, les récits que le « civil » nous avait faits de sa visite à Agorgott ne nous laissaient pas beaucoup d'espoir.

Ce civil était un administrateur des Colonies, un monsieur sérieux et pas très content de l'aventure qui venait de lui arriver.

Pour comprendre cette aventure, il nous faut remonter à celle d'une dame qui assurait être venue secrètement à Taoudeni, au mois de juin, dans la camionnette d'un commerçant syrien de Reggan. Si secrètement que personne, ni à Smida ni à Agorgott, où les touristes sont extrêmement rares, n'avait remarqué sa présence. Pourtant sa camionnette, grimpant la dune molle, franchissant la brèche du muretin extérieur, avait circulé dans les étroites venelles de Smida, encombrées de sable et de décombres, ce qui était un exploit sans suite comme sans précédent.

Entrée dans les maisons, descendue dans les mines, la dame avait percé à jour des mystères effroyables ; elle avait vu des tas de choses affreuses et des tas de gens, principalement des fous, des lépreux et des agonisants. Naturellement, elle avait failli mourir de soif ; à boire de l'eau magnésienne, elle avait contracté une mauvaise fièvre à hallucinations. Elle avait eu très chaud. Au Sahara, les journalistes ont toujours très chaud, c'est un principe, quels que soient le lieu et la saison, même en décembre, à Taoudeni, lorsque le commun des mortels grelotte sous des lainages.

Dès son retour, n'écoutant que son bon cœur, elle avait dévoilé ce scandale en un reportage émouvant, illustré de photos où l'on voyait, sur fond d'oasis, des femmes algériennes mimant des scènes de désespoir.

Alerté, le ministère des Colonies, sans barguigner devant la dépense, avait interrompu le séjour métropolitain d'un administrateur et l'avait chargé d'une enquête sociale et économique sur l'esclavage, les maladies et la famine qui décimaient les populations laborieuses de Taoudeni.

A grands frais, par bateau, chemin de fer et automobile, l'administrateur était arrivé en toute hâte à Bamako, d'où une escadrille l'avait transporté jusqu'au lieu d'exil des pauvres esclaves abandonnés.

Après leur liaison à Taoudeni, le général commandant supérieur et le général commandant les Confins algéro-marocains étaient repartis en avion, l'un pour Dakar, l'autre pour Tiznit ; le colonel et le médecin étaient rentrés à Tombouctou, mais le lieutenant méhariste, les sous-officiers sans-filistes, l'infirmier et les notables indigènes furent charmés de recevoir l'enquêteur. Le Maître de l'azalaï arriva presque aussitôt.

A Agorgott, les mineurs, bien que flattés de sa visite, le reçurent moins chaleureusement, tout à leur zèle d'ouvriers travaillant « aux pièces ». Il en interrogea quelques-uns. C'étaient des garçons de Tombouctou, des garçons bien, qui avaient fréquenté l'école.

Il se trouva cependant un effronté pour lui répondre

qu'ayant du travail à finir avant le départ de l'azalaï, il n'avait pas de temps à perdre en bavardages. Mais un autre l'appela « Monsieur le Gouverneur général » et l'assura du dévouement des mineurs taoudeniens à la République française. Le troisième lui répondit : « Le travail, c'est la liberté. » Et le quatrième, auquel il offrait un cadeau pour lui avoir servi d'interprète, protesta avec dignité : « Monsieur l'administrateur, l'argent n'est rien pour un soldat français ! » et empocha la pièce. C'était quand même du pittoresque, mais pas de même qualité que celui de la dame…

Après cela, M. l'administrateur s'en fut parler chiffres avec les notables et hygiène avec l'infirmier.

Le lendemain matin, les avions le ramenaient vers le Sud, pleinement rassuré. Mais le reportage qui avait provoqué son voyage gardait sur son rapport, aux yeux du public, toute la supériorité qu'ont les œuvres de pure imagination sur les statistiques, les recensements et les comptes rendus faits par des gens qui connaissent la question pour être venus l'étudier sur place.

Donc au milieu de la plaine, une longue tache boursouflée qui s'élève en pente douce du côté nord, tranchée brusquement du côté sud.

Au premier coup d'œil, on dirait une nécropole à cause de ses fosses béantes, de sa terre fraîchement remuée et de ses rangées de grandes dalles posées de champ les unes contre les autres.

L'animation qui régnait à Agorgott ce jour-là était plutôt d'une foire. On ne voyait que mineurs affairés, acheteurs en palabres marchandant le sel ou courant en tous sens, bergers cordant les barres, préparant des bâts et des longes ou soignant les chameaux blessés.

Car on en avait ramené quelques-uns de Telig pour assurer les liaisons avec le ksar et le pâturage, de misérables rosses sur lesquelles on ne comptait guère pour le retour. Elles montraient aux flancs des plaies béantes où des mouches s'agglutinaient voracement ; les trous profonds étaient lavés à l'urine, puis bourrés de vase salée ; par-dessus, on collait des carrés de chiffons bleus, de drap d'uniforme kaki, n'importe quoi. Résignées à leurs rapiéçages comme à tout le reste, les pauvres bêtes attendaient le bon plaisir des hommes, devant des brassées de paille.

Les mineurs ont établi leur village sur le bord méridional d'Agorgott. Quelques masures sont édifiées dans les dépressions du terrain avec des pierres, des moellons de sel gemme et l'argile vite durcie des salines ; elles ouvrent sur des courettes entourées de petits murs et, si le locataire est un raffiné, deux barres de sel posées de biais surmontent d'un fronton triangulaire l'entrée de son « jardin ». Mais la plupart des logis sont creusés en contrebas, au flanc du talus ou dans les parois de cours profondes pareilles aux fosses d'où l'on extrait le sel. On y descend par un escalier rudimentaire ou un simple raidillon. Seules les façades sont maçonnées ; la nature fournit trois murs et le toit, ce qui économise la main-d'œuvre et les matériaux. L'occupant y gagne de l'ombre et de la fraîcheur.

Les caravaniers campent devant cette taupinière, sur la plaine.

De l'autre côté, s'étendent les salines. Vues d'avion, elles ne doivent guère se distinguer du village, ni les cours d'habitation des mines de sel. Les chemins qui grimpent aux demeures se terminent en réseau de sentiers incertains tracés par les pieds nus à travers les mottes de vase dure, ou fraîche et glissante, sinuant d'une fosse à l'autre.

Dans ces fosses primitives, qui mesurent environ 8 m de côté, résident l'intérêt de Taoudeni et, par le travail d'une centaine de mineurs, les moyens de subsistance des propriétaires et de leurs commensaux, d'innombrables caravaniers, négociants et revendeurs, non seulement au Soudan, mais en Haute-Volta, en Guinée, au Dahomey, en Côte-d'Ivoire et même dans les colonies anglaises.

En fin d'exploitation, ces fosses ont 7 m de profondeur. Leurs parois verticales montrent nettement, de haut en bas, les strates successives d'argile rouge, de boue verdâtre, de gypse et de sel impur à l'usage des bestiaux. A 5,50 m, apparaît *El-Beidat*, la Blanche, la première des quatre couches de sel gemme de 15 à 20 cm d'épaisseur chacune qui fournissent les barres; 40 cm d'argile boueuse les séparent les uns des autres. *El-Khamera*, la Rouge, la dernière, est un plancher de 20 cm qu'une mince couche d'argile protège de la nappe d'eau saumâtre. Son extraction est délicate. Avant de l'entreprendre, et si l'état du terrain le permet, les mineurs ouvrent et exploitent des galeries latérales, non boisées, qui n'excèdent pas 6 m de longueur.

Dès qu'une fosse est épuisée, on l'abandonne à l'envahissement de l'eau et on en cherche une nouvelle, en avançant toujours vers le nord-ouest. Sur l'emplacement choisi, le chef d'équipe trace une fenêtre de 6 m de côté. Si le nouveau gisement présente un aspect normal, les terrassiers l'élargissent aux dimensions habituelles. Un escalier, taillé dans un angle, donne accès à la mine.

Les équipes se composent de quatre hommes dont un tailleur de barres. Sur des civières de cuir, des manœuvres transportent les déblais de fouille en haut de la mine; des rigoles permettent à l'eau de cette vase de s'égoutter vers la plaine.

Dès que la première couche de sel gemme est mise à nu, le chef y trace les barres à découper et les équipes voisines viennent aider, à charge de revanche, à extraire ces barres avant que l'eau de suintement ait eu le temps de les abîmer. Les barres extraites sont aussitôt rangées côte à côte, verticalement, afin qu'elles s'égouttent jusqu'au lendemain. Après que les mineurs et leurs aides bénévoles les ont divisées en deux, d'un coup de pioche, dans le sens de l'épaisseur, il ne reste plus qu'à les polir, arrondir les bords et les angles à l'herminette, travail réservé au tailleur.

La barre terminée pèse de 25 à 40 kilos et vaut 7,50 francs ou

10 francs. Que l'une vienne à se briser au cours du travail, les débris en sont façonnés en morceaux de 10, 20, 50 ou 100 sous. C'est la menue monnaie. Les mineurs qui ont des loisirs et de l'adresse en font parfois des bibelots, coffrets et barres en miniature ornés de dessins rouge et bleu, « souvenirs de Taoudeni » qu'ils vendent aux voyageurs.

En littérature, on appelle ces mineurs « les Damnés du sel ».

Les meilleurs des musulmans n'avaient pas attendu nos lois pour limiter l'esclavage selon les préceptes du Coran. Depuis bien des siècles, à Tombouctou comme en d'autres pays, la coutume voulait que pendant trois générations, les descendants d'un esclave de traite ne puissent plus être vendus mais seulement loués ; à la cinquième génération de servitude, devenus haratine, ils étaient libres de partir ou de rester chez leur maître, à leur choix. Un des principaux avantages des guerres était de se procurer chez le voisin de nouveaux esclaves en remplacement de ceux qui étaient ainsi éliminés. La conquête française a supprimé ce mode de recrutement et rendu l'affranchissement obligatoire.

Le terme d'esclave est désuet. Celui de captif que l'usage a conservé aux serviteurs noirs peut choquer une oreille non avertie. Les intéressés n'y voient point d'injure. Il ne signifie plus autre chose que « client » au sens latin du mot, un homme de la *gens*, dont le protecteur qu'il s'est choisi demeure responsable. Des Maures nous disaient parfois en parlant de Khouirou : « ton captif ».

Les chefs de tribus, de fractions, de campements, de tentes ou de cases sont les seigneurs, petits ou grands, de cette féodalité attardée. Parents, alliés, tributaires, serviteurs (les fameux captifs !) forment autour d'eux une cour déférente mais assez onéreuse, proportionnée à leur prestige et à leur générosité, sinon à leur fortune. Le chef doit assurer le bon ordre de son fief, le gouverner dans le cadre de l'administration française, obtenir des gens solvables les redevances nécessaires au paiement des impôts, des aumônes qu'on ne peut sans honte refuser au clergé et des frais occasionnés à la tribu par l'hospitalité due aux voyageurs qui sont, par principe, les envoyés de Dieu. Et, en pays nomade, Dieu seul peut faire le compte de ses envoyés !

Par là-dessus, il faut encore nourrir et habiller les artisans, les musiciens, les médecins et les serviteurs. Ces derniers sont d'ailleurs de moins en moins nombreux depuis l'occupation française.

Le passé n'ayant pas préparé les esclaves affranchis à résoudre judicieusement le problème de la liberté, ils se trouvèrent désorientés devant les deux formules sociales entre lesquelles il leur fallait choisir.

L'ancien état de choses avait pour lui les traditions et l'habitude; dans la plupart des cas, le musulman étant un maître assez paternel, il offrait à l'esclave l'illusion d'une famille tutélaire, la vanité d'appartenir à la « maison » d'un chef réputé et le repos d'esprit d'être, tout le long de sa vie, un enfant insoucieux d'un lendemain auquel le maître est chargé de pourvoir.

La civilisation européenne avait la force, l'attrait de la nouveauté, des avantages matériels immédiats (commerce, outillage, sécurité générale), un attirail brillant de promesses, de théories et d'armes, et elle parlait de liberté, mot séduisant même pour ceux qui sont encore inaptes à en comprendre la beauté et le poids.

Le plus grand nombre des affranchis ne s'en montèrent pas la tête et restèrent sagement au campement natal où, par bonheur, les mots ne changeant pas les choses, le maître continua à subvenir à leurs besoins en échange de leur travail, comme par le passé. Leur simplicité d'âme et leur manque d'ambition leur garantirent la tranquillité, des loisirs appréciables et la soupe quotidienne.

Dans les pays de cultures, on fonda des « villages de liberté » dont les bénéficiaires réclamèrent bientôt, pour soigner leur mil et leurs troupeaux, les esclaves auxquels ils avaient droit à présent qu'ils étaient des hommes libres !…

Les plus entreprenants, peut-être les plus naïfs, regardèrent avidement l'horizon nouveau. Libérés de leurs propriétaires, mais non de leur ignorance ni de leurs ventres, ils s'élancèrent, aveugles et enivrés comme des conquérants, déjà promis à l'esclavage de nouveaux désirs, de nouveaux besoins, vers les grandes villes européennes. Le chemin de fer leur procura des joies vives mais éphémères. Au bout du chemin de fer, ils trouvèrent la ville, et même la Bidon-ville, les palabres politiques, l'alcool, l'usine, les « crises » diverses, et l'épilogue de leur aventure dans des situations de dockers, portefaix, mendiants ou boys d'Européens. Ils trouvèrent aussi les grands navires de l'exil. Tout cela pour les plus chanceux et les plus honnêtes.

Pour les femmes, il y a d'autres solutions aux déboires de la liberté, du moins d'une certaine conception de la liberté.

En sorte qu'au Sahara comme ailleurs, dans les palmeraies, les champs de céréales et les campements de pasteurs, l'agriculture manque de bras et la galanterie en a trop.

Les plus malins, ne voyant point d'urgence à opter pour l'un ou l'autre de ces systèmes défectueux, bricolent de-ci, de-là et grappillent au bord des deux camps ce qu'ils peuvent attraper, sans trop de risques, de cette liberté lourde de servitudes. Afin de profiter au mieux d'une période transitoire, ils vivent au jour le jour s'endettant jusqu'aux limites possibles chez leurs anciens maîtres arabes, berbères ou noirs.

« Celui qui emprunte fait danser sa chevelure, mais il se mord les lèvres quand il doit payer. »

Le jour du règlement des comptes est fixé par le prêteur aux approches de la rebatna semestrielle qui conduit à Taoudeni les nouvelles recrues.

Avec cette prudente sagesse et ce sens des réalités qui président aux exploitations sahariennes… le temps qu'elles durent, le prêteur s'arrange de façon à se ménager des bénéfices sans toutefois décourager son créancier qui, de retour à Tombouctou, sa dette payée par son travail, est tout disposé à renouveler l'opération.

Voilà donc les différents facteurs qui président au recrutement des travailleurs, qu'ils soient domestiques, dits captifs, ou hommes libres envoyés par leurs créanciers. Tous sont volontaires, dans la mesure où la nécessité de gagner leur vie leur laisse la faculté de l'être.

Leurs salaires ne sont pas les mêmes.

Les captifs et les membres de leurs familles dont le maître est responsable sont nourris et habillés, qu'ils travaillent ou non. A Taoudeni, le captif touche, en plus de sa nourriture habituelle, une ration mensuelle d'environ 2,5 kg de sucre et 8 à 10 verres de thé. Sur 7 jours, il en donne 5 à son patron et, s'il est mineur ou tailleur de barres, il travaille 2 jours pour son propre compte.

Il sait que sa famille ne manquera de rien pendant son absence et que lui-même n'a pas à craindre le chômage; entre les périodes de travail, il se repose aux frais de son maître.

L'homme libre est également nourri, habillé et gratifié de la ration de sucre et de thé. Sa famille ne touche rien. S'il est mineur, il est payé 60 francs par mois et peut en outre, 2 jours sur 7, extraire de la mine de son employeur des barres qui lui appartiennent.

Manœuvre, il ne gagne que 35 francs par mois et n'a pas le droit de travailler pour lui.

Tailleur, il n'est pas nourri, ni habillé, ni payé, mais sur 4 barres qu'il taille, 1 lui appartient.

L'extraction du sel est libre; tout indigène qui dispose de la main-d'œuvre nécessaire peut ouvrir et exploiter une mine.

Les Tadjakants de Tindouf ont à Taoudeni des ouvriers recrutés et payés de la même façon que ceux de Tombouctou.

La production mensuelle d'un mineur est difficile à évaluer. Elle dépend des gisements qui ne sont pas également avantageux, de la profondeur et de la qualité des couches de sel, de la force et de l'habileté du travailleur, de la saison, des circonstances et de mille imprévus. On estime cependant qu'un bon mineur peut extraire 80 barres par mois et gagner 140 francs s'il est captif, 200 francs s'il est libre, les conditions de ravitaillement mises à part, bien entendu.

Ce sont de beaux salaires pour le pays. A Tombouctou, il est difficile à un homme libre et sans métier spécial de gagner plus de 60 francs par mois, sur lesquels il doit payer son entretien. J'ai rencontré dans une fosse un garçon qui, après avoir gagné pendant quelque temps 30 francs par mois et sa nourriture comme boy de popote, avait dû monter aux salines pour acquitter ses dettes.

Certains mineurs restent six mois, ou renouvellent leur engagement ; d'autres travaillent à forfait. S'ils ont les moyens de payer leurs provisions de séjour, ils peuvent s'établir à leur compte, ce qui leur permet de gagner bien davantage. Tout ce qui touche l'azalaï, les mines et le commerce du sel porte la marque de cet esprit africain qui se plaît aux législations subtiles et minutieuses et aux paiements en denrées de valeur essentiellement variable. Le caïd surveille l'exécution des contrats et règle les litiges, ce qui doit lui fournir d'inépuisables distractions.

Taoudeni n'est pas un « enfer ». C'est simplement un lieu de travail, peut-être moins pénible à tout prendre que bien d'autres en Europe. Ses mineurs ne sont pas des « damnés ». Le climat est celui auquel ils sont habitués, et celui de Touraine qui nous enchante leur paraîtrait sans doute fort désagréable. De tout temps, sauf aux époques anormalement troublées, leurs patrons les ont nourris sans lésiner, sachant que leur bon état physique conditionnait un rendement avantageux. Le riz et le mil qu'ils reçoivent sont les aliments nationaux du Soudan et ils ne mangeraient pas autre chose à Tombouctou. Il est exact que les puits d'Agorgott ne contiennent qu'une immonde saumure, aussi personne n'en boit. Des ânes spécialement affectés à ce service apportent aux mineurs l'eau de Smida. Cette eau, nous l'avons bue pendant quatre jours sur place et, pendant une semaine, conservée dans les peaux de bouc où elle se concentre par évaporation; elle n'est pas bonne, certes, mais je voudrais n'en avoir jamais connu de pire!

Creuser des mines et en extraire le sel est un dur travail; c'est pourquoi les salaires sont élevés.

Il est assez plaisant de voir des gens qui arrivent d'un monde plié à la fabrication « à la chaîne », à un travail rigoureusement chronométré, à la production intensive du matériel de guerre, à des exigences pénibles, ou malfaisantes, ou simplement inutiles, s'apitoyer sur les mineurs de Taoudeni qui travaillent « aux pièces », à leurs heures, à leur mode, selon leurs forces, produisent pendant une période limitée ou prolongée à leur gré une substance indispensable à leur vie et à celle de leurs semblables, et peuvent trouver quelque satisfaction professionnelle dans leur amour-propre d'artisans. Ce n'est pas grand-chose qu'une belle barre de sel gemme. D'un certain point de vue, elle a pourtant sur le cent millième exemplaire d'une pièce en série tournée à la machine la supériorité d'une œuvre originale, semblable à aucune autre, dont les heureuses proportions, les plans réguliers, le poli attestent l'habileté et le goût de celui qui l'a taillée, l'encourage à mieux faire et l'autorise à une légitime fierté.

Remontant des mines, nous vîmes tout de suite qu'un événement nouveau agitait Agorgott. De magnifiques chameaux de l'Adrar des Iforrhas se bousculaient et bramaient à la lisière des salines. Les Maures entouraient de grands diables voilés et vêtus à la manière des Touareg; sur le sommet de leurs têtes, des touffes de cheveux frisés se dressaient entre les torsades de leurs turbans. Ils étaient assez arrogants mais pleins de dignité, et on leur faisait fête comme à de gros clients.

C'étaient les Kountas de Bourem! Leur azalaï fantôme qu'on nous annonçait depuis quinze jours arrivait enfin, forte de 2000 chameaux. Leurs chefs étaient venus en avant et, n'ayant pas l'intention de traîner à Taoudeni, ils faisaient déjà leurs commandes et leurs conditions, tandis que leurs serviteurs débarrassaient les montures de leurs selles légères dont les pommeaux se terminaient en croix.

Dès le lendemain, les Kountas voulaient reprendre la route de Bourem.

Guère de village au Sahara qui ne possède son tombeau de saint. Tout près de Smida se dresse une petite qoubba de pierres roses, dernière demeure de Sidi El-Habib, grand marabout des Kounta qui sont gens d'étude et de dévotion aussi bien que trafiquants, constructeurs de ksour et planteurs de palmiers. D'humbles tombes recouvertes d'argile blanche entourent le tombeau vénéré. Point d'ornements : des pierres, du sable et de la solitude. La mort des nomades est simple comme leur vie.

Le fatalisme musulman s'accommode sans tristesse du voisinage des sépultures. Autour du puits qui est au bord du cimetière, les goumiers vaquaient à leurs travaux tout en bavardant avec des bergers.

Depuis trois mois, le Groupe nomade du Timétrine, le GNT comme on dit au Sahara, patrouillait entre Kidal, son port d'attache, et les frontières de l'Algérie et du Maroc afin d'assurer la police de ce secteur long d'un millier de kilomètres pendant l'azalaï de Taoudeni et la grande liaison intercoloniale de Chegga. Maintenant, ayant laissé la moitié de son effectif au repos dans les pâturages de Telig, il allait repartir en reconnaissance vers le Nord.

Les goumiers désignés pour ce nouveau voyage s'affairaient gaiement à leurs préparatifs. On les voyait remplir des peaux de bouc et des tonnelets, laver ou raccommoder leurs vêtements ; d'autres, près du bivouac, fourbissaient des armes.

Ces montagnards de l'Adrar des Iforrhas, dont chacun, naturellement, se disait Targui imochar, c'est-à-dire de caste noble et guerrière, semblaient plus actifs et plus ordonnés que les Maures, mais c'étaient peut-être des qualités acquises par le dressage militaire plutôt que des penchants naturels. Ce qui leur appartenait bien, c'était leur fierté et la grâce de gestes harmonieux que soulignaient en les prolongeant les plis des tuniques de percale blanche et l'enroulement des écharpes. Ils portaient suspendus à leurs cous des porte-bonheur, des sachets de cuir rouge, noir ou bleu turquoise et de grandes clefs de cuivre ciselées et ajourées qui cliquetaient à chaque mouvement contre leurs amulettes.

Leurs turbans étaient faits de deux pièces : une mentonnière cachant le bas du visage jusqu'aux yeux et une longue écharpe enveloppant le front qu'elle couronnait d'une torsade serrée ; entre les deux étoffes, s'échappait comme un panache une frange de mèches noires et frisées. Ils étaient toujours étroitement voilés. Quelques-uns, cependant, avaient ôté leurs turbans afin de secouer la poussière de leurs cheveux et de les enduire de beurre. C'était là pour le curieux une chance exceptionnelle de voir leurs étroits visages imberbes aux nez minces et busqués, et leurs drôles de coiffures : une auréole de boucles hérissées d'une tempe à l'autre et deux tresses tordues et nouées sur la nuque en chignon de femme. Avec leurs tuniques flottantes et leurs pantalons amples et longs comme des jupes, ils avaient l'air de jeunes filles.

Cette silhouette blanche pompeusement empaquetée de lainages neigeux, traînant à notre rencontre ses babouches jaune serin ?... Le cadi d'Araouane... Vous savez bien, celui qui, en route, nous avait charitablement révélé le matamore agressif caché derrière le Khouirou pacifique et bonasse que, seul, nous connaissions !

Cette fois, il y alla carrément : Khouirou avait battu des goumiers de Tombouctou, deux caravaniers, un homme de Smida, et il avait jeté sa bouilloire pleine à la tête d'Amar le convoyeur qui refusait désormais de nous suivre à Tindouf.

C'était trop de crimes à la fois pour être vraisemblable ! Khouirou ne quittait jamais les abords de notre tente, sauf quand il venait avec nous à Agorgott ; comment n'aurions-nous pas entendu le bruit des querelles ? Et comment les victimes n'étaient-elles pas venues nous trouver aussitôt ?

– Si vous persistez à vouloir emmener Khouirou, pas un convoyeur ne voudra vous accompagner.

– Vraiment ?... Et si nous ne l'emmenons pas, que deviendra-t-il, et qui nous servira ?

Tout était prévu : Khouirou avait déjà une situation assurée dans une mine, tandis qu'en échange un manœuvre Kel-Araouane, qui avait été boy chez un commerçant et parlait un excellent français, avait la sienne près de nous.

– Et cet homme consentira à nous accompagner ?

– Oh ! certainement. C'est pour lui une heureuse occasion de monter à Tindouf où il a des affaires à régler avec des parents qu'il n'a pas vus depuis plusieurs années.

Comme tout s'arrangeait bien !

– Et alors, vous, un cadi, un homme de justice, sachant parfaitement que cette accusation ne tient pas debout, vous nous conseillez d'abandonner en pays étranger un serviteur dont nous sommes responsables et d'en faire un manœuvre de salines pour prix de son dévouement ?

– Le destin de chaque homme est dans la main de Dieu... et vous réfléchirez !

C'était tout réfléchi. D'un bond, nous fûmes sous la tente du Maître de l'azalaï, lequel entrevit, sans grand effort d'imagination, des démêlés avec le résident de Tidjikja qui ne manquerait pas de réclamer énergiquement son administré, le souci de rapatrier Khouirou aux frais du Cercle de Tombouctou, ou bien, si nous ne trouvions pas de convoyeurs, le désagrément de nous ramener avec l'azalaï. Il promit donc de semoncer le cadi et les prétendues victimes. Ainsi Khouirou fut exempté de la corvée de sel, et ses ennemis purent méditer tout à leur aise la sagesse de ce proverbe de leur pays : « Les prétentions que vous ne soutenez pas de raisons valables ne vous donnent que des fils illégitimes. »

Du côté de chez nous, comme d'habitude, tout était bien paisible. Khouirou, sans se douter de la menace qui planait sur lui, se tenait accroupi en face d'un client au milieu de son déballage de colporteur.

– Qu'est-ce que tu fais, Khouirou ?

– Non, Madame, je vends seulement quelque tabac à un homme des Tadjakant.

Les réponses de Khouirou, peut-être par souci de justification éventuelle, commençaient toujours par « Non, Madame ! »

– Viens, j'ai une mauvaise nouvelle à t'annoncer.

En bon dioula, Khouirou termina tranquillement sa vente, rangea sa pacotille, puis vint s'asseoir au seuil de la guitoune et attendit.

– Celui qui refuse de payer son oussourou, le malheur est sur lui pendant toute l'azalaï. Voici maintenant, mon pauvre Khouirou, que le Cadi a décidé que tu resteras ici à travailler comme manœuvre dans les mines.

– Çà, Madame, c'est pas possible parce que, forcément, je mourrai si je reste avec les Kel-Araouane loin de mon pays.

L'honnête regard confiant de Khouirou me donna quelque honte de le faire enrager.

– Que veux-tu, tu te débrouilleras pour retourner à Tombouctou avec l'autre azalaï ou la rebatna !

Mais Khouirou gardait une incrédulité touchante :

– Non, non, Madame, ça, c'est trop mauvais pour un type de Mour'tanie. Si tu me laisses, alors c'est fini : je ne confiance plus jamais un Européen.

Quant à Marion et moi, nous ne « confiancerons » jamais un Kel-Araouane.

Vers la fin du même après-midi, nous vîmes arriver un Moulay-el-Khalifat majestueux et patriarcal. Il s'installa commodément devant nous, fit bouffer ses tuniques neuves, déroula son aouli de guinée brillante et tira de son étui sa pipe qu'il bourra avec soin. Khouirou s'empressa de servir le thé.

Après les échanges rituels de politesses, Moulay s'étant assuré que nous étions satisfaites de ses services, des chameaux que nous avions montés depuis Araouane et, d'une façon générale, des soins dont il nous avait entourées pendant l'azalaï, exprima son regret de ne pouvoir, à cause de son âge et de ses responsabilités, nous accompagner lui-même jusqu'à Tindouf.

Les convoyeurs qu'il enverrait avec nous, des hommes sérieux et tout à sa dévotion, avaient des ordres sévères. Nous essayâmes bien de nous débarrasser d'Amar, redoutant de nouveaux drames entre ce fou et notre serviteur, mais il se trouvait justement que c'était lui qui savait le chemin, qui savait soigner les chameaux, enfin un type indispensable à notre bonheur !

Va pour Amar ! Et les chameaux ?

Ils n'étaient pas encore revenus de Telig mais ils ne pouvaient tarder. Certes, Moulay aurait aimé nous les présenter lui-même ; maintenant, il lui fallait retourner avant la nuit à Agorgott où il avait encore de nombreuses affaires à régler avant le grand départ du lendemain matin. Il choisirait pour nous les neuf meilleures bêtes du troupeau, des bêtes venues d'Araouane haut-le-pied, selon la volonté de leur propriétaire et selon son cœur à lui, Moulay. Nous pouvions lui faire confiance, n'est-ce pas ? D'ailleurs, son désintéressement était hors de cause puisque ces chameaux ne lui appartenaient pas.

Dans notre naïveté, nous ne vîmes donc aucune objection à lui remettre, sans plus attendre, une belle lettre attestant ses bons offices, avec nos remerciements et nos bénédictions !

Ayant en poche ce qu'il était venu chercher, Moulay s'en fut, et nous attendîmes nos chameaux.

Après le dîner, ce furent les Tadjakants qui vinrent à leur tour boire le thé sous prétexte de nous avertir qu'ils ne partiraient que le surlendemain.

Quand je dis les Tadjakants, c'est une façon de parler car aux gens de Tindouf s'étaient adjoints, avec leurs convois de marchandises soudanaises, des R'Gueïbat, des Teknas, un jeune Berbouchi, adversaires d'hier à présent unis dans la paix générale. Les chefs de la troupe restaient cependant Bouhié et Mohammed es-Seghir qui semblaient seuls connaître bien la route.

Ils allaient tous regagner leur bivouac lorsque, conduits par Ramdhân et Amar, les chameaux qui nous étaient destinés parurent enfin.

Au centre d'un cercle de curieux, on les fit baraquer, se relever, tourner, s'agenouiller à nouveau. Éclairés par la lune, on les contempla de face, de dos et de profil. Les R'Gueïbat palpèrent en connaisseurs leurs reins et leurs jambes. Mohammed-es-Seghir fit glisser leurs queues dans sa main serrée dont il renifla gravement l'odeur. Le jeune Berbouchi examina les dentitions.

Ce n'était pas un spectacle réjouissant, et nous pouvions prévoir sans peine les conclusions des experts !

Les trois chameaux de selle, que nous connaissions bien pour les avoir montés pendant quinze jours, étaient encore sains et vigoureux. Parmi les chameaux de bât, deux étaient présentables ; la bosse du troisième, le plus fort, était rongée d'une vieille plaie incurable d'où suintait le pus ; deux autres avaient la gale ; par sa petite taille, le dernier, en dépit de son âge, conservait l'air jeunet. Eux-mêmes étaient de vieilles connaissances : ils portaient nos bagages depuis Araouane ! L'abreuvoir récent les gonflait d'un embonpoint éphémère, mais la lumière de la lune soulignait les dos plats, les hanches saillantes, les cous ridés.

Autour de nous, les Maures chuchotaient, hochant la tête et ricanant, la main sur la bouche. Mohammed es-Seghir et Bouhié montraient deux bêtes qui, sûrement, n'arriveraient pas au Maroc.

Khouirou, plein de mépris, insinuait avec bon sens que Moulay, le vieux malin ! avait gardé les chameaux assez forts pour porter du sel à son compte en surplus du minimum de barres qu'il avouerait à leur propriétaire. Quelle fraude un homme avisé pouvait-il faire avec ceux-ci, incapables même de porter une charge normale ?

Les convoyeurs maugréaient : tous leurs projets de commerce personnel tombaient aussi plats que les échines de ces misérables rosses qui ne laissaient point de marge pour les bénéfices clandestins et leur causeraient, en outre, bien des soucis.

Mais le plus furieux eût été le propriétaire lui-même !

« Tu choisiras dans mon troupeau les chameaux les plus forts… »

Ceux-là, nous les avions vus le long de la route, musclés et bossus, sans charge et gardant leurs forces pour le sel de Moulay !

De leurs grands yeux tristes, les pauvres bêtes regardaient autour d'elles, craintives et comme honteuses de leur misère.

Quant à nous, que pouvions-nous faire d'autre que de nous résigner ? Au milieu de la nuit, il n'était pas possible de partir à la recherche de Moulay, et si Ramdhân et Amar n'avaient pu défendre leurs propres intérêts, quelle chance avions-nous de mieux réussir ?

Comme toujours, l'essentiel était de démarrer ; on verrait ensuite à se tirer d'affaire. Mohammed es-Seghir, pour nous rendre courage, nous assurait avec fierté qu'il y avait beaucoup de chameaux dans sa caravane, déjà bien chargés et fatigués eux aussi, mais que, naturellement, ces chameaux étaient à nous et que des Tadjakants de Tindouf étaient gens à aller à pied plutôt que de laisser des femmes dans l'embarras.

L'azalaï repartit pour Tombouctou le matin du 14 décembre.

Devant chaque bivouac, les charges avaient été soigneusement préparées. Les barres, seules ou cordées par deux, deux et demie ou trois, selon la force du chameau auquel on les destinait, étaient appuyées en pente les unes aux autres, formant des lignes de petits toits blancs. Il n'y avait plus qu'à faire baraquer les chameaux entre ces toits et en rabattre les côtés contre les flancs de la bête. Les menus morceaux, cordés eux aussi, équilibreraient ou compléteraient les charges.

Dès l'aube, le Maître de l'azalaï, le lieutenant, le sergent et les goumiers partirent à chameau pour Agorgott. Nous y arrivâmes plus tard, étant à pied.

Le chargement était déjà terminé. A travers la plaine, les chameaux marchaient lentement sous leurs cuirasses de sel blanc que le soleil faisait miroiter. Les cordes pesaient aux échines maigres ; les barres frottaient aux flancs gonflés d'eau, mal protégés par les coussins trop minces des bâts.

La grande misère de l'azalaï commençait. Elle se terminerait à Tombouctou par un défilé triomphal qui serait pour les gens la grande fête de l'année et pour les bêtes couvertes de blessures le témoignage de leurs souffrances. Il en a toujours été de même depuis qu'on fait azalaï. Pourquoi changer la vieille routine ? Et le caravanier qui a vu avec étonnement les grands bâts solides des Groupes nomades français retourne chez lui fabriquer ses torsades de paille que la charge effiloche et aplatit.

Au sommet de la première dune, le Maître de l'azalaï et le lieutenant, aidés du cadi d'Araouane et des goumiers, faisaient le contrôle du sel. Les caravanes gravissaient la dune, s'arrêtaient devant l'un ou l'autre groupe, le temps que leurs barres soient comptées, puis elles descendaient vers le sud. L'impôt, 1,25 franc par barre transportée, se paie à Tombouctou.

Comme à Foum-Allous, comme à Foum-el-Alba nous regardions le lent défilé de l'azalaï, pour la dernière fois. Nous regardions s'éloigner un à un tous ces hommes et toutes ces bêtes dont nous avions un moment partagé l'existence.

Le vieux Moulay nous évita si bien, à cause des misérables chameaux qu'il nous avait envoyés dans la nuit, au mépris des ordres de leur propriétaire, que nous ne l'aperçûmes même pas.

Loud nous salua au passage avec un sourire paisible et amical *Oudatek el-Moulana !* Que ton chemin aille vers Dieu !

La Chamelle-qui-sait-où-elle-va s'était bien retapée à Telig et portait gaillardement 2 barres sur chaque flanc, 120 kilos, plus de la monnaie.

Le petit garçon, recroquevillé sur une charge de vivres, ne crânait plus : il avait mal au ventre, à cause de l'eau magnésienne.

Nous ne vîmes pas le petit chameau blanc, mais des Maures nous dirent qu'il était peut-être passé avant notre arrivée, si Dieu voulait qu'il fût encore vivant.

La grande azalaï d'hiver s'incurva dans la vallée, scintilla de mille éclats comme un long glacier mouvant sur la montée de la prochaine dune, diminua jusqu'à n'être plus qu'une caravane, qu'un chameau, que la course d'un berger attardé…

Et puis le vent s'occupa d'aiguiser à nouveau la mince courbure de la dune que son passage avait ébréchée.

Le dernier chameau de l'azalaï ayant disparu à l'horizon, un grand calme s'étendit sur Taoudeni.

Plus de marchandages rapaces, de disputes, de cris et de courses. Les mineurs d'Agorgott, au frais dans leurs cagnas, s'abandonnaient à un repos bien gagné après ces trois jours de surmenage. Seul être vivant sur cette immensité grise, un négrillon rangeait en tas les crottes de chameau, cadeau d'adieu de l'azalaï à ce pays sans combustible.

Même détente des êtres et des choses à Smida. Le détachement méhariste était reparti pour Telig. Vide de caravaniers, de soldats, d'avions, de sonneries et de drapeaux, le paysage de sable et de ternes rocailles, reprit son vrai visage, sévère, nu et silencieux.

Sur l'emplacement des bivouacs français, les ksouriens avaient déjà glané tout ce qui pouvait se manger ou se brûler. Les ânes du service d'eau digéraient à l'ombre d'un mur un exceptionnel festin de sparteries crevées, de vieilles cordes et de bouts de chiffons.

Le ksar somnolait dans sa paix retrouvée. Pas un bruit, pas une âme dans les venelles. Le nouvel infirmier inventoriait sans doute les ressources de son dispensaire. En face, le cadi faisait peut-être ses comptes au secret de sa maison obscure. Ses enfants, Sidi, Ali et la petite Ziri vêtue d'un collier rouge et bleu, dormaient en tas près du vieil aveugle-nounou. Finies pour six mois, les chamailleries autour du puits.

Silence. On n'entendait que le bourdonnement des mouches qui est le son même du silence à Taoudeni, car le peuple des mouches africaines n'a ni fin ni repos. Mais les lézards, repus, se chauffaient au soleil d'hiver sur les murailles et les décombres. Et cet enclos de ruines semblait définitivement abandonné au centre de son paysage mort.

Envahies par la léthargie ambiante, délivrées de la course quotidienne à Agorgott, nous allâmes dormir nous aussi.

A l'ouest du ksar, sur le sol jaunâtre fait d'un peu de sable, de beaucoup de pierres et de détritus éparpillés, il n'y avait plus que notre guitoune avec son annexe, la cuisine en plein vent entourée d'un chaos de bagages; l'abri en chiffons bleus, bruns, beiges, des commerçants de Tindouf et, plus loin, un petit rempart de sacs, de bâts et de selles derrière lequel étaient accroupis des inconnus mystérieux, venus de l'Ouest, et qui ne parlaient à personne.

Les yeux mi-clos, je songeais à l'azalaï. Je voyais des échines bossues, rousses, brunes, beiges, blanches, laineuses ou râpées, cheminant dans la mince ligne de lumière qui filtrait entre mes cils. Comme dans les rêves qui ne veulent pas finir, l'immense troupeau s'écoulait, revenait, s'évanouissait dans des cascades de poussière blonde.

L'azalaï... Pour nous, ses vicissitudes duraient depuis cinq semaines, depuis le soir de notre entrée à Tombouctou. Certes, il fallait avoir vu cela; cependant on pouvait sans vergogne se réjouir d'en être enfin sorties. Ce n'était pas désagréable, le repos après tant d'arias ! Mais les habitudes ne tirent pas toujours leur force de leurs agréments, et je restais un peu interdite devant cette liberté, cette solitude et ce silence soudain retrouvés.

Ma rêverie suivait la marche de l'azalaï... Ils doivent avoir passé Foum-Allous, maintenant... Ils camperont ce soir dans cette vallée... ou à cette dune, avant Guelb-Dôkhn... Et, parmi les chefs, j'imaginais une silhouette nouvelle drapée à la façon des gens de l'oued Draa, El-Aïssaoui, le fameux pillard du Rio de Oro, le loup dans la bergerie arrivé la veille à Smida !... Il n'avait pas de chance, cette année, le Maître de l'azalaï : « Un bandit extrêmement dangereux... grave imprudence de la Mauritanie qui l'a autorisé à venir ici !... »

Et, revoyant son visage inquiet, hier, à Agorgott, je m'abandonnais à une secrète sympathie pour le passager du retour qui, peut-être, vengerait par quelques incartades, les intruses de l'aller.

Après avoir avalé, en tâchant de penser à autre chose, l'éternel riz au tichtar du dîner, nous étions occupées à divers rangements lorsque Khouirou vint s'accroupir sans bruit au seuil de la tente.

– Tu veux quelque chose ?

– Non, c'est seulement un type, là, qui demande si tu peux lui donner du pétrole ?

Hélas, nous n'avions jamais eu un tel luxe d'éclairage ! Marion offrit généreusement un trognon de bougie, ce qui était un gros sacrifice aux lois de la solidarité saharienne car notre provision touchait à sa fin.

– Qui est-ce, ce type-là ?

– C'est un Beidâni des Touabir qui s'appelle Sidi Mohammed el-Aïssaoui…

– El-Aïssaoui !… Eh bien, dis-lui que nous n'avons pas de pétrole et que, s'il veut voir clair, il n'a qu'à venir boire le thé avec nous en racontant des histoires !

Une aubaine, en somme ! Les distractions sont si rares à Taoudeni !

El-Aïssaoui parut aussitôt devant la tente, déchargea poliment son fusil et, la main sur le cœur, salua ces Nazaréennes dont on parlait beaucoup dans les campements de l'Ouest, qui voyageaient à chameau comme les Maures, qui étaient fortes comme seuls les Français savent l'être, etc. Une politesse en vaut une autre et, à notre tour, nous l'assurâmes que sa réputation de bravoure, de force et de richesse était venue jusqu'à nous et que nous étions heureuses de connaître un guerrier qui avait mené au succès tant de grands rezzou.

De la main, Marion lui indiqua la peau de mouton que Khouirou avait étendue à la place d'honneur, près du plateau à thé.

Assis, il déroula un peu le chech bleu foncé qui ne laissait voir que ses petits yeux vifs, rusés, tirés vers les tempes, prompts à tout évaluer : nous qui, il y avait seulement trois ans, aurions représenté d'avantageuses rançons, Khouirou qui, en ces temps de crise domestique, se vendrait bien 1 000 francs au Sahara espagnol, et nos vivres, nos selles, tout notre misérable barda, car il n'y a pas de butin négligeable pour un pirate saharien. Son burnous noir rejeté aux épaules découvrait quelques amulettes suspendues à son cou, la garde d'un poignard d'argent, le coin d'une cartouchière rouge, et des mains nerveuses, fines, sensibles, croisées sur son fusil, des mains faites pour les gestes qui soulignent les ordres et non pour l'exécution des basses besognes. C'était un pirate, c'est entendu, mais c'était un chef, sorte de héros légendaire de ce pays dont les lois sont simples et cruelles : « Mange ou sois mangé ! » Et chez nous, la gloire est-elle toujours d'un métal pur ?

Un chef aux yeux des Maures ? Il n'y avait qu'à regarder les visages béants d'admiration et de curiosité que tendaient vers lui de nouveaux visiteurs tassés en demi-cercle à l'entrée de la tente : nos voisins les Tadjakants, le Berbouchi, un des convoyeurs kel-Araouane, Khouirou le nègre affranchi, les victimes d'hier, ou leurs parents, avides d'écouter l'histoire de leurs malheurs !

Et puis quoi, la paix était faite, les dias payées, la note effacée ! Le règlement des comptes, dit un proverbe maure, est un savon qui lave la rancune et les discordes.

Il y avait quarante ans qu'il était né au hasard d'une migration de sa tribu dans la Gasbet-el-Hassian, un lugubre couloir de pierrailles au nord de l'Adrar, entre les dunes de l'erg Hamami et la falaise de grès noir qui retient celles de la Makteir, un coin sinistre planté d'acacias morts. Son enfance, dans ce Nord mauritanien où les Français ne devaient arriver qu'en 1909 sous la conduite du général Gouraud, fut un libre apprentissage de la carrière à laquelle il était promis.

– Moi, El-Aïssaoui, j'ai mené trente-sept rezzou. J'ai commencé les rezzou avant ma barbe !… Les gens de ma tribu, les Ahel-Touabir, connaissent toutes les choses de la brousse, les routes, les puits, la chasse. Ils sont dans la brousse comme les gazelles et les renards ; ils ne sont jamais fatigués ; ils n'ont jamais peur de la faim ni de la soif. Mais comme ils étaient pauvres, ils se sont associés avec les R'Gueïbat qui ne connaissent rien que soigner les bêtes et dire la prière. Leurs chefs sont tellement riches qu'ils ne savent pas le nombre de leurs chameaux. Il y a dans leurs troupeaux des chameaux qui vivent et meurent sans avoir jamais été montés ni chargés !… Quand on décidait de faire un grand razzi, les R'Gueïbat donnaient les chameaux, les fusils et tout ce qu'il fallait, et quelques hommes aussi, mais c'était nous, les Touabir, qui arrangions toutes choses pour le mieux et qui conduisions les autres du Maroc au Sénégal et au Soudan, partout où il y avait de beaux chameaux et des esclaves vigoureux.

Au retour on partageait les prises entre les hommes qui avaient équipé le razzi et ceux qui avaient fait le voyage. Le guide avait droit à une part supplémentaire.

– Tu emmenais beaucoup de types avec toi ?

– Quelquefois cent, quelquefois quinze, ou peut-être vingt-cinq. Ça ne fait rien… Quelquefois, on allait très loin ; quelquefois, on allait seulement en Adrar, au Rio ou dans le sud du Maroc. Je suis allé partout ! Je me souviens, il y a longtemps, nous cherchions des troupeaux dans le Sud : rien, pas de campements, pas de caravanes. On ne pouvait pourtant pas revenir chez nous les mains vides ! Il a fallu pousser jusqu'à Dendaré. Tu connais bien la mare de Dendaré, tu y as bu en venant de Néma à Tombouctou. Là, grâce à Dieu, nous avons trouvé de beaux chameaux à l'abreuvoir. Mais voilà que trois détachements du Groupe nomade du Hôd nous ont pris en chasse. J'étais en arrière avec mon cousin pour protéger les autres. Mon cousin est blessé, perdu. Moi, j'ai mon chameau tué sous moi. Vite, je coupe la sangle et je m'enfuis avec ma rahla sur mon dos, une bonne rahla de Chinguetti que je ne voulais pas laisser,

Ach! Les goumiers, ayant perdu nos traces, sont retournés au Hôd, et nous, au Rio de Oro avec toutes nos prises. Louanges à Dieu ! Je n'ai jamais abandonné mes prises en route ! Mais nous avions été obligés de passer loin des puits où il y avait du monde et, de Dendaré jusqu'au Hank, pendant dix jours de marche, nous n'avons pas pu faire l'abreuvoir.

– Quand tu partais, comment savais-tu, de si loin, à quel endroit tu trouverais des chameaux ?

– Forcément, nous ne savions pas tout de suite seulement un peu, un peu. En route, nous demandions où étaient les troupeaux des tribus riches.

– Et les gens te le disaient ?

– Le jour a des yeux pour voir les traces sur le sable et la nuit a des oreilles pour écouter ce qui se dit dans les campements. Grâce à Dieu on entend beaucoup de choses derrière une tente si l'on a soin d'approcher sans bruit, par une nuit bien noire. Si les gens dorment, il y a beaucoup de moyens pour les réveiller et faire parler leurs langues. Un homme qui a la tête serrée entre deux bâtons liés par de bonnes cordes en cuir de bœuf n'est pas à son aise pour garder un secret, surtout si celui qui l'écoute frappe sur les bâtons avec une grosse pierre !... Si tu es assise comme tu es là, devant moi, et que je te regarde sans bouger, sans parler, avec un fusil chargé droit vers toi, à une main de ta poitrine, crois-tu que tu vas te taire bien longtemps ? Je compte jusqu'à cent...

Il s'arrêta, un sourire narquois sur les lèvres :

– Peut-être jusqu'à cent cinquante parce que les Nazaréennes sont très fortes, et tu me dis tout ce que tu sais, et même ce que tu ne sais pas !

– Il est malin, El-Aïssaoui ! s'écria le Kel-Araouane enthousiasmé. Il a une tête, c' type-là, mon vieux ! Un jour, près de Tagant-Keyna, il a trouvé mon cousin Baba-Ali qui n'était pas volontaire pour dire où il avait laissé ses chameaux...

– Ah oui ! j'étais pressé, ce jour-là ; le peloton méhariste n'était pas loin !

– Tu lui as passé un crochet de fer sous l'os qui va du cou à l'épaule et tu l'as fait courir au bout d'une corde derrière ta monture, comme un chamelon effrayé derrière sa mère ! Ahahah ! Il n'a pas été long à parler !

Et riant de cette bonne plaisanterie, il fit claquer sa main dans la paume tendue d'El-Aïssaoui qui conclut avec philosophie :

– Les hommes ne sont pas assez bêtes pour préférer perdre leur vie que leurs richesses.

Une puissance despotique règne sur les pasteurs sahariens : la pluie. Qu'elle vienne à manquer dans le Nord, il faut bien descendre vers les pâturages du Sud s'ils ont été mieux favorisés. Poussés par la famine, les Ahel-Touabir se soumettent aux Français en 1927. El-Aïssaoui, pas encore mûr pour la vie bourgeoise, se réfugie chez ses alliés, la fraction Ouled-Sellam des R'Gueïbat.

Mais, à présent, il avait une histoire. Mieux : une légende. Il était celui auquel personne ne résistait, que personne n'avait pris, celui qui ne connaissait pas la défaite. Il avait la baraka. Ses troupeaux portaient au cou des marques disparates. Qu'importe ! Il était riche et adroit, cela seul comptait. Plus question d'emprunter un capital chameaux et de faire des comptes avec les R'Gueïbat. Désormais, El-Aïssaoui commandait seul. Il nourrissait, équipait, armait tous ses partisans, et il les choisissait lui-même, des jeunes, éblouis de son prestige, qui lui obéissaient aveuglément. Au retour, il donnait ce qu'il voulait. Il était le maître.

Son campement se tenait avec ceux des R'Gueïbat, dans le nord du Rio de Oro, tantôt à la guelta du Zemmour, tantôt à la Seguiet-el-Hamra, quartier général de tous les pirates de l'Ouest saharien. De là, El-Aïssaoui descendait vers les beaux pâturages du Sud, mais point comme berger !

– L'année des Français 1932, nous sommes venus deux fois à Taoudeni. D'abord, nous avons pris et ramené au Zemmour beaucoup de chameaux de l'azalaï des Kountas de Bourem, avec leur chargement. Celui qui possède de grands troupeaux a besoin d'un grand nombre de bergers. Nous sommes revenus une nuit à Agorgott surprendre les mineurs dans leurs cases. Quand ils ont vu briller les poignards, ils n'ont pas fait d'histoires pour aller garder au Zemmour les chameaux des Kountas !... Parmi les garçons qui marchaient derrière moi, il y en avait un que tu connais : Sliman, le guide r'gueïbi qui t'a conduite, l'hiver dernier, de Tindouf à Bir-Moghrein et n'a pu retrouver les puits d'El-Haféra ! Nous y avons bu pourtant autrefois, mais un R'Gueïbi doit marcher cent fois une route avant de l'écrire dans sa tête !

– Comment as-tu appris que nous étions perdues à El-Haféra ?

– Celui qui voyage, s'il sait voir et entendre, apprend beaucoup de choses !... Je sais aussi qu'après Sliman, vous avez pris mon cousin Cheiyagh pour vous mener de Bir-Moghrein à Chinguetti avec trois autres goumiers. C'est un mauvais pays, aussi mauvais que celui où vous entrerez demain, mais le voyageur qui met son pied dans les traces d'un Tibari laisse la crainte et la soif en arrière... Crois-tu que j'aie ignoré, il y a trois ans que deux Nazaréennes voyageaient en Mauritanie ? Je n'étais pas loin de vous ; je cherchais des chameaux en Adrar et au Hodh. Nos traces ne se sont pas rejointes, c'est ma mauvaise chance ! Il n'y a qu'un seul Dieu et il sait mieux que nous !...

Si plaisante que fût cette rencontre, nous préférions cependant qu'elle ait été différée jusqu'à ce que notre hôte fût retiré des affaires ! Au fait, pourquoi avait-il fait sa soumission ? Et où ? Et quand ?

– Attends, murmura-t-il avec mélancolie, attends, il reste encore la moitié d'une année. Nous voyions bien, nous autres, au Rio de Oro, que les temps allaient changer. La poudre parlait fort dans les montagnes du Sud marocain. Les Français approchaient ; bientôt, ils seraient partout, du Maroc en Mauritanie. Il fallait se hâter. Dans les premiers jours de 1934, je réunis vingt-cinq types des Ouled-Moussa et des R'Gueïbat à la montagne de Tirsal, près d'Aïn-ben-Tili. Je leur donne mes plus fortes montures, les plus rapides. Une fois de plus, nous reprenons la route du Hô, par Aïoun-abd-el-Malek, Agueraktem, et Oujaf où nous enlevons toutes les bêtes d'un campement d'Hamonnat. Au retour, chaque homme conduisait 15 ou 16 chameaux... *Ouallahi!* Il fallait se hâter ! Nous aurions le temps, bientôt, de dormir sous les tentes comme les femmes et les vieillards ! A la tête de dix-sept fusils, je suis reparti aussitôt vers l'Azaouad où les chameaux sont grands et forts. Toujours la même piste – le vent n'avait pas encore effacé nos traces – jusqu'à Agueraktem. Là, rien à craindre ; personne n'aurait osé couper notre route ; les gens s'enfuyaient à notre approche. Après, j'ai évité Taoudeni et Araouane de peur d'être signalé et je suis passé à l'Est où il n'y avait personne. Le jour, des éclaireurs marchaient devant ; la nuit, deux hommes veillaient. D'Agueraktem à l'Azaouad, nous n'avons bu qu'à Telig, El-Guettara et In-Echaïe. Je marchais vite, j'étais plus prudent que d'habitude.

De son poing serré, El-Aïssaoui frappa rageusement sa poitrine :

– Mon cœur et ma tête étaient hauts pour faire quelque chose de difficile, très loin. Je voulais gagner beaucoup de chameaux. Pour la première fois, je pensais que Moulana ne permettrait peut-être pas d'autres rezzou !

Dans son inquiétude nouvelle, le chef tibari voulait au moins terminer sa carrière en beauté. Riche et redoutable, il était déjà, cependant, comme un seigneur dépossédé qui, une dernière fois, parcourt en maître son domaine, un domaine qui s'étendait sous des moirures de sable et des carapaces de roches, de l'Atlantique au Timétrine, de l'oued Draa au Niger ; – un domaine trois fois grand comme la France.

Ce dernier razzi, car ce fut bien le dernier, me fut conté quatre fois : d'abord à Agorgott, par le Maître de l'azalaï qui, en 1934, commandait le Groupe nomade d'Araouane ; par El-Aïssaoui lui-même, ce soir, à Taoudeni ; plus tard par le successeur du lieutenant de ce même GN chargé de poursuivre les pillards et le cheptel volé ; enfin au Maroc, par un officier dont El-Aïssaoui fut plusieurs fois le guide après sa soumission.

Donc, fin février, voici nos pirates à pied d'œuvre au puits d'In-Echaïe.

LE LIEUTENANT : « L'abreuvoir les ayant mis en appétit, ils vont s'offrir un solide casse-croûte de moutons près du puits d'El-Mraïti aux frais d'un campement de Kountas. Grande histoire : le GN d'Araouane qui campe à 80 km, vers Bou-Djebeha, est alerté ; son chef qui est à Tombouctou est prévenu. Un détachement est envoyé... et ne trouve rien sinon, près du puits d'Arezaf, au bout de traces pareilles aux nôtres, un vieux vêtement militaire en toile kaki. »

EL-AISSAOUI : « Après El-Mraïti, nous sommes allés boire à Arezaf. Le GN étant tout près, j'ai fait marcher mes hommes en colonne, à la manière des Français, et j'ai laissé près du puits un vieux pantalon de tirailleur. Je l'avais ramassé à El- Guettara. Personne ne peut dire d'avance ce qui servira et ce qui sera inutile. Dieu seul connaît ! Après, nous avons marché vite, du côté du soleil couchant, droit sur le pâturage du GN; le lieutenant était occupé à nous chercher ailleurs ; il n'y avait que les bergers. Nous avons pris tant de chameaux que nous n'aurions pu les garder nous-mêmes. Alors, forcément, nous avons emmené aussi les bergers pour qu'ils nous aident au lieu d'aller crier partout : "Ouallahi ! Ouallahi ! El-Aïssaoui est venu !" »

LE LIEUTENANT : « Les salopards ont razzié 400 chameaux, 10 bergers noirs, des bagages en pagaille et un mousqueton 92 ! Après quoi, ils ont filé 15 nœuds vers Dayet en-Naharat ! »

LE MAITRE DE L'AZALAI : « El Aïssaoui ? Un pillard des plus dangereux ! Aurait dû être fusillé ! La Mauritanie et le Maroc commettent de graves imprudences en le laissant circuler et en lui accordant une confiance qu'il ne méritera jamais. Songez qu'en mars 1934, il a razzié mon GN pendant que j'étais à Tombouctou pour raisons de service ; qu'il a eu l'audace de pousser presque jusqu'à la ville où j'ai dû faire battre le tobeul pour donner l'alarme ! Je suis parti moi-même, en avion, j'ai survolé tout le pays et j'ai réussi à repérer ces bandits en fuite vers Bir-Ounân où j'ai envoyé mon lieutenant. »

EL-AISSAOUI: « Nous pensions nous reposer un peu dans un pâturage près de Dayet-en-Naharat avant de remonter au Zemmour. C'est alors que les avions de Tombouctou sont arrivés, volant bas et lentement comme des charognards. Heureusement, un homme peut entendre un avion bien avant que l'avion puisse voir l'homme. Ainsi nous avons eu le temps de faire baraquer nos chameaux sous les arbres, de jeter du sable sur les bagages, de dissimuler tout ce qui pouvait nous trahir, et les avions passèrent au-dessus de nous sans rien voir. Sitôt qu'ils eurent disparu, nous décidâmes de nous séparer en deux groupes. Dix hommes et les bergers conduiraient directement les prises à El-Mraïer. Moi et sept hommes, avec les meilleures montures, nous resterions en arrière afin de détourner les poursuites sur nous. C'est ainsi que, pendant deux jours, les partisans de Tombouctou coururent sur nos traces tandis que le troupeau s'éloignait vers des régions plus sûres. Ils abandonnèrent vite l'espoir de me rattraper et ils rentrèrent chez eux. Les hasards de cette course m'avaient obligé à prendre la direction de Bir-Ounân que j'atteignis tranquillement. Il était temps, nous n'avions plus d'eau et la chaleur était forte... *La illah ill Allah!* La paix ne marchait point avec ce razzi ! A peine avions-nous ôté les selles des bêtes que les éclaireurs d'un détachement du Groupe nomade parurent au sud-est. En hâte, il fallut recharger et s'enfuir. Cachés dans une montagne, nous avons guetté les gardes méharistes pendant qu'ils creusaient les aguelt ensablés. Nous les avons vus boire, nous dont les langues séchaient dans nos bouches. De cette montagne, nous aurions pu tirer sur eux, mais à quoi bon ? Nos prises étaient belles ; elles étaient hors d'atteinte. Nous-mêmes étions sûrs de nous échapper puisque nous avions les plus forts chameaux des Français. Ceux qui leur restaient étaient maigres et fatigués. Il fallait que le diable ait poussé le lieutenant jusqu'à Bir-Ounân ; il ne pouvait savoir autrement qu'il nous y trouverait ! Sans crainte, nous attendions seulement son départ afin de boire à notre tour. »

LE LIEUTENANT : « Lancé sur Bir-Ounân par le hasard d'un renseignement imaginaire de l'aviation, le détachement du GN a la surprise d'y trouver, le 10 mars, les traces toutes fraîches des razzieurs. Surpris autant que nous, ils viennent de s'enfuir sans avoir eu le temps de creuser les aguelt. Notre plein d'eau est fait rapidement, les traces sont prises et la poursuite commence en direction d'Agueraktem. Simplement pour le principe car il n'y a aucune chance que nos chameaux fourbus rattrapent des fuyards qui montent l'élite du troupeau. »

EL-AISSAOUI : « Le dur voyage ! Maintenant, la soif nous tenait. C'est un créancier qui n'attend pas longtemps. Dès que nous avons eu assez d'avance, nous avons égorgé deux chameaux, pris l'herbe mouillée que leurs ventres contenaient encore et de cette herbe pressée entre nos mains est sorti assez d'eau pour qu'il nous restât une outre pleine après que chaque homme se fut un peu désaltéré. C'est tout ce que nous avons bu jusqu'au puits d'Agueraktem. L'abreuvoir fait en hâte, nous sommes repartis. A peine osions-nous allumer un petit feu pour cuire un peu de viande ; nous ne dormions presque pas, tant nous redoutions d'être surpris par les gardes méharistes du Soudan ou de Mauritanie. Nos corps ne connaissaient plus que la fatigue et la faim. L'inquiétude habitait nos cœurs. Nos amis, le troupeau, qu'étaient-ils devenus ? Nous les avions quittés à la première étape d'une route longue et périlleuse... Louange à Dieu dont la miséricorde est infinie ! Ils nous attendaient au Zemmour ! Ils n'avaient point de mal ; ils avaient trouvé des chamelles dont le lait abondant leur avait permis de traverser les terres sans eau de l'Azaouad à El-Mraïer... Tu penses peut-être que nos misères avaient pris fin avec la joie de retrouver nos compagnons et de rentrer dans notre pays ? Manallah ! Ce même jour, les troupes françaises entraient à Aïn-ben-Tili ! Encouragé par leur présence, l'Habib ould Bellal, un homme qui avait juré ma mort à cause des chameaux que je lui avais pris autrefois, me cherchait partout, et nous eûmes bien du mal à passer en territoire espagnol. Dans la Seguiet-el-Hamra, on était encore en sûreté. Les campements r'gueïbat nous accueillirent comme des frères retrouvés. Certes, le tobeul et les chansons des femmes résonnèrent comme à chaque retour; les jeunes gens dansèrent en brûlant beaucoup de cartouches; on égorgea des chamelles grasses afin que les plus pauvres pussent se réjouir; mais les visages restaient sombres car nous savions que notre temps était fini. »

Du point de vue d'un pirate, El-Aïssaoui pouvait être fier. En trois mois, il avait mené deux rezzou, couvert 5 000 km, dupé l'aviation et un Groupe nomade, échappé à toutes les poursuites et ramené 800 bêtes et 10 esclaves. De Dayet en-Naharat à Agueraktem, 800 ou 900 km, sous un soleil déjà brûlant, lui et ses compagnons, forçant les étapes, n'avaient bu que les outres remplies à Dayet en-Naharat et le liquide infect puisé aux ventres de deux chameaux.

Par de tels exploits, qui ne sont pas exceptionnels, ni même rares, les R'Gueïbat et leurs associés justifient amplement leur réputation de grands nomades, « les plus grands nomades de l'Afrique du Nord », selon F. de la Chapelle et d'autres voyageurs.

Tout ce qui les concerne porte la marque du nomadisme : leur incroyable sobriété, leur selle, large, commode et solide, qu'ils nomment rahla, la voyageuse, leur bagage léger, solidement cordé sur la croupe du chameau. Point de longs sacs, d'outres suspendues ou d'ustensiles ménagers brinquebalant, au moindre trot entre les jambes du méhari; point de burnous ni de couvertures bariolées flottant au vent, par quoi les Touareg et les Chaamba, grands amateurs de confort et de cuisine bourgeoise, transforment le peloton le plus militaire en caravane de marchands de tapis. Ce bagage léger ne contient que l'indispensable, et peu de choses sont indispensables à un Maure : les cartouches, l'eau, le thé, le sucre, quelques dattes sèches, un peu de riz ou de farine d'orge, une poignée de tabac nouée dans un chiffon. Le chameau avant tout; l'homme mange quand il peut et dort dans un creux de sable, roulé dans sa tunique de coton. Avec cela, il va loin, et vite.

Mais revenons à El-Aïssaoui perdu dans les fantômes de sa turbulente jeunesse.

Donc, le jour même de son retour, les Français du Maroc, spahis, légionnaires, coloniaux, chasseurs, aviateurs, groupés autour du général Giraud et du colonel Trinquet, campaient à Aïn-ben-Tili, à l'extrême limite du pays qu'ils venaient de conquérir. Le lendemain, ils rencontraient à Bir-el-Guerdân le commandant Bouteil et les coloniaux de Mauritanie.

– Après ?... Après, j'ai attendu, j'ai écouté bien des gens, j'ai réfléchi à toutes ces choses nouvelles. J'ai essayé de faire la guerre avec ceux qui résistaient encore. C'est folie de lutter contre le destin. A Tighert où les Aït-Oussa combattaient avec les Français, une balle a cassé mon pied ; j'ai pu m'enfuir quand même... J'ai encore attendu au Rio de Oro toute une saison froide. Mes compagnons me quittaient pour aller se soumettre, les uns chez les Français, les autres chez les Espagnols. Ceux qui voulaient rester libres devaient se cacher dans la brousse ; n'ayant pas de laissez-passer, ils ne pouvaient plus vendre ou acheter des chameaux et des moutons à Glimine comme nous avions toujours fait ; ils ne pouvaient plus s'occuper de leurs affaires ni se ravitailler aux marchés du Maroc et de Cap-Juby. Et ils voyaient souvent leurs amis partir d'un côté ou de l'autre selon le maître qu'ils s'étaient choisi. Car les Espagnols grandissaient leurs têtes de toutes les victoires des Français. Avant, ils restaient dans les villes de la côte, derrière leurs murailles et leurs épines de fer. Ils nous vendaient des marchandises et des armes, et ceux qui n'avaient pas de quoi payer donnaient au retour une partie de leur butin. Chacun chez soi, le Maure dans sa brousse, l'Espagnol dans ses pêcheries et ses boutiques. C'était bien...

Marion et moi avions connu en 1934 cette situation paradoxale. Toutes les expéditions de fanatiques ou de simples voleurs qui exerçaient leurs ravages en territoire français venaient du Rio et y retournaient s'ils avaient la chance d'échapper à nos Groupes nomades. A cette époque, le gouverneur du Sahara espagnol était Franco, résidant à Las Palmas. Ses officiers du Rio se tenaient sagement dans leurs forts, Cap-Juby, Villa-Cisneros, La Aguerra, où nous fûmes courtoisement reçues et étroitement surveillées. On se montra ébahi que, du côté français, des femmes mêmes pussent voyager librement, paisiblement, seules avec de petites escortes indigènes.

Pourtant, à la faveur des événements nouveaux, les Espagnols commençaient à faire des projets, risquaient même leurs premières sorties dans cette colonie qu'ils tenaient du Portugal depuis quatre siècles mais qu'ils ne connaissaient pas encore.

– Quand la main de Dieu devint lourde sur nous, reprit El-Aïssaoui, les Espagnols se mirent à parcourir la brousse eux aussi. Au commencement, ils ne furent pas bien dangereux. Tu comprends, depuis des centaines d'années, depuis Youssef ben Tachfin, l'Espagnol est habitué à avoir peur du Maure. Mais ils prirent courage en voyant que les Français étaient tout autour d'eux et avaient rendu toutes choses faciles pour eux. Alors, ils organisèrent des pelotons méharistes avec des gens de chez nous qu'ils payaient très cher et qui aimaient la bataille, non pour servir un maître, mais pour le plaisir d'être braves. L'Espagnol est rusé. Tu sais qu'ils ont emmené beaucoup de Beidân faire la guerre chez eux. Ils en ont pris par force, même du côté français ; à d'autres, ils ont promis de rendre les grandes mosquées d'Andalousie aux musulmans ; ils ont promis des chameaux, de l'argent, des honneurs, des choses impossibles. Et les imbéciles sont partis avec, dans leur cartouchière, la clef de la maison espagnole qu'habitait le grand-père de leur arrière-grand-père. Au moment où le monde a changé pour nous, beaucoup de chefs ont préféré s'allier avec les Espagnols qui leur donnaient de belles paroles et des cadeaux plutôt que de se soumettre aux Français qui exigeaient le paiement d'un tribut… Moi, j'ai toujours pensé que, si je ne pouvais plus faire autrement, j'irais trouver les Français qui sont forts et avec lesquels un homme peut échanger des promesses.

L'OFFICIER DES CONFINS ALGÉRO-MAROCAINS : « Au printemps de 1935, Sidi Mohammed el-Aïssaoui se présenta à

Tindouf, seul, pour offrir sa soumission. Les hivers suivants, je le choisis comme guide au cours de plusieurs reconnaissances dans l'erg Chech et vers El-Mraïti et Taoudeni. Bien que n'étant passé à Bou-Maya que de nuit, au cours d'une razzia, il put m'y reconduire avec une sûreté remarquable. Les R'Gueïbat le considèrent comme leur meilleur guide. C'est un vieux bandit sympathique, intelligent, parfaitement soumis et dévoué aujourd'hui. »

LE LIEUTENANT : « Tant d'astuce jointe à tant de courage et d'endurance force la sympathie. C'est un bandit, mais c'est quand même un rude gaillard. Et puis la soumission doit balayer toutes les vieilles histoires sans quoi on n'en finirait plus ! »

CHŒUR DES VICTIMES : « Il est malin, c't homme-là, mon vieux ! Et il est fort ! Jamais personne n'a pu l'attraper mais, lui, il a attrapé tout ce qu'il a voulu ! Maintenant, c'est un bon type ! »

LE MAITRE DE L'AZALAI : « Un bandit redoutable ! S'il ne dépendait que de moi, il serait fusillé ! »

Mais le Maître de l'azalaï avait raté sa chance à Dayet-en-Naharat et, quelques années plus tôt, à Chinguetti dont il commandait le poste lorsque El-Aïssaoui était venu piller des chameaux jusque dans la palmeraie. Et il ne savait pas jouer le jeu de la sagesse saharienne qui veut que le tribut payé efface les rancunes.

L'ancien meneur de rezzou, lui, connaissait le jeu de la courtoisie. Comme cette nuit de bavardages devant le feu était fort avancée et qu'il devait partir le lendemain matin de bonne heure pour rejoindre l'azalaï, il nous quitta, entouré de ses admirateurs, en nous assurant que nous pouvions dormir en paix puisqu'il veillait sur nous.

Il ignorait comme nous que son voyage à Tombouctou avait failli être interrompu et que les confins algéro-marocains le recherchaient afin qu'il nous serve de guide jusqu'à Tindouf.

Si je me suis plu à retracer les aventures d'El-Aïssaoui, telles qu'il me les conta avec une étonnante simplicité, c'est qu'elles sont bien représentatives de la vie saharienne d'autrefois. Tant que la paix française montra quelques fissures, toute la hiérarchie féodale de la société maure – Arabes, Berbères et Noirs, guerriers et marabouts, nobles, tributaires artisans et esclaves – se réduisait pratiquement à deux catégories : les pillards et les pillés. Pour ceux-ci, qui constituent une intéressante majorité, il est bien évident que la protection étrangère est, sinon une solution définitive, du moins un appréciable bienfait, car personne n'aime apprendre à son réveil que tous ses biens terrestres ont disparu, les troupeaux avec les bergers, les barres de sel avec les mineurs, les caravanes avec les marchandises. Sans compter d'autres malheurs plus intimes qui ne laissent au propriétaire lésé que le choix entre la résignation et un divorce onéreux.

D'autre part, les guerres, les vendettas et les rivalités de tribu à tribu servaient de prétexte aux incendies et aux rapines. On se lasse, à la longue, de planter des palmiers qui s'épanouiront en flammes, d'ensemencer des champs que d'autres moissonneront, de construire des ksour qui seront ruinés avant le temps. Il y a beaucoup de découragement héréditaire au fond de la paresse des Maures.

Tout rageurs qu'ils fussent de leurs infortunes, les opprimés pouvaient-ils mépriser, pouvaient-ils même se défendre d'admirer secrètement l'oppresseur de détenir la part que, plus forts et plus chanceux, ils se fussent volontiers adjugée eux-mêmes ?

« Quand l'eau vous arrive au cou, il faut nager ou se noyer. » On put voir les pillés faire appel à la protection des chrétiens au moment même où les pillards proclamaient d'édifiantes guerres saintes et voilaient pieusement de l'étendard vert la défense de leurs intérêts les plus matériels.

Mais El-Aïssaoui ne semble pas avoir été un homme de poudre, non plus, d'ailleurs, qu'un homme de Dieu. Les luttes partisanes ne l'intéressaient point. La ruse était son arme préférée ; elle ménage l'avenir, car il vaut mieux ne pas verser le sang chez l'ennemi d'aujourd'hui qui sera peut-être l'ami de demain. Dans son affaire avec le GN d'Araouane, nous le voyons éviter sagement une bataille inutile. Il lui fallut être forcé par les événements pour aller combattre l'envahisseur qui menaçait son fief, comme un fauve traqué se retourne soudain et fait tête à la meute.

El-Aïssaoui est uniquement pillard. J'ose même dire un honnête pillard, en ce sens qu'il ne se forge aucune excuse, ne brigue aucune estime, ne réclame aucune protection et ne s'abaisse point à poser sur ses entreprises le masque de Tartuffe. Bien d'autres, à l'abri de lois flexibles ou d'hypocrites piétés, volent et mentent pour gagner la fortune, les honneurs, les plaisirs, le respect des hommes et le cœur crédule des femmes. Son vice à lui, ce sont les beaux chameaux. Pour le satisfaire, il a enduré toutes les fatigues, tous les dangers, et la faim, et la soif, et les longues absences, pendant vingt ans.

On m'a raconté cette réponse d'un vieux R'Gueïbi au médecin qui exigeait la monture préférée du mourant pour prix de ses soins : « Va-t'en ! Si je veux guérir, c'est justement pour la joie de conserver mon chameau ! »

« De trois choses, l'homme ne peut se passer, dit une chanson maure, les chameaux, la musique et les femmes. »

Et les chameaux payent tout le reste.

El-Aïssaoui, reître saharien, en haillons, le ventre creux, la gorge sèche, perpétuel exilé de sa tente, risquait sa vie sur les pistes du Sud sans se chercher de prétexte plus valable que l'orgueil de savoir qu'il y avait dans ses pâturages des centaines de bêtes splendides, au col mince, aux jambes nerveuses et hautes, aux bosses dures, qu'il ne vendrait pas, qu'il ne monterait peut-être jamais, luxe dérisoire et magnifique du nomade.

TEGHAZZA

Malheur à l'âme qui n'a pas de sel pour ses vieux jours.

Proverbe arabe.

En haut de la falaise qui surplombe au nord la cuvette de Taoudeni s'étend une longue *hammada* que les Maures nomment : El-Haricha, la Hérissée, et les Touareg : la Plaine des Lances. L'un et l'autre nom évoquent parfaitement cette étendue sableuse où des calcaires gris et brillants dressent des milliers de pointes aiguës, affûtées et dentelées par l'érosion.

Les chameaux avançaient avec peine, tâtonnant leur chemin parmi tous ces harpons, ces flèches et ces lames fichés sous leurs pas.

De loin en loin, la découpure d'un piton rocailleux, la bosse de pierrailles ensablées d'un agator, allongé comme un dos écailleux de saurien, coupaient la triste plaine.

Ce paysage rugueux et vide n'était point fait pour alléger notre inquiétude. Un mois de route jusqu'à Tindouf. Aucun secours, aucun refuge à espérer en ce désert. A mesure qu'on s'y enfonçait, les liens se dénouaient qui nous rattachaient encore au monde des vivants. Cette fois, c'était la grande plongée dans l'inconnu.

Sur qui compter ? Khouirou était là avec son dévouement et sa fidélité, mais c'était lui qui comptait sur nous comme un enfant perdu dans ce pays qu'il ignorait autant que nous. Je n'aimais point nos convoyeurs, pas plus Ramdhân avec sa fausse bonhomie qu'Amar le fou, l'insatiable querelleur.

Maussades, ils marchaient près de nous, poussant leurs mauvais chameaux.

La caravane des Tadjakants se tenait à l'écart sous la garde de quelques jeunes gens. Les aînés étaient partis vers des campements du Nord avec les deux chefs, Bouhié qui viendrait peut-être demain, Mohammed es-Seghir le Djakani qui nous rejoindrait plus tard.

N'importe ! C'était encore l'Afrique, l'errance et la grandeur et la paix de la vie saharienne ; nous avions encore des montures, une tente et un serviteur noir, et nous aimions jusqu'aux rudesses et à l'incertitude de cette existence, que nous allions regretter bientôt. C'était la route du retour. Bien des choses commençaient à nous parler du Maroc : Ksar Taroudant à l'est des salines, Agator Djouder ou Edh-Dhehebi, Trik ed-Djouder, sentier tracé pour toujours à travers la hammada par les troupes du célèbre pacha. Et, dans quelques jours, nous verrions Teghazza, perdue au cœur de l'erg Chech, la ville de sel que les sultans marocains disputèrent si longtemps aux Askias de Gao.

Vers 15 heures, nous entrâmes dans un maigre petit pâturage de had et de sbat à demi mort, le premier depuis Taoudeni, qui sinuait le long d'un oued au pied d'Agator Djouder. Les caravaniers nous annoncèrent qu'on laisserait les chameaux brouter ici jusqu'au lendemain. Les deux bivouacs s'établirent à une portée de voix l'un de l'autre.

Lorsque les Tadjakants déchargèrent leurs marchandises, il s'en exhala dans l'âpre paysage des parfums d'aromates et d'encens que le vent glacial nous jeta par bouffées avec la nostalgie des bois et des villages du Sud.

Au crépuscule, Rachid qui jouait avec moi dans l'oued, arrêta soudain sa course et, embusqué derrière un buisson de had, replia soigneusement ses oreilles, tendit le museau. Des méharistes approchaient au trot, sans bruit, sur le sable mou.

C'était le lieutenant du Groupe nomade du Timétrine,

monté sur un splendide méhari blanc, soyeux et souple comme un grand lévrier. Revenant avec son détachement des puits de Telig et en route vers Teghazza et Toufourine, il avait établi son bivouac derrière le monticule près duquel nous avions dressé notre tente. Des goumiers nous ayant signalées, il était venu voir si nous n'avions besoin de rien.

Il apprécia d'autant mieux la misère de notre situation qu'il connaissait la route que nous allions parcourir à travers l'erg Chech. Nos peaux de bouc ne lui inspirèrent pas plus de confiance que nos guides. On lui avait bien conseillé de ne pas s'occuper de nous, mais il n'y a pas trente-six passages de Taoudeni à Teghazza. Il fut donc convenu que notre petite caravane cheminerait avec le détachement militaire. Et, pour vaincre nos derniers scrupules, nous assura en riant qu'il aimait bien mieux nous surveiller tout de suite que d'avoir à nous rechercher dans la nature après que nous y serions perdues avec nos biens, notre domesticité, notre ménagerie et nos marchands d'aromates.

Le lieutenant, comme nous, était Breton du Sud ; son sergent radio était de Saint-Brieuc. Rien ne peut empêcher que quatre Bretons, entourés de désert, ne constituent aussitôt une petite famille. C'est ainsi que ce voyage incertain sur cette route, la plus dure que nous ayons jamais parcourue, ne fut pour nous qu'un jeu sportif libre de soucis, et que les plus fraternels des compagnons nous apprirent une nouvelle forme d'existence saharienne, celle de ces Groupes nomades que nous n'avions encore vus qu'à leurs campements d'été où ils se reposent tout en préparant minutieusement les reconnaissances d'hiver.

Ainsi nous connûmes les départs hâtifs où les bagages toujours prêts sont chargés en un quart d'heure, les longues marches disciplinées, les haltes à heures fixes, l'allure strictement égale : cinq kilomètres et demi à l'heure, à pied ou à chameau, qui permet d'évaluer les distances et d'établir les levers d'itinéraires ; les bivouacs du soir avec les tirailleurs mossis et les goumiers touareg accroupis autour des feux, les fusils en faisceaux, les silhouettes sombres des sentinelles et, au milieu du camp, veillant sur notre lente et sûre navigation, les mâts de TSF par où nous venaient chaque soir les nouvelles des autres Groupes nomades ancrés comme nous en des bivouacs semblables, sur d'autres sables, là-bas, en Mauritanie et au Soudan. Jour après jour, nous apprenions à aimer cette poésie nouvelle, différente de celle des caravanes indigènes toutes livrées au hasard et à la fantaisie, cette poésie faite d'ordre, de quiétude, de force bienfaisante et de courage tranquille.

Et jour après jour aussi, nous sentions grandir notre affection et notre estime pour le jeune chef colonial qui nous gardait tous, qui nous guidait tous, qui veillait sur la santé des hommes qui lui étaient confiés et sur leur moral, sur les chameaux et sur les armes, sur les réserves d'eau et sur les vivres, qui était responsable de tout, des gens, des bêtes et du matériel, et qui conduisait tout cela à travers un pays infernal, joyeusement, avec simplicité, sagesse et bonne humeur.

C'étaient des vacances ! Nous n'avions plus d'inquiétudes ni de travail, plus d'ordres à donner, ni de ruses à déjouer, plus rien à exiger. Deux goumiers, chaque soir, dressaient notre tente et, chaque matin, aidaient Khouirou à seller nos montures. Les puissants chameaux militaires avaient délivré nos animaux de bât d'une partie de leurs charges. Les bergers tadjakants suivaient eux aussi, heureux d'être protégés ; mais il nous fut bien indifférent que leurs chefs ne reparussent que le soir du quatrième jour, bredouillant des excuses et des protestations.

La Hérissée perdit bientôt ses pointes pour devenir un rag, puis une autre plaine, Es-Safia, recouverte de grandes dalles calcaires vernies de patine bleue. Parfois de grosses touffes d'ascaf et de had s'arrondissaient entre leurs joints. La nuit, le clair de lune ruisselait dessus comme sur la surface d'étangs immobiles.

Au sud de Tarf-ek-Kitban, des crêtes de roches retenant un ensablement tracèrent à perte de vue une route surélevée où le Groupe nomade et nous et les caravaniers cheminâmes longtemps.

Quelques pitons isolés, de longues dunes basses et ternes annoncèrent le Khenachich de Touarachid. Au fond des gorges et dans les éboulis des plateaux, commencèrent à paraître des fossiles marins – segments étoilés de crinoïdes, *spirifers* délicats comme des bijoux de bronze et de jais, petites cornes des *zaphrentis* – dont les couches carbonifères de cette rive septentrionale de la « Mer sans eau » allaient devenir de plus en plus riches à mesure que nous avancions vers le nord-ouest.

Les dunes, simples traînées de sable, n'étaient que les dernières effilochures de l'énorme erg Chech. Ce ne fut qu'à partir d'Oum-el-Asel qu'il commença à dresser chaque jour en travers de notre chemin ses hauts murs jaunes et fuyants, coupés de vallées profondes.

Oum-el-Asel était le seul point d'eau potable que nous pouvions espérer avant Toufourine. Dans leur langue imagée, les Arabes l'ont ainsi nommé la « Mère du miel », par contraste avec les puits salés de Taoudeni et de Teghazza. Il était vide.

Mais les Tadjakants dévoilèrent au lieutenant le secret de deux petits puisards d'eau douce cachés à quelque distance, dans une crique de la falaise. Le sable avait recouvert les grandes dalles qui les fermaient, et le voyageur qui ne connaissait pas à l'avance leur emplacement exact n'aurait pu les découvrir parmi les monticules de sable et les gerbes de sbat, en dépit de la petite pyramide de pierres qui, en haut de la falaise, les signalait. Ils n'avaient même pas de nom. Parce que le lieutenant profita d'une nuit limpide et constellée pour en relever le point astronomique, et à cause de l'étoile de cuivre qui, dressée à la muserolle de son chameau, nous montrait la route comme celle des Mages, nous les baptisâmes Aguelt-en-Nejma, les puits de l'Étoile, afin que le souvenir du Groupe nomade du Timétrine restât discrètement attaché à cette eau providentielle.

Le mardi 21 décembre, septième jour après notre départ de Taoudeni, nous franchîmes l'erg el-Ahmar, le Rouge, ou l'erg du Diable, et celui des Aveugles, l'erg el-Aouar où tant de sable fouetté par le vent, tant de tourbillons et de fluides volutes, et tant de dunes incurvées, sinueuses, imbriquées, les unes dans les autres peuvent bien troubler le regard et l'esprit du caravanier.

Enfin un plateau libre, nappé de sable, où nous nous élançâmes au trot avec le lieutenant et le guide ! Au bord, on s'arrêta, éblouis : à nos pieds s'étalait, immense et scintillante, la saline de Teghazza.

Ce gradin où nous nous tenions la bornait au sud et à l'est. Le feston jaune d'un bras d'erg rectiligne barrait l'horizon nord-ouest au-delà d'une petite plage où croissaient des buissons de tamaris. Vers le nord-est, la sebkha s'ouvrait largement, en pente douce, et se perdait en un lointain brumeux.

Lorsque le détachement fut regroupé, il descendit en bon ordre et s'avança lentement à travers la sebkha dont le sol mou, givré de sel, craquait comme un verglas sous les pieds des chameaux.

Pour nous, Teghazza ne fut point l'Abandonnée, mais la Joyeuse, l'Amicale. Sur la plage aux tamaris, parmi les souvenirs effrités d'un passé aboli, bivouaquaient les détachements des GN du Hôd et d'Araouane qui revenaient de Chegga. Le lieutenant et nous-mêmes connaissions leurs chefs. Rencontre inespérée dans un exceptionnel décor !

On décida que le centre de cette liaison coloniale serait la tente de la « mission » qui, si petite qu'elle fût, était encore la plus grande. Nous étions tous des gens qui venaient de loin et n'avaient pu s'alourdir de vivres de fantaisie, mais la cordialité suppléa au menu et le déjeuner fut un repas de fête bien qu'il se composât principalement, comme tous les autres casse-croûte, de riz mêlé de tichtar et d'oignons frits.

De même que, dans le vide des horizons désertiques, le moindre piton a autant d'importance qu'ailleurs, une montagne, de même, au cœur de la solitude, les visages se précisent, se burinent durement, prenant tout leur sens et leur relief, et une camaraderie sans passé ni lendemain peut se graver dans la mémoire avec l'accent et la chaleur d'une inoubliable amitié.

Avec regret, avec envie, nous regardâmes les méharistes s'éloigner lentement le long de nos propres traces, nous qui suivions vers le nord une route sans retour.

Voici donc, après trois siècles d'abandon, cette légendaire Teghazza, but de tant de caravanes et enjeu de tant de luttes. Voici, unie et blanche comme un glacier, son immense sebkha où se dressent les ruines de quelques tours de guet.

Les habitants de Teghazza vivaient dans deux villages situés l'un à l'est-sud-est des salines, l'autre au nord-ouest, le plus important, près duquel nous étions campés. Le vent a enseveli ses restes sous une nappe de sable d'où émergent quelques tours, une enceinte écroulée. Le haut des terrasses dessine encore nettement le plan du village sur le sable lisse, uniforme et libre de tout matériau de démolition.

La présence du GNT, la proximité d'un assez bon pâturage dont les chameaux avaient grand besoin, la complaisance du lieutenant et l'intérêt qu'il portait, comme beaucoup de coloniaux, au passé de son désert, nous permirent de rester deux jours. Goumiers et tirailleurs nous aidèrent à dégager une maison. Ces fouilles sont les premières qui aient été faites à Teghazza. Bien que limitées par le temps et par l'absence du matériel indispensable, elles mirent au jour une maison de pur style marocain.

Le haut des murs – sans doute le parapet d'une terrasse – était construit avec des moellons et dalles de sel gemme, de même que les arcs en plein cintre retombant sur des pieds-droits en retrait, qui avaient dû soutenir autrefois une de ces toitures en peaux de chameau qu'Ibn Batouta avait remarquées en février 1352. Les murs, eux, étaient taillés dans une terre argilo-siliceuse compacte, dure, saturée de sel. Leur paroi intérieure était recouverte d'un enduit d'ocre rouge encore bien visible ; des niches y étaient ménagées, coffrées de quatre dalles de sel. A mesure que les goumiers creusaient, par une petite porte arrondie dans le haut, découpée dans un encadrement rectangulaire, un flot de sable s'écoulait dans la chambre, d'une cour intérieure ou d'une autre pièce à ciel ouvert.

Les quelques voyageurs français (René Caillié, capitaine Grosdemange, Th. Monod et plusieurs officiers) qui sont passés à Teghazza parlent de « ruines », de « fondations », de « village nivelé au ras du sol » dont on ne voit plus que la « base » des murs. Que sont devenus les matériaux écroulés ? Les tours de guet qui, de toute évidence, étaient construites en élévation au-dessus du sol s'y élèvent toujours sous forme d'amas d'argile et de blocs de sel qui laissent deviner une architecture de même style mauresque que notre maison. Parmi les décombres, on voit encore des morceaux de nattes grossières pareilles à celles qui tendent les plafonds des demeures d'Araouane. Il y a beaucoup de vent au Sahara, mais il serait excessif de croire que ce vent soit capable d'emporter une ville !

On a également supposé que le sable avait complètement enseveli le ksar jusqu'aux toits, comblant les rues, les cours et les terrasses. Un autre problème s'offre alors à la sagacité de l'observateur : cette surface, qui serait d'apport relativement récent, est littéralement jonchée d'objets préhistoriques, avec leurs pièces inachevées et leurs déchets de taille. Il faudrait donc supposer qu'une peuplade néolithique ressuscitée ait eu l'étrange fantaisie de venir fabriquer ses pointes de flèches et ses grattoirs sur les toits de Teghazza.

En certains endroits, et au même niveau que les terrasses, on trouve, mêlés à cet outillage lithique, d'innombrables tessons de verroteries méditerranéennes et de céramiques polychromes, débris de la pacotille de traite des anciens marchands marocains. Ceci indique bien que la surface actuelle est la même que foulèrent ces caravaniers et leurs clients jusqu'à l'abandon de Teghazza.

La couche de sable est mince ; on rencontre vite un sol résistant, de même nature que les murs de notre maison. Au contraire, ce qui emplissait les chambres de cette maison, jusqu'à 3 m de profondeur, c'était du sable meuble, le sable des dunes environnantes jeté là par le vent à travers les toitures crevées.

Enfin le ksar nord-ouest possède un puits peu profond, coffré en barres de sel gemme et qui ne contient, soit dit en passant, qu'une saumure parfaitement imbuvable, réservée aux chameaux. Il s'ouvre, comme tous les puits sahariens, à la surface du sol, donc sur le plan des terrasses. Dans l'hypothèse de l'ensablement, ce puits, d'aspect si banal aujourd'hui, aurait été autrefois une curiosité remarquable, sinon très pratique. On est forcé de supposer une colonne creuse s'élevant à 3 m environ dans les airs, dont l'apport de terre et de sable a rendu l'orifice plus accessible, par chance pour les caravaniers modernes.

Il semble bien que la clef de l'énigme soit tout simplement fournie par le village actuel d'Agorgott, cousin pauvre de Teghazza et construit par les fils de ses émigrants. Ils ont employé les matériaux qui leur étaient familiers : le moellon de sel gemme et la terre argilo-siliceuse des salines. Ni art ni confort. Aucune comparaison avec l'architecture soignée de Teghazza, mais le principe est le même. Transportez Agorgott au milieu d'un erg et qu'il soit abandonné : deux ou trois siècles de vent seront plus que suffisants pour que les trous de cette taupinière soient comblés par le sable. S'il y avait, d'aventure, des objets néolithiques sur les parties non creusées du terrain, il est bien évident qu'ils y resteront, au même niveau que les toitures. Quelques reliefs émergeront, devant lesquels les archéologues futurs pourront hésiter entre le haut d'un village enseveli et les bases d'un village miraculeusement nivelé. A moins, bien entendu, qu'ils n'appuient leurs arguments de quelques coups de pelle.

L'explication qui s'offre à la plus élémentaire logique est donc d'une désolante simplicité : le village de Teghazza était taillé dans le sol, comme bien d'autres ksour berbères de

Tunisie et du Sud algérien. On objectera qu'Ibn-Batouta n'en a rien dit. Les historiens musulmans se montrent souvent peu soucieux de précisions et cette architecture semi-souterraine, n'ayant rien d'exceptionnel, a pu laisser notre voyageur indifférent.

Quand on construit sa maison avec des pierres comestibles, on regarde à la dépense. Le terrain fournissait une grande partie des murs, épargnant ainsi la main-d'œuvre. En outre, dans un pays célèbre pour ses voleurs, la discrétion d'un terrier peut sembler préférable à la gloire d'un pignon sur rue.

Il va sans dire que les tessons de verroteries et de faïences se trouvent surtout à la périphérie du village, près de l'enceinte et de ses tours, aux abords du puits, les caravaniers n'allant point faire baraquer leurs chameaux sur les toitures. L'abondance remarquable de ces fragments de bracelets multicolores, de perles, de poteries grossières et de céramiques de Fez s'explique par l'incompatibilité qui a existé de tous temps entre la démarche d'un chameau et les objets fragiles qu'on lui met sur le dos. Au marché de Teghazza, la pacotille était vérifiée, échangée contre le sel et les denrées du Soudan. Autour du troc, les pièces brisées ou défectueuses étaient abandonnées sur le sol. Celles qu'on jugeait dignes de la clientèle noire couraient leur chance vers Oualata, Tombouctou et Gao.

Nos Tadjakants coururent la leur vers Chegga, par Bouir-Ikhleff. Il était fort heureux pour nous que nous n'ayons pas été réduites à leur seule compagnie car, ces braves gens ne possédant, bien entendu, pas de TSF, nous aurions toujours ignoré le message du général Trinquet, capté par le GN, annonçant qu'un sous-officier français et des goumiers chaamba du Touât avaient ordre de venir à notre rencontre, par Toufourine, jusqu'à Teghazza, assurant ainsi généreusement notre sécurité en territoire soudanais.

Le 23 décembre avant le jour, nous quittâmes donc Teghazza avec le GNT, cap au nord.

Indéfiniment, les dunes succédaient aux dunes, nimbées du sable que le vent leur arrachait, tantôt molles ondulations d'un tapis merveilleusement pur, tantôt promontoires, mornes coniques, posés sur un rag de graviers noirs, tantôt masses grandioses, d'une lourde et oppressante majesté, qui dressaient devant nous leurs murs verticaux.

On ruse avec l'obstacle, on se déroute longtemps pour le contourner, pour découvrir son point vulnérable, là où un sommet a à peine creusé entre des dunes jumelles. De biais, on attaque la pente, tirant les chameaux apeurés. La surface lisse, couleur de cuivre, s'écroule aussitôt sous les pas ; on s'y enlise, bêtes et gens ; on chancelle, on chavire dans des remous aveuglants et, s'y débattant, on croit, au lieu de la gravir, y pénétrer.

Toute cette puissance n'est que fluidité. Châteaux de sable géants, montagnes dorées apportées par le vent et que le vent emporte. Jeux du vent à travers le temps et l'espace. Cette crête, but précis de tant d'efforts, si nette dans le vide du ciel jaune, voilà qu'elle n'est plus qu'une mince lame de sable qui se pulvérise dans le vent.

De la brèche croulante, le méhariste arrêté auprès de sa monture contemple un instant cet univers minéral, tourbillonnant et traître, muet, aux teintes métalliques, or et cuivre rose, plein de sourdes menaces et qui nous accable de sa splendeur glacée.

Et puis il s'éloigne sur l'autre versant qui est en pente douce et que le vent du nord, le plus fréquent en ces régions, a strié de plis et de moires comme le sable des grèves après la marée. Il traverse un autre feidj, estompé de fuyante poussière rose, et, patient, cherche un nouveau passage dans une nouvelle muraille, de plus en plus haute à mesure qu'il s'enfonce dans le massif du Chech.

Le vendredi 24 décembre, en neuf heures quarante de marche, nous avons coupé cinq bras d'erg.

L'ordre de halte fut donné près des puisards d'El-Goub, simples trous où stagnait une eau amère, au fond d'un couloir étranglé entre des chaînes de dunes abruptes et continues.

Trop tard pour traverser avant la nuit le dernier massif, le plus épais, 60 m de haut, qui nous séparait encore de Toufourine. Assez tôt pour flâner un peu. De loin, au pied de ces dunes géantes, les chameaux semblaient moutons de bergeries enfantines. Ils s'attablaient en cercle autour d'énormes boules de had isolées, poussées là comme par miracle, et dont le sable rose exaltait l'étonnante verdure. De pâles tamaris s'échevelaient près des puits.

Accroupi en face de nous devant les verres de thé, le vieux guide targui du GNT nous raconta que ce lieu si désert était jadis plus fréquenté.

– C'était le temps des pillards et des caravanes d'esclaves. Les Tadjakants qui remontaient du Soudan passaient toujours par El-Goub. Bien que cette route fût pénible et dangereuse, ils préféraient traverser l'erg dont les hautes dunes les cachaient et où le vent efface vite les traces dans le sable mou… Ce qui les attirait aussi, c'était le puits dont l'eau amère fait gonfler le corps de celui qui en boit beaucoup. Les esclaves arrivaient amaigris par le voyage. Comme leurs maîtres avaient eu soin, deux jours à l'avance, de les priver d'eau afin qu'ils aient bien soif, ils se jetaient avidement sur celle-ci que vous avez crachée avec dégoût. On les ramenait plusieurs fois au puits ; on les forçait à coups de bâton. Quand ils étaient pleins d'eau, ils gonflaient, ils avaient l'air gros et forts et on pouvait les vendre plus cher au marché de Tindouf. Peu à peu, ils redevenaient maigres, forcément, mais les caravaniers disaient que c'était le changement d'air, ou de nourriture, et ils gardaient l'argent. A présent que les Français surveillent le Sahara et défendent d'acheter et de vendre les Noirs, les Tadjakants ont abandonné El-Goub et prennent la piste du sud qui est plus courte et plus facile, comme ceux avec lesquels vous deviez voyager. Bien des caravanes entrées dans l'erg n'en sont jamais ressorties, égarées, mortes de fatigue et de soif. Celui qui perd sa route parmi les grandes dunes, la folie le prend et son frère ne le retrouve jamais…

N'attendez pas que je vous décrive dans un style noblement mélancolique une veillée de Noël au Sahara.

Nous étions quatre sous la guitoune, pressés autour du brasero et de la lampe à carbure, avec l'erg Chech et la tempête tout autour. Nous n'étions pas mélancoliques, mais joyeux et fourbus, et si nous parlions des absents et des fêtes de chez nous, c'était avec tendresse et bonne humeur, et sans mépris pour ce que le hasard nous donnait d'autre. Quatre amis qu'une vie aventureuse, généreuse de joies et de revers, avait habitués à protéger le présent, lorsqu'il était bon, contre les atteintes du passé. Cet humble moment deviendrait un beau souvenir, et il était sage de ne point l'attrister.

On sortit une boîte de fruits, quelques cigarettes de luxe, un fond de bouteille de je ne sais plus quel apéritif, tout cela gardé tout exprès depuis longtemps. Khouirou fit des caramels aux cacahuètes. On cria très fort, on chanta des chansons de Bretagne, on fit un bridge, on raconta des histoires et on rit beaucoup, sans même savoir pourquoi.

Il n'y eut pas de veillée ni de réveillon parce que l'étape du lendemain serait rude et commencerait tôt. Dès 9 heures, ayant noué de rubans bleus, modestement coupés dans une vieille tunique de percale, les cadeaux d'un père Noël africain singulièrement pauvre, nous pûmes envoyer Khouirou les déposer, sous l'œil indulgent de la sentinelle, dans les sandales du lieutenant et du sergent déjà endormis.

Rien de romantique, comme vous voyez, ni de romanesque. Mais on sauva tout ce qu'on put des traditions.

Ce Noël-là commença bien avant le jour, dans un blizzard de sable. Par rafales, le vent du Nord nous jetait le froid des neiges de l'Atlas. Les larmes qu'il nous arrachait se transformaient aussitôt en stalactites de sable, et le sable qui fuyait sous nos pieds nus semblait une eau glacée.

Au creux du feidj, le détachement longeait les dunes. Comme chaque matin, nous marchions près du lieutenant, tâchant de nous maintenir le plus longtemps possible à l'allure de son grand pas régulier que rien ne faisait ralentir. Bientôt essoufflées, nous restions à la traîne le long de la colonne.

Vers 6 h 30, l'aube éclaira une étrange procession de moines rouges, enveloppés de burnous à capuchons pointus, qui grimpaient dans la première passe. Puis le soleil jaillit, vermillon et or, incendia les cimes onduleuses qui, en plein ciel, mouraient et renaissaient indéfiniment les unes des autres et, au moment où nous atteignions la crête, s'épandit sur un enchevêtrement de dunes incurvées et comme échancrées par un couteau géant. Entre elles se creusaient des cirques profonds encore emplis d'ombre.

Le Groupe nomade se faufile dans ce chaos, avec des ruses et des incertitudes, des lenteurs et de brusques élans. Aux montées, les chameaux tombent sur leurs genoux ; aux descentes, ils glissent, le derrière dans des croulements de sable.

Chaque homme suit celui qui le précède ; l'avant-garde suit la mince silhouette du jeune Français solitaire qui marche en tête, les yeux sur les traces du guide et de son compagnon. Ces deux-là, on ne les voit pas, on ne sait d'eux qu'une ligne de traces jumelles qui marque notre route, pour quelques instants, sur les sables vierges – ligne de vie au large de laquelle il n'y a que perdition. Parfois cependant on les découvre, au guet sur une crête, ayant dû faire un détour à droite ou à gauche, loin de l'endroit où on les supposait. Mais ils disparaissent dès que le détachement oblique vers eux. C'est comme dans un rêve ou une légende, la poursuite sans fin d'une proie enchantée.

La colonne avance patiemment vers le nord, s'engloutit dans

des gouffres de brume blonde et sèche, l'officier d'abord, les goumiers aux voiles bleus entraînant leurs montures, les tirailleurs kaki, les chameaux de bât aux charges couleur de guerre, gris fer, brunes, avec les taches rouges des tapis de selle, les blancheurs des couvertures soudanaises. Quelque temps, le retardataire ne voit plus rien qu'une travée de sable bouleversé que le vent lisse en hâte – et son cœur se serre à l'illusion d'être seul, perdu dans cette immensité froide et mystérieuse au fond de laquelle dorment peut-être des caravanes naufragées.

Mais le détachement remonte déjà, loin de la dune derrière laquelle il avait disparu, laboure une pente abrupte et se profile le long d'une crête, à contre-jour : les hommes courbés contre le vent, les chameaux portant les croix de leurs selles touareg, leurs tonnelets, leurs outres de riz, leurs munitions, le matériel de TSF, toutes les chances de vivre des hommes qui les tirent.

Et pourtant ce désert fut habité. Aux temps quaternaires, des hommes y vivaient heureux sur les rives d'un grand fleuve. Voici, au fond des vallées, jonchant le sol de calcaire dur et blanchâtre, leurs outils de pierre noire, grands coups-de-poing piriformes, hachereaux ovales et aplatis, burins, du type acheuléen.

Les traditions des Tadjakants assurent que la tribu des Beni-Mhamid avait ici des palmeraies, mais elles ne disent pas à quelle époque la sécheresse obligea ces Berbères à céder leurs cultures aux dunes envahissantes pour se réfugier au Tafilalet.

Froid intense, non de degrés (3 °C) mais de vent qui traverse tout. En plein midi, j'ai grelotté sous un lourd burnous de tirailleur, en épais drap rouge jeté par-dessus une cape, un costume de ski et deux chandails.

En France, il est d'usage de dire à un voyageur rentrant d'Afrique : « Vous avez dû avoir bien chaud ! » C'est la moindre des politesses. Oui, mais 50 °C à l'ombre, cela s'oublie. Mes souvenirs thermiques les plus vivaces sont de froid. Et ces souvenirs-là sont aggravés par celui des marches forcées que l'on prolonge bien au-delà de sa fatigue pour essayer de se réchauffer et parce que l'on manque du stoïcisme nécessaire pour se tenir immobile en plein vent, perché à 2,50 m dans les airs sur le dos d'un chameau.

Pourtant, après avoir barboté plus de trois heures dans les dunes, il fallut nous résigner à ce supplice, en dépit des sarcasmes du lieutenant. Plus tard, il tint à écrire son rapport personnel sur mon carnet de route :

« 8 h 10 : La "mission", physiquement très éprouvée, perd tout sentiment de dignité et s'accroche aux queues des chameaux.

» 9 h 25 : Elle doit implorer le secours de deux goumiers touareg et de plus imochar, Hommes du voile et de la peur, se riant de la Mort sèche, pour se hisser sur ses chameaux.

» 14 h 45 : Elle reprend quelque espoir en apercevant le puits de Toufourine. Le moral des troupes militaires et assimilées du GNT n'a jamais faibli au cours de cette dure épreuve. »

Cette étape de près de neuf heures, tout le détachement la couvrit entièrement à pied, selon le principe des Groupes nomades coloniaux qui veut que le méhariste épargne son chameau pendant la traversée de terrains particulièrement difficiles.

Les puits de Toufourine ! C'était beau, vu de loin !

De près, ils se réduisaient à quelques entonnoirs secs et à deux petites flaques d'eau bourbeuse où flottaient des crottes de chameau, au pied de la dernière grande dune. Nettoyés une semaine auparavant par les méharistes rencontrés à Teghazza, ils étaient déjà comblés par le sable.

Un de ces trous, un peu à l'écart, fut affecté à nos chameaux qu'on évitait soigneusement de laisser fraterniser avec ceux du GN à cause des deux galeux.

Le creusage des puits coffrés de vieux sbat, qui finirent par livrer une eau infecte mais abondante à goût sulfureux de paille pourrie, le renvoi des deux groupes dans un petit pâturage traversé quelques heures avant Toufourine, l'établissement des divers bivouacs, le remplissage des peaux de bouc occupèrent la majeure partie de l'après-midi.

Nous avions bien projeté un débarbouillage sérieux, espéré depuis Taoudeni, mais deux arrivées inattendues nous laissèrent juste le temps de décaper nos figures et nos mains de la croûte de sable et de crasse qui les recouvrait.

Ce furent d'abord trois de nos Tadjakants, l'air assez piteux. Partis à la recherche d'un point d'eau hypothétique, ils n'avaient pu retrouver leur caravane. D'autres avaient filé encore plus au nord. Qui sait ? Peut-être y en avait-il même sur la route prévue, au sud !... Désorientés, ils s'étaient éparpillés dans l'erg Chech où l'eau est rare et malsaine.

Le gros de la troupe devait arriver à Chegga une dizaine de jours après nous.

Ce qui prouve qu'on peut être d'excellents commerçants et, néanmoins, ne pas constituer exactement l'escorte à laquelle un commandant de Cercle peut, en toute sécurité, confier le sort de deux chargées de mission, surtout si leur voyage doit s'effectuer « sans dépenses pour la Colonie ». Au Sahara, la récupération d'Européens égarés est une entreprise quelquefois vaine et toujours ruineuse.

La seconde arrivée fut le principal événement de la journée : la moitié du Groupe nomade d'Araouane, 3 sous-officiers, 50 goumiers et tirailleurs, 150 chameaux, commandés par un grand diable de lieutenant dont le dynamisme se manifesta bruyamment à la joie de rencontrer son camarade du Timétrine et à la fureur de trouver les puits vidés jusqu'au lendemain. Il venait de Chegga lui aussi et allait rejoindre son capitaine aux pâturages de Taghmanant.

Il s'agissait de fêter cette nouvelle rencontre au mieux des possibilités de chacun.

Les convives apportèrent quelques boîtes de conserve pour les hors-d'œuvre, des couvertures et des tapis de laine pour agrandir notre guitoune. Une grosse boule de had remplaça le gui traditionnel ; j'y suspendis même notre dernière bougie. La boutique ambulante de Khouirou fournit un coupon de percale blanche pour la nappe.

Pendant ces préparatifs, la tempête affouillait le sable en entonnoirs sous les bords de la tente qu'il fallait étayer par des piles de bagages.

Nos compagnons nous ayant discrètement laissé entendre qu'ils seraient contents que ce soit « comme en France » et que, si nous voulions bien mettre des robes… on alla donc quérir des robes tout au fond des cantines cadenassées depuis Tombouctou.

Il fallut encore que Marion montrât à Khouirou comment frire dans l'huile d'arachide des beignets de farine, de sucre et d'eau.

Ces divers travaux terminés, le dîner de Noël réunit sous la petite tente que le vent menaçait d'arracher huit Français et Françaises dont six Bretons – les uns, officiers et sous-officiers, en impeccables tenues blanches, les autres, nous, en toilettes de soirée !

A dire le vrai, la pièce de résistance ne fut que la quotidienne cuvette de riz et l'eau des puisards tint lieu de champagne, mais les beignets de Marion, flambés, toute autre lumière éteinte, avec une petite fiole de rhum destinée aux grippes éventuelles, remplirent honorablement leur rôle de pudding.

Si ce ne fut pas tout à fait « comme en France », ce fut tout de même pour nous, dans le décor fantastique de l'erg Chech, le plus beau des Noëls, un Noël inoubliable : le matin, cette marche sauvage à travers les dunes ; le soir, ce dîner sous un mince abri de toile où quelques Français isolés se faisaient une fête avec ce qui, ailleurs, eût été le dénuement et se serraient les uns près des autres, fraternellement, sous une touffe de had.

Mais ce fut là aussi une fête d'adieu, à nos amis et à notre aventure purement saharienne. Le matin du 25 décembre, nous regardâmes une dernière fois défiler le brave petit détachement grâce auquel l'amitié, le dévouement et la sécurité avaient marché avec nous depuis douze jours.

Aussitôt après, nous nous éloignâmes à notre tour, en direction opposée, sur la « Route du Sel », avec de nouveaux compagnons : un maréchal des logis français et six goumiers chaamba d'une Compagnie saharienne, venus la veille à notre rencontre.

LES LARGES PISTES

La paix est pour le monde ce qu'est le sel pour le pain.

Proverbe arabe.

Toufourine marque les dernières pentes de l'erg Chech qui se perd ensuite vers les plaines et les terrasses rocheuses de la Mdennah.

Peu à peu, les paysages et les couleurs annonçaient le Sud marocain : les aurores et les couchants étaient plus longs et plus vifs, les rochers plus noirs, les sables plus clairs. De jour en jour, la végétation devenait plus fraîche et plus variée : *ascaf* et *rhassal* aux petites feuilles grasses gonflées d'eau salée, *gergyr* amer, frêles crucifères mauves et blanches, *foula* jaune, ce lupin velouté qu'aiment tant les chameaux. Le sable des dunes et le gravier des regouga s'estompaient dans leurs creux d'une vapeur née en une nuit et morte en quelques jours, faite de mille petites feuilles ciselées, rondes ou minces comme des fils soyeux que les chameliers nomment *rebiâ* ou *acheb*, l'herbe verte.

Nous retrouvions aussi les coutumes du Sahara marocain.

Les goumiers chaamba marchaient à l'écart, uniquement soucieux de leurs commodités, sur leurs grandes montures chargées de vêtements, de vivres et d'ustensiles ménagers. Des Maures auraient vécu deux mois avec leurs provisions d'une semaine dont Khouirou s'émerveillait. C'étaient des ksouriens et ils parlaient avec regret de Metlili, de Ouargla et de l'Adrar où leurs femmes les attendaient dans leurs maisons de boue durcie.

Ils avaient de grosses montres ; deux fois par jour, ils faisaient halte, sans s'inquiéter des bêtes qui patientaient souvent sur du sable nu tandis qu'ils cuisinaient longuement leurs ragoûts aux abricots secs et leurs lourdes miches de pain sans levain. Ils s'indignaient lorsque nous exigions de camper avant l'heure du déjeuner sur de beaux pâturages, ou d'attendre d'en trouver. Ils cédaient de mauvaise grâce, humiliés, à cause du mépris que les Arabes et les Berbères du Nord ont pour les femmes. Plutôt que de changer leurs habitudes, ils préféraient cueillir au passage de l'herbe dont ils emplissaient des sacs, comme pour nourrir des lapins.

C'étaient quand même de très braves gens, des bourgeois d'oasis, et fort paisibles tant qu'on les laissait libres d'arranger le voyage à leur guise. D'ailleurs, leurs chameaux, qui leur appartenaient, pouvaient jeûner sans pâtir ; ils étaient gras et forts et allaient bientôt regagner le campement de repos qu'ils venaient de quitter. Les nôtres, qui marchaient depuis Tombouctou, réclamaient plus d'égards après de si longues privations ; les chameaux de bât déclinaient à vue d'œil et nous donnaient bien du souci. Il était évident que les deux galeux et le blessé ne tiendraient pas jusqu'à Tindouf. Mais les trois montures prouvaient par leur bonne mine que des chameaux vigoureux et bien traités pouvaient parfaitement supporter ce voyage et que, si Moulay lui avait obéi, notre ami de Tombouctou aurait vu sa caravane revenir au complet, chargée de marchandises marocaines, ce qui, dès à présent, semblait problématique.

Quant aux deux convoyeurs, délivrés de la discipline du Groupe nomade, ils devenaient chaque jour plus insolents et querelleurs.

Nous avions hâte d'arriver au moins à Chegga.

Ce ne fut que le quatrième soir, près d'Aïn-Cheikh, que nous revîmes des arbres, les premiers depuis Tagant Keyna, avant Araouane, depuis cinq semaines. Ce n'étaient que de petits acacias tordus, décapités, dont les branches horizontales portaient bien plus de longues épines blanches que de feuilles, et un voyageur novice aurait pu s'étonner de notre plaisir à la vue de ces maigres arbrisseaux de jardin chinois. Mais les nomades savent bien qu'un petit arbre vivant annonce beaucoup de bois mort et nous nous réjouissions à l'avance de la flambée qui nous réchaufferait ce soir.

D'ailleurs, l'endroit était charmant : un lit d'oued sablonneux, plein d'herbes et de buissons en fleur, étiré comme une allée sans but au milieu de roches chaotiques. Tout le monde fut d'accord pour y camper. Et l'on entendit à nouveau le joyeux crépitement des feux. Non pas, comme les autres soirs, le feu cuisinier du réchaud, ni le feu avare et clignotant de quelques racines de had, mais un vrai feu saharien, libre et qui montait haut.

Khouirou y jetait en riant des brassées de menu bois dont le pétillement répondait à son rire, et de gros troncs noueux que les flammes saisissaient, rongeaient patiemment et transformaient en fleurs de braise rose et en poussière bleue.

Le feu est l'âme du désert. C'est le bien-être après l'étape, l'ami du solitaire, et le lien entre les compagnons. C'est le foyer, chaque matin abandonné et chaque soir recréé, du nomade et, lorsqu'il aperçoit la tache noire d'un feu ancien sur le sable piétiné, il se sent plus fort parce que le désert n'est pas vide et que d'autres hommes ont passé ici, pareils à lui, et qui ne sont pas encore loin.

Le feu, c'est le cœur chaud et lumineux du campement à l'heure où les hommes se rassemblent pour parler, au bout de la route quotidienne. Les enfants l'allument en jouant, puis ils s'assoient tout près, se tenant immobiles pour essayer de surprendre la danse des génies qui l'habitent et y restent prisonniers jusqu'à ce qu'il s'éteigne. La bouilloire du thé chante sur le feu. Sa lumière fait briller les yeux et les bijoux des femmes. Il est le charme des longues veillées africaines pleines de chansons et de récits. Au milieu des hommes, le feu vit de leur veille et s'endort de leur propre sommeil.

Et le nomade qui voyage loin de sa tribu rêve à tout cela près de son feu de hasard pareil à celui qui brûle devant la tente où repose l'humble bonheur qu'il a quitté.

Feu de nomade, feu hospitalier ; c'est l'appel aux inconnus et le guide de ceux qui sont perdus, et le signe auguste de la sécurité. Malheur à toi, voyageur devant qui le maître de tente se hâte de « tuer » son feu, et prends un autre chemin : on ne veut ni te poursuivre ni te trahir, mais aucun ami ne t'attend ici.

Tant que le feu brûle haut et clair, il n'y a que « la Paix, rien que la Paix », puisque chacun peut se réjouir sans crainte d'être vu.

C'est pourquoi le premier soin des caravaniers, sitôt qu'ils ont libéré leurs chameaux, est de chercher du bois, ou des racines, ou la plus misérable paille, et d'en faire jaillir la flamme autour de laquelle ils vont nouer leur cercle fraternel.

Et parce que les feux se sont allumés, ce soir, pour la première fois depuis bien longtemps, le maréchal des logis est venu partager notre thé et s'attarde à nous confier ses projets et le plaisir qu'il a eu de ce voyage qui est pour lui, nouvel arrivé, la révélation de la vie de brousse. Les Chaamba ont invité nos gens ; on entend des voix amicales, des rires. Et Rachid, assis entre Marion et moi devant le feu qui se reflète dans ses larges yeux d'or, oublie la faim qui le rendait hargneux depuis quelques jours et ronronne comme autrefois, épaulé à Marion dont il lèche tendrement la joue.

Soudain, les trilles d'une flûte s'élancent dans l'immense nuit, préludant à d'interminables mélopées algériennes, aiguës et nasillardes et obsédantes.

Musiques de bergers, ronron d'un guépard, tintement des verres sur les plateaux de cuivre, et le crépitement du feu, et le bris des tiges vertes entre les dents d'un chameau – harmonie heureuse d'un dernier souvenir saharien, moment précieux enveloppé d'un silence si profond que les rumeurs et les musiques peuvent à peine l'entamer.

Les cantilènes des oasis se sont tues. A présent s'élève doucement un air du Sud, la chanson du lion qui poursuivit la fille d'un chef et son troupeau, longtemps, jusqu'à ce qu'un esclave accourût, puisant dans son amour secret pour la jeune fille la force et le courage de tuer le lion. Entre les lèvres de Khouirou, la flûte des Chaamba raconte la naïve aventure, avec des inflexions mineures, sur le rythme syncopé de la peur et des sanglots. Et la Bête rugit dans la flûte, et la Belle se lamente, et l'obscur amoureux la console en murmures plaintifs et fluides comme le souffle d'une brise sur un pâturage après les pluies, ou le ruissellement d'une source parmi les herbes, là-bas, dans les montagnes du Tagant.

Et Khouirou met dans sa chanson toute la nostalgie de son cœur ingénu.

Car Khouirou, loin de se réjouir de toucher enfin au terme du voyage, se montrait soucieux. Son pays bien-aimé semblait maintenant un paradis perdu, inaccessible, au-delà de régions redoutables qu'il ne pourrait jamais traverser tout seul. Pour lui, ce désert qui s'étend du Draa aux premières palmeraies de l'Adrar mauritanien était toujours le domaine des légendaires R'Gueïbat, razzieurs de pauvres nègres, qui avaient même failli voler son père à Tidjikja quand il était un petit enfant nu, jouant sans méfiance sous les dattiers, autrefois, « avant les Français ». Khouirou serait capturé à son tour, emmené en esclavage, vendu, et il mourrait au Rio de Oro d'ennui et de chagrin.

Nous avions beau lui assurer que les officiers de Tindouf et de Bir-Moghrein organiseraient sagement son voyage de façon à ne laisser aucune chance aux R'Gueïbat de s'enrichir d'un esclave à ses dépens, Khouirou hochait la tête avec tristesse.

– Non, non, madame, les Français du Maroc, c'est pas même chose, c'est pas gens de mon pays.

Khouirou avait ses idées sur la colonisation française. « Gens de son pays », c'étaient non seulement les Maures et leurs serviteurs noirs, ses frères, mais aussi les Français qui les protégeaient. Il y avait une tribu de Français spécialement consacrés à la défense des intérêts des Maures ; ils portaient des casques et des ancres dorées, ils connaissaient les chameaux, les palmeraies, les routes et les puits ; tous les ennemis des Beidân étaient leurs ennemis, et ils les avaient vaincus. On avait le devoir de leur obéir mais aussi le droit de compter sur leur protection. Dans le Nord, vivait une autre tribu française, mystérieuse, dont la marque était le croissant et qui gouvernait les ennemis des Maures, comme les Français aux ancres gouvernaient les Maures eux-mêmes. Khouirou n'avait ni devoirs envers eux ni droit à leurs faveurs.

A moins donc que les Madames ne consentent à revenir en Mauritanie où il ferait toutes choses belles et bonnes pour elles, il ne boirait plus jamais son thé dans la maison de son père Cheikh Ali, il ne reverrait plus sa mère, ni ses frères, ni la jolie Khoukaïa qu'il saluait toujours, après ses parents, son chef de tribu et l'interprète du poste, dans les lettres qu'il nous dictait ! Et Khouirou se désolait de plus belle jusqu'à se faire gronder.

De quoi se plaignait-il, lui que sa route ramenait vers le grand pays d'or que nous devions quitter pour un monde dont sa libre beauté et sa simple noblesse nous avaient pour toujours détachées ? Ferions-nous jamais plus notre joie, comme les autres femmes, d'une maison immuable, de jardins clos, de meubles luisants et de robes douces, et de serviteurs indifférents qui ne seraient pas des compagnons et ne nous diraient point, avec un sourire fraternel, comme celui-ci nous apportant une jatte de lait : « Sourd est celui qui n'entend pas ce que le cœur demande avant que la bouche l'ait dit » ?

Le lendemain, 31 décembre, nous nous abattions comme de voraces sauterelles sur le poste de Chegga.

S'il n'est pas agréable pour les occupants d'un poste de brousse rationnés à la portion congrue de recevoir une caravane de crève-la-faim, le lieutenant, les sous-officiers et les légionnaires de Chegga n'en laissèrent rien paraître et nous prodiguèrent, avec une gentillesse émouvante, des secours matériels qui devenaient urgents.

Accroché au bord d'un des gigantesques gradins de la falaise du Hank, Chegga surveille au nord-ouest la pénéplaine désertique du Karet. On est surpris de voir dans ce paysage austère ce petit château fort coiffé des dômes blancs de ses qoubba et d'y entendre résonner le travail d'une compagnie motorisée. Légionnaires en bourgerons et Chaamba en burnous voisinaient dans la grande cour intérieure. Et les Chaamba regardaient avec quelque dédain les puissantes voitures dont les Français étaient si fiers. Les corvées de bois, comme tout le ravitaillement, se faisaient en auto, mais les alentours étaient vides de tentes, de cases, de nomades et de bêtes et, dans ce Sahara, il était bien plus facile de trouver un camion qu'un chameau.

A l'exception de deux pauvres bêtes malades, gravement blessées aux pieds, qui resteraient près du poste dans un petit ravin herbeux, nous avions renvoyé nos convoyeurs et notre troupeau à Aïn-Cheikh, avec des provisions de goudron pour badigeonner les galeux, sous la surveillance des Chaamba qui y gardaient leurs montures.

Les onze jours passés à Chegga furent des jours heureux.

La falaise du Hank, avec ses deux ou trois terrasses de grès primaires creusées de grottes et d'étangs, coupées de ravins profonds, semblait dès le premier coup d'œil un lieu d'élection de l'art rupestre, Parmi les pierrailles, nous ramassions par centaines de petits outils de silex et de quartzite finement taillés : lames, poinçons, grattoirs ronds et ovales, perles plates comme de grosses paillettes découpées dans des coquilles d'œufs d'autruche, tessons de poteries anciennes.

Le lieutenant se passionnait pour nos recherches, et c'était un précieux auxiliaire. Toute la journée, nous courions la montagne, dessinant les troupeaux de bovidés, les éléphants, girafes, bouquetins, outardes et gazelles que des artistes avaient naïvement tracés sur les roches de grès sombre[1].

A 25 km au sud, près du puits d'El-Kseïb, les dalles bordant le ravin étaient gravées d'un lacis de spirales, volutes et méandres enchevêtrés où des animaux semblaient pris.

Parfois, des grottes nous livraient un aperçu de la vie artisanale aux temps néolithiques. Le sol en était jonché d'outils délicats, abandonnés parmi les déchets du travail de taille. Il y avait des ateliers de lames minces et longues, gris pâle, qui ressemblaient à des plumes d'oiseau, des ateliers de perles, de grattoirs vert jade, ou orangés, et de pointes de flèches. Chacun avait sa spécialité, son style et sa couleur de prédilection. Au fronton des grottes, l'habitant avait gravé quelques signes, à la place où l'on écrit le nom ou l'enseigne d'une boutique, qui étaient peut-être une protection.

Maintenant, tout était déserté ; il n'y avait plus de vivant que le poste militaire, son jardin de palmiers, de ricins et de

1. Voir planche p. 217: *Gravures rupestres de Chaaba en-Nakhlat.* 1) Antilope. Remarquer la stèle ornée d'un disque et qu'une ligne piquetée relie aux pattes de l'animal. 2) Autruche surmontée d'un signe en forme de flamme. 3) Animal ailé indiqué, sans trait de contour, par un grattage réservant des taches unies sur la tête et le flanc. 4) Antilope à longues cornes ressemblant à l'*Oryx beisa* ; une tache unie a été réservée sur l'épaule. 5) et 6) On rencontre assez fréquemment dans cette station ces idéogrammes représentant probablement l'Homme. M. de la Roche a trouvé aux îles Marquises des idéogrammes identiques et toute une série de variantes et de simplifications. 7) Figure ornementale, s'apparentant peut-être aux idéogrammes précédents. *Gravures rupestres d'El-Kseïb du Hank.* 8) Deux outardes accompagnées de volutes et d'une stèle. 9) Autruche se détachant sur un décor de méandres, plus ou moins profondément gravés, caractéristiques de cette station. 10) Quadrupède portant sur son dos une grande spirale. 11) Figure analogue aux « Bateaux des Morts » égyptiens. 12) Éléphant.

Ces figures, mesurant de 25 à 60 cm, sont indiquées par grattage et piquetage plus ou moins creux et régulier sur les roches de grès brun noirâtre ; la patine des gravures est généralement un peu plus claire que celle des roches, parfois aussi foncée comme, par exemple, le n° 10. (Voir O. du Puigaudeau et M. Sénones, « Gravures rupestres du Hank », *Bull. Soc. Préhist. fr.*, XXXVI, n° 11, nov. 1939, p. 437-453.

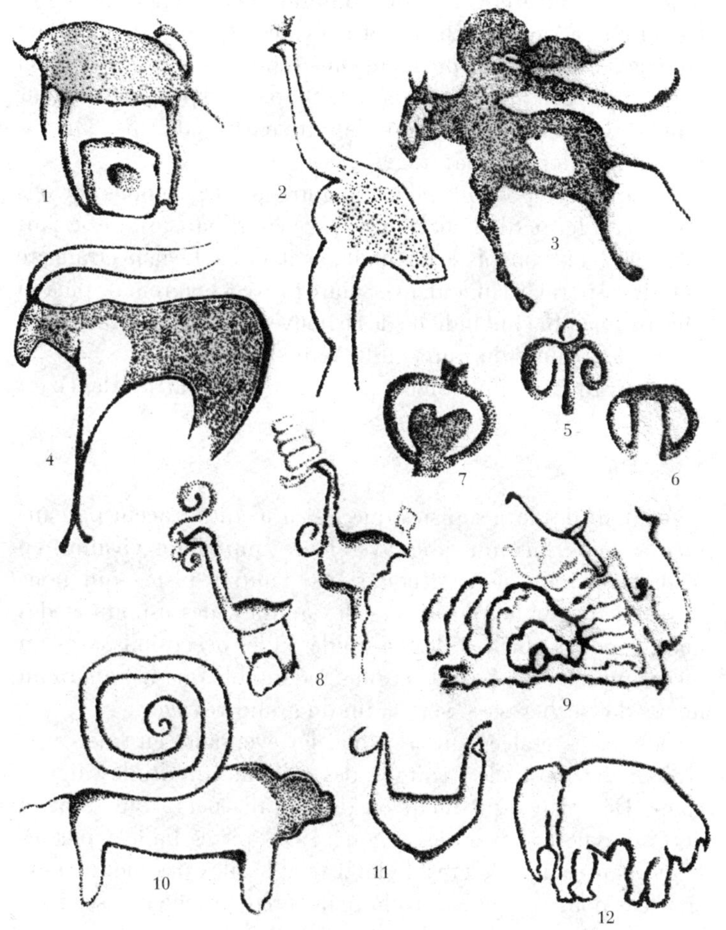
1
2
3
4
5
6
7
8
9
10
11
12

légumes français, et les grands corbeaux qui sans relâche tournoyaient dans le ciel froid.

Les deux chameaux qui erraient tristement dans le petit bois d'acacias moururent. Lorsque Ramdhân et Amar ramenèrent les autres d'Aïn-Cheikh, il parut évident que les malheureux chameaux de bât ne pouvaient plus rendre aucun service d'ici longtemps. Il semblait que la détente de ce repos, loin de leur rendre des forces, les avait définitivement abattus. On les reconduisit donc au pâturage.

Puisqu'on ne pouvait en louer d'autres à Chegga, nous devions renoncer à fermer la boucle du voyage en méharistes. Le 12 janvier 1938, un convoi de ravitaillement de la Légion étrangère nous transporta à Tindouf, avec notre brave Khouirou, de plus en plus triste, et Rachid indigné de ce nouveau mode de transport, à travers les plaines du Karet et du Yetti.

Il y avait juste une année que nous étions parties de Tiznit vers le sud.

Au bout des larges pistes que les caravanes tracent patiemment à la surface du sable avec leurs empreintes vivantes en forme de cœur, nous découvrions d'autres pistes qui nous ramenaient par le Maroc vers des amitiés, des espoirs et des joies, vers le bruit, vers les lassitudes et les déceptions, vers un inconnu plus imprévisible et plus redoutable que le Sahara au temps des sécheresses, vers la fin du grand voyage…

Des pistes étalées sur le sable, en éventails, en faisceaux, croisées ou parallèles, comme des rails aux multiples aiguillages. Des pistes qui filent en deux traits nets, tout droit, à perte de vue à travers les regouga. Des pistes taillées par les Légionnaires dans le grès, la latérite et le silex des montagnes; creusées pour toujours dans la poussière de roche écrasée sous les roues des camions et des autos blindées.

Chegga, Tindouf, Foum-el-Hassan, la muraille du Bani.

Trois jours, des centaines de kilomètres au cœur d'un paysage minéral, rouillé, oxydé, noirci.

La Légion s'est hâtée de combattre et de vaincre pour bâtir l'œuvre de paix. Leur tâche accomplie, les Constructeurs de routes ont déposé la pioche pour marquer leur sceau orgueilleux, en cailloux brillants comme le fer ou en culs-de-bouteille enfoncés dans le sol. Et, de loin en loin, le dur soleil d'Afrique fait étinceler la Grenade à sept flammes au bord de la piste qui amène l'ordre et la sécurité.

Les larges pistes…

On les appelle Voies impériales. Elles sont chaque jour mieux repérées, plus longues et plus nombreuses.

Mais le chameau est le vrai conquérant du Sahara, et les pistes éphémères qu'il trace depuis quinze cents ans, au gré des saisons et des puits, sont aussi des Voies impériales par où se maintiennent, avec la prospérité, la vie morale et matérielle des nomades.

Tombouctou-le Maroc, c'est un grand voyage. Sur cette route séculaire, les caravanes cheminent tous les ans plus nombreuses, plus riches, plus confiantes. Amoindri de ses caravanes, le Sahara serait comme une mer sans voiliers, et le sel du désert n'aurait plus le même goût.

ÉPILOGUE

Voici les résultats de ce voyage :

Quatorze mois d'absence dont un an au Sahara occidental;

6 500 km parcourus à chameau et à pied en deux traversées du Sahara et diverses tournées – soit 10 000 km d'itinéraires sahariens en nos deux voyages, 1934 et 1936-1938;

118 stations inédites de préhistoire ont été visitées, dont 98 gisements d'outillage lithique et 20 stations de gravures et peintures rupestres;

Des fouilles ont été effectuées pour la première fois à Teghazza;

Des collections d'objets préhistoriques et modernes, des fossiles, herbiers, insectes, fulgurites ont été remis au Musée de l'Homme et à divers laboratoires du Muséum;

Nous avons rapporté 2 000 photographies de nos itinéraires et une abondante documentation sur les coutumes, arts, travaux, légendes, superstitions, fables des nomades sahariens.

Khouirou a définitivement adopté la profession de dioula pour laquelle il montrait des dons si remarquables. Quelque temps après notre retour en France, il nous a écrit qu'après un excellent voyage, au lieu de rentrer au Tagant, il avait pris une patente d'un an à Atar, qu'il nous saluait nuit et jour et qu'il appelait sur nous la bénédiction de Dieu.

Nous avons rapporté un guépard, mais ceci est une affaire privée.

Nous sommes trois maintenant à remuer des souvenirs, à regretter, à espérer.

Il faut repartir.

Quand repartir ?

Comment repartir ?

Nous repartirons… Bientôt !

Tiznit, janvier 1938.
Manoir de Kervaudu, décembre 1939.

LEXIQUE

Aklé : Massif de dunes vives enchevêtrées.

Aouli : Bande de cotonnade (guinée) bleu indigo foncé, mesurant 3,50 m x 0,80 m, que les Maures enroulent autour de leur tête et de leur cou de façon à pouvoir à volonté cacher leur visage.

Ascaf : *Traganum nudatum*. Chénopodiacée. Touffes ligneuses à petites feuilles serrées, épaisses, gonflées de sève salée. Pâturage laxatif pour les chameaux.

Atil : *Mœrua crassifolia*. Caparidacée. Arbre très recherché des chameaux, moutons et chèvres. A maturité, ses fruits en longues gousses, pleins d'un jus sirupeux, sont comestibles. Les Maures coupent les petites branches vertes en bâtonnets *(messouak)* dont ils se frottent les dents.

Baraquer : De l'arabe *berrek*, s'agenouiller. Faire accroupir les chameaux pour monter sur leur dos ou en descendre.

Bismillah! : Abréviation de la formule : « Au nom de Dieu le Clément et le Miséricordieux ! » inscrite au début de chaque sourate du Coran. Les musulmans prononcent cette invocation abrégée avant chacune de leurs principales actions.

Boubou : Blouse vague, courte, faite d'une étoffe pliée aux épaules et ouverte d'un trou pour passer la tête. Mot usité par les Noirs.

Chandorah : Guinée. Cotonnade à tissage peu serré d'importation européenne, teinte à l'indigo en bleu très sombre à reflets violacés. Cette teinture grasse déteint fortement sur la peau qu'elle protège, prétendent les Maures, contre les brûlures du soleil et du vent. On en fait les robes des femmes, les turbans et pantalons des hommes, les tuniques des serviteurs. La pièce de guinée ou chandorah, qui mesure 15 m et vaut de 45 à 80 francs selon les régions, sert encore souvent d'unité monétaire.

Cif : Sabre, lame. Par analogie, la mince arête incurvée des dunes.

Dar : Maison (cf. *douar* : village). Par extension, muraille, d'où falaise verticale, abrupte comme une muraille, d'un plateau. Ex. : *Dahar Adrar*.

Délou : Poche en cuir faite d'une peau de chèvre coulissée à un cercle de fer et suspendue à une corde, servant à puiser l'eau.

Dera, pl. *derariâ* : Longue et ample tunique d'homme, en percale bleue, blanche ou noire, pliée aux épaules, échancrée d'une ouverture triangulaire pour passer la tête, couvrant les bras et ouverte sur les côtés. A hauteur des mollets, les quatre coins sont cousus deux à deux. Une ceinture de cuir ou de laine tressée en retient l'ampleur autour de la taille.

Dia : Indemnité, amende.

Dioula : Commerçant nomade.

Eisen : Arbuste dont les graines décortiquées sont mangées par les Maures et les Noirs du sud-est de la Mauritanie.

Erg : Massif de dunes plus ou moins importantes.

Faro : Couverture faite de peaux d'agneaux noirs, taillées en grands rectangles réunis par des lanières de cuir rouge. Ces peaux sont tannées et cousues par les femmes des forgerons. Un faro moyen mesure environ 4 m de long sur 2 m de large.

Foula : Sorte de lupin à fleurs jaunes. Excellent pâturage.

Gergyr : *Schouwia purpurea.* Plante herbacée à fleurs violettes, à grandes feuilles vert foncé, un peu épaisses, à saveur âcre et salée, qui croît au bord des sebkhas.

Goumier : De *goum* : se lever, debout. Soldat méhariste volontaire, Maure ou Touareg à la solde des Français.

Guelb, pl. *eglab* : Cœur. Par analogie : piton, montagne isolée et conique.

Guerba, pl. *greb* : Peau de bouc servant à transporter et conserver les liquides.

Had : *Cornulaca monacantha*, Chénopodiacée. Grosses touffes ligneuses et basses à petites feuilles serrées, grasses et piquantes, d'un vert grisâtre. Un des meilleurs pâturages pour les chameaux.

Hammada : Sommets horizontaux de plateaux sahariens, formant de vastes plaines couvertes de dalles, cailloux ou graviers.

Hartani, pl. *haratine*, fém. *hartania* : Affranchi, serviteur noir, descendant des anciens esclaves.

Hodh : Abreuvoir pour les bestiaux. Poche en peau de bœuf froncée sur un cercle et suspendue à des arceaux de bois. Par analogie, la dépression du Hôd, bien pourvue d'eau et de pâturages, au pied des falaises de Oualata et de Néma.

Ifernân : *Euphorbia balsamifera.* Cette euphorbe à petites fleurs jaunes couvre en Mauritanie d'immenses surfaces, particulièrement le long du littoral et dans la partie orientale du Tagant. Son latex est employé par les indigènes pour soigner la gale des chameaux.

Ilouich : Peau de mouton à laine, blanche de préférence, que l'on étend sur la selle pour la rendre plus confortable.

La illah ill Allah! : Il n'y a de dieu qu'Allah! fragment de la Chehâda ou profession de foi musulmane que les Maures aiment à répéter à toute occasion, le plus souvent possible.

Lebda : Coussin plat, triangulaire, en cuir décoré, bourré de paille et doublé de fourrure, que l'on place sous la selle pour éviter qu'elle ne blesse l'échine du chameau.

Maghreb : Le soleil couchant. Le Maroc. C'est aussi le nom d'une des cinq prières quotidiennes : *çoubh*, qui se fait entre le moment où le ciel s'éclaire et le lever du soleil; *zôhr*, aussitôt après l'heure de midi; *azer*, au milieu de l'après-midi, *maghreb* entre le coucher du soleil et la disparition de son reflet à l'horizon; *ichâ*, au début de la nuit.

Mâllem, pl. *mâllemine*, fém. *mâllema* : Forgeron, artisan. On les appelle aussi Yohoud, Juif, parce qu'ils sont d'origine juive. L'homme travaille le bois, la corne, la pierre et les métaux; à la femme sont réservés les travaux du cuir.

Marabout : De *merâbet*, homme du monastère, dont nous avons fait *almoravide*. Caste des savants *(taleb)* et religieux, de race berbère. Leurs élèves se nomment *talmidi*, *telamid*.

Mechbour : Petite troupe de moins d'une vingtaine d'hommes.

Morkba : Contraction de *Oum-Rokba*, la Mère-aux-genoux. Graminée à tige noueuse, très abondante. Fourrage pour les bestiaux. La graine, de la grosseur du petit mil, est mangée par les Maures pendant les périodes de famine. Les tiges hautes et dures forment la trame des nattes dont la chaîne est constituée par de fines lanières de cuir teint en diverses couleurs.

Moulana : Nom par lequel les Maures désignent habituellement Allah.

Niébé : Haricot indigène.

Oglat, pl. *ôgol*, *aguelt* : Puisard peu profond.

Oued, pl. *ouadi*, *ouidân* : Lit d'une rivière temporaire.

Rag, pl. *regouga* : Plaine dure et caillouteuse.

Rahla, pl. *rouahel* : Selle de chameau des Maures ; la « voyageuse ».

Rebatna : Caravane qui monte de Tombouctou à Taoudeni, deux fois l'an, pour le ravitaillement et la relève des mineurs.

Rhassal : *Halocnemon strobilaceum*. Petite plante d'un vert vif, à petites feuilles globuleuses et aqueuses, qui croît dans les terrains salés.

Sbat : Nom maure du *drinn* soudanais, *alfa* dans le Nord. *Aristida pungens*. Les épis encore verts de cette graminée se nomment *illig* ; les chameaux, moutons et chèvres en raffolent ; ils en mangent également les feuilles et les tiges, fraîches ou sèches. La paille de *sbat* sert à fabriquer des cordes à bouche, des objets de sparterie et des bâts d'âne et de chameau.

Sebkha : Saline. Vallée ou cuvette à terrain argilo-siliceux plus ou moins riche en sel et en natron. Mines de sel gemme.

Siroual, pl. *seraouil* : Pantalon de cotonnade très large coulissé à la taille sur une courroie, et tombant jusqu'aux genoux chez les Maures ou jusqu'à la cheville chez les Noirs du Soudan, les Touareg et les nomades du Nord.

Talha : *Acacia tortilis*. Mimosacée. L'arbre le plus répandu au Sahara, et le plus utile. Les troupeaux sont très friands de ses petites feuilles, de ses branches vertes, de ses fleurs en houppes blanches et parfumées et, surtout, de ses gousses vertes. L'écorce et les feuilles servent au tannage des peaux. Son bois très dur sert à faire des panneaux de portes, des manches de haches, des pilons à mil et bien d'autres objets. Les longues épines blanches servent à cheviller les selles et à épingler les étoffes des tentes. Enfin, les Maures fabriquent des cordes avec les fibres de son aubier.

Tassoufra, pl. *tisoufren* : Grand sac en cuir de mouton pour le transport des vêtements et provisions des nomades. Les artisanes, auxquelles ce travail est réservé, tannent et cousent les peaux, les teignent de diverses couleurs et ornent ces sacs de dessins bariolés, de longues franges et d'appliques de peau ciselée et ajourée. L'ouverture est coulissée dans un cadenas de cuivre. Aux deux bouts de la *tassoufra*, des cordelières de cuir permettent de l'attacher solidement derrière la selle, sur la croupe du chameau.

Tourdja : *Calotropis procera*. Arbuste à fleurs mauves veloutées, à grandes feuilles vert amande contenant un suc laiteux. Les graines ailées sont enveloppées dans une coque verte qui s'ouvre à maturité ; les Maures se servent de la bourre et des aigrettes qui emplissent cette coque en guise d'amadou. Les femmes emploient les larges feuilles du *tourdja* pour envelopper et conserver humides les cataplasmes de henné dont elles se rougissent les pieds et les mains. Le bois, très léger, sert à divers ouvrages de menuiserie et, particulièrement, à faire des flotteurs de filets de pêche.

TABLE

DU MÊME AUTEUR

AUX ÉDITIONS PHÉBUS

Pieds nus à travers la Mauritanie (1933-1934), 1992.
(également en collection « libretto »)
Tagant. Au cœur du pays maure (1936-1938),1993.

CHEZ D'AUTRES ÉDITEURS

La Grande Foire aux dattes, Plon 1937.
Ouvrage couronné par la Société des Gens de Lettres.

La Route de l'Ouest (Maroc-Mauritanie), J. Susse, 1945.
Ouvrage couronné par l'Académie française.

Grandeur des îles, Julliard, 1946.
Ouvrage réédité en 1989.

Mon Ami Rachid, guépard, Albin Michel, 1948.

La Piste Maroc-Sénégal, Plon, 1954.

Le Passé maghrébin de la Mauritanie,
ministère d'État chargé des Affaires islamiques, Rabat, 1962.

des livres au format de poche
faits pour durer

JEAN AICARD
Maurin des Maures

DANIEL ARSAND
La Province des Ténèbres

MAX AUB
Crimes exemplaires

Les Aventures de Sindbad le Marin
Les Aventures de Sindbad le Terrien

VLADIMIR BARTOL
Alamut

VICKI BAUM
Shanghaï Hôtel

SYBILLE BEDFORD
Visite à Don Otavio :
une Anglaise au Mexique

MATHIEU BELEZI
Le Petit Roi

SARAH BERNHARDT
Ma double vie

NEIL BISSOONDATH
Retour à Casaquemada

T. C. BOYLE
Water Music
La Belle Affaire

PAUL DE BRANCION
Le Château des étoiles

FAWN BRODIE
Un diable d'homme
Sir Richard Burton ou le démon de l'aventure

PATRICK CARRÉ
Le Palais des Nuages

CHRISTIAN CHARRIÈRE
La Forêt d'Iscambe

MATT COHEN
Le Médecin de Tolède

W. WILKIE COLLINS
La Dame en blanc
Pierre de Lune
Sans nom
Armadale
Cache-Cache
Basil

FRANCISCO COLOANE
Le Passant du bout du monde
Tierra del Fuego
Cap Horn

CHRISTIAN DEDET
La Mémoire du fleuve
Le Secret du Dr Bougrat

DANIEL DEFOE

Histoire générale des plus fameux pyrates (2 vol.)
I. Les Chemins de Fortune
II. Le Grand Rêve flibustier

PAUL DEL PERUGIA

Les Derniers Rois mages :
chez les pasteurs-poètes du Rwanda

ANDRÉ DHÔTEL

Lumineux rentre chez lui
Ma chère âme
Un jour viendra
Pays natal
Ce lieu déshérité
Les Premiers temps
Ce jour-là
Le Soleil du désert
Les Disparus

SIR ARTHUR CONAN DOYLE

La Compagnie blanche
Sir Nigel

MARGARET DRABBLE

La Voie radieuse

DAPHNÉ DU MAURIER

Le Bouc émissaire
Mary Anne
Le Général du roi

RAYMOND DUMAY

Le Rat et l'Abeille :
court traité de gastronomie préhistorique

JOSEPH VON EICHENDORFF

Scènes de la vie d'un propre à rien

JOHN M. FALKNER

Moonfleet

SERGE FILIPPINI
L'Homme incendié

PETER FLEMING
Courrier de Tartarie

Fourmis sans ombre :
le livre du haïku

LOUIS GARNERAY
Corsaire de la République
Le Négrier de Zanzibar
Un corsaire au bagne

CARLO GOZZI
Mémoires inutiles :
*chroniques indiscrètes de Venise au XVIII*e *siècle*

ARMEL GUERNE
Les Romantiques allemands

SHUSHA GUPPY
Un jardin à Téhéran

HUGO HAMILTON
Berlin sous la Baltique

THOR HEYERDAHL
L'Expédition du « Kon-Tiki »
Aku-Aku :
le secret de l'île de Pâques

E. T. A. HOFFMANN
Fantaisies
Le Chat Murr
Contes nocturnes
Les Élixirs du diable
Princesse Brambilla

WASHINGTON IRVING
Contes de l'Alhambra

Italia magica

ALEXANDER KENT
Cap sur la gloire
Capitaine de Sa Majesté
Mutinerie à bord
Toutes voiles dehors
En ligne de bataille
Ennemi en vue
A rude école

HEINRICH VON KLEIST
La Marquise d'O... et autres nouvelles

JEAN-BAPTISTE LABAT
Voyage aux Isles

GILLES LAPOUGE
Les Pirates

LAURIE LEE
Rosie ou le goût du cidre
Un beau matin d'été :
sur les chemins d'Espagne (1935-1936)

MEYER LEVIN
Crime
Frankie & Johnnie

MARCEL LÉVY
La Vie et moi

NORMAN LEWIS
Le Sicilien
Naples 44
Comme à la guerre

M. LEWIS et W. CLARK
Far West (2 vol.)
I. La Piste de l'Ouest
II. Le Grand retour

LUDWIG LEWISOHN

Le Destin de Mr Crump

Crime passionnel

Le Livre des Ruses :

la Stratégie politique des Arabes

JACK LONDON

Le Peuple d'en bas

Les Enfants du froid

John Barleycorn

(Le Cabaret de la Dernière Chance)

Patrouille de pêche

(Les Pirates de San Francisco)

Le Fils du Loup

Le Vagabond des étoiles

La Route

(Les Vagabonds du rail)

Martin Eden

Contes des mers du Sud

La Vallée de la Lune

Le Loup des mers

Avant Adam

Sur le ring

Le Talon de fer

L'Appel sauvage

(L'Appel de la forêt)

Parole d'homme

La Petite Dame dans la Grande Maison

Les Mutinés de l'« Elseneur »

Michaël, chien de cirque

Radieuse Aurore

Fils du Soleil

PIERRE MAC ORLAN

L'Ancre de Miséricorde

JEAN MALAQUAIS

Les Javanais

FREDERIC MANNING

Nous étions des hommes

PATRICIO MANNS

Cavalier seul

NICCOLO MANUCCI

Un Vénitien chez les Moghols

ROBERT MARGERIT

L'Ile des Perroquets

La Terre aux Loups

La Révolution (4 vol.)

I. L'Amour et le Temps

II. Les Autels de la peur

III. Un vent d'acier

IV. Les Hommes perdus

CHARLES MATURIN

Melmoth

Les Mille et Une Nuits, tome I :

Dames insignes et serviteurs galants

Les Mille et Une Nuits, tome II :

Les Cœurs inhumains

Les Mille et Une Nuits, tome III :

Les Passions voyageuses

Les Mille et Une Nuits, tome IV :

La Saveur des jours

NICHOLAS MONTSERRAT

La Mer cruelle

CHARLES MORGAN

Portrait dans un miroir

JAMES MORIER

Les Aventures de Hadji Baba d'Ispahan

Les Aventures de Hadji Baba en Angleterre

ABOU-ABDALLAH MOUHAMMAD AL-NAFZAWI

La Prairie parfumée où s'ébattent les plaisirs

C. NORDHOFF ET J. N. HALL

L'Odyssée de la « Bounty » (3 vol.)

I. Les Révoltés de la « Bounty »

II. Dix-neuf hommes contre la mer

III. Pitcairn

FLANN O'BRIEN

Le Troisième policier

L'Archiviste de Dublin

JOSEPH O'CONNOR

Desperados

Inishowen

BERNARD OLLIVIER

Longue marche (3 vol.)

I. Traverser l'Anatolie

II. Vers Samarcande

III. Le Vent des steppes

FERDYNAND OSSENDOWSKI

Bêtes, hommes et dieux :

à travers la Mongolie interdite, 1920-1921

JEAN-PIERRE OTTE

L'Amour au jardin

CHARLES PALLISER

Le Quinconce (5 vol.)

I. L'Héritage de John Huffam

II. Les Faubourgs de l'Enfer

III. Le Destin de Mary

IV. La Clé introuvable

V. Le Secret des Cinq Roses

ROBERT PENN WARREN

L'Esclave libre

LEO PERUTZ

Le Cavalier suédois

Le Judas de Léonard

ANTOINETTE PESKÉ
La Boîte en os

PESKE-MARTY
Ici le chemin se perd
La Poésie arabe

CATHERINE POZZI
Journal 1913-1934

FREDERIC PROKOSCH
Ma sauvage Amérique

ODETTE DU PUIGAUDEAU
Pieds nus à travers la Mauritanie
Le Sel du désert

KEITH RIDGWAY
Mauvaise pente

EMMANUEL ROBIN
L'Accusé

MARTINE ROFFINELLA
Elle

Le Roman d'Aladin

RAFAEL SABATINI
Captain Blood

GEORGE SAND
Consuelo
La Comtesse de Rudolstadt

DEBORAH SCALING KILEY
Albatros

OLIVE SCHREINER
La Nuit africaine

MARCEL SCHWOB
Œuvres

CLAUDE SEIGNOLLE
La Malvenue
Intégrale des Romans et Nouvelles
Les Malédictions ☆
Les Malédictions ☆☆
La Nuit des Halles ☆☆☆

SIR ERNEST SHACKLETON
L'Odyssée de l'« Endurance »

CHARLES SIMMONS
Les Locataires de l'été

WALLACE STEGNER
Vue cavalière
La Vie obstinée
Angle d'équilibre

ROBERT LOUIS STEVENSON
La Route de Silverado :
en Californie au temps des chercheurs d'or
Intégrale des Nouvelles (2 vol.)

ADALBERT STIFTER
L'Homme sans postérité

Sublimes paroles et idioties de Nasr Eddin Hodja

MATHIEU TERENCE
Les Filles de l'ombre

AHMAD AL-TIFACHI
Les Délices des cœurs

DOMINIQUE TORRÈS
Esclaves

EDWARD JOHN TRELAWNEY
Mémoires d'un gentilhomme corsaire

WILLIAM TREVOR
En lisant Tourgueniev
Ma maison en Ombrie
Lucy

MARC TRILLARD
Eldorado 51

VAMBA
Giannino furioso

JAN VAN DORP
Flamand des vagues

DANIEL VAXELAIRE
Les Mutins de la liberté

SVETLANA VELMAR-JANKOVIĆ
Dans le noir

MICHEL VIEUCHANGE
Smara
Carnets de route d'un fou du désert

MIKA WALTARI
Les Amants de Byzance
Jean le Pérégrin

GEORGES WALTER
Les Enfants d'Attila

WANG WEI
Les Saisons bleues

KATHLEEN WINSOR
Ambre
D'or et d'argent

JACQUES YONNET
Rue des Maléfices :
chronique secrète d'une ville

JAN YOORS
Tsiganes :
sur la route avec les Rom Lovara
La Croisée des chemins

HELEN ZAHAVI
Dirty week-end

COLLECTION

« D'AILLEURS »

AUX ÉDITIONS PHÉBUS

JACQUES BACOT

Le Tibet révolté :
vers Nepemakö, la Terre Promise des Tibétains 1909-1910

JOSEF MARTIN BAUER

Aussi loin que mes pas me portent :
un fugitif en Asie soviétique 1945-1952

ALAIN BOMBARD

Naufragé volontaire

GEORGE BORROW

La Bible en Espagne :
un Anglais excentrique sur les traces de Don Quichotte 1835-1840

FAWN BRODIE

Un diable d'homme :
Sir Richard Burton ou le démon de l'aventure
(également en collection « Libretto »)

JAMES BRUCE

Aux Sources du monde :
à la découverte de l'Afrique
des montagnes Abyssinie 1769-1772

FRANK BULLEN

La Croisière du « Cachalot » :
à bord d'un baleinier 1875-1878

JOSEPH BULOV

Yossik :
une enfance dans le quartier du Vieux-Marché de Vilna (Lituanie) 1907-1920

FREDERICK G. BURNABY

Khiva :
au galop vers les Cités interdites d'Asie centrale 1875-1876

RICHARD E. BYRD

Seul :
premier hivernage en solitaire dans l'Antarctique, 1934

THÉODORE CANOT

Confessions d'un négrier :
aventures du capitaine Poudre-à-Canon, trafiquant en or et en esclaves 1820-1840

ANDRÉ CHEVRILLON

Terres mortes :
Égypte, Palestine

CHRISTIAN DEDET

La Mémoire du fleuve :
l'Afrique aventureuse de Jean Michonet
(également en collection « Libretto »)

Le Secret du Dr Bougrat
Marseille – Cayenne – Caracas : l'aventure d'un proscrit
(également en collection « Libretto »)

GÉRARD DELFE

Le Dieu coyote

DANIÈLE DESGRANGES

Autopsie d'un massacre :
Mountain Meadows : une lacune dans la mémoire de l'Ouest

CHARLES DICKENS

Voyage en Amérique

GERALD DURRELL

Les Limiers de Bafut :
au pays des souris volantes
Cameroun, années 50

PETER FLEMING

Un aventurier au Brésil :
au fond du Mato Grosso sur les traces du colonel Fawcett

Courrier de Tartarie
(également en collection « Libretto »)

JASON GOODWIN

Chemins de traverse :
lentement, à pied, de la Baltique au Bosphore

CARLO GOZZI

Mémoires inutiles :
chronique indiscrète de Venise au XVIII*e siècle*
(également en collection « Libretto »)

THOR HEYERDAHL

Aku-Aku :
le Secret de l'île de Pâques
(également en collection « Libretto »)

L'Expédition du « Kon-Tiki »
(également en collection « Libretto »)

WASHINGTON IRVING

Astoria :
le roman vrai de la première conquête de l'Ouest 1810-1814

A.W.KINGLAKE

Eothen :
au Pays de l'Aurore
Un dandy en Orient 1834-1836

MARY KINGSLEY

Une odyssée africaine :
une exploratrice victorienne chez les mangeurs d'hommes 1893-1895

MELANI LE BRIS

La Cuisine des Flibustiers

LOUIS LECOMTE

Un jésuite à Pékin :
nouveaux mémoires sur l'état présent de la Chine 1687-1692

FRANÇOIS LEGUAT

Les Naufragés de Dieu :
aventures d'un protestant et de ses compagnons exilés en deux îles désertes de l'océan Indien 1690-1698

PATRICK LEIGH FERMOR

Courrier des Andes :
chronique nostalgique du pays inca

NORMAN LEWIS

Le Chant de la mer
Naples 44
(également en collection « Libretto »)
La Fourmilière heureuse

PIERRE MAC ORLAN

Quai de tous les départs

ANTOINE DE MEAUX

L'Ultime désert :
vie et mort de Michel Vieuchange

JACQUES MEUNIER
ANNE-MARIE SAVARIN

Le Chant du Silbaco :
chronique amazonienne

NIKOLAI MIKLOUKHO-MAKLAI

Le Papou blanc :
naufragé volontaire chez les sauvages de la Nouvelle-Guinée 1871-1883

GEOFFREY MOORHOUSE

Au bout de la peur :
le Désert en solitaire

Le Pèlerin de Samarcande :
un voyage en Asie centrale

A. O. ŒXMELIN

Les Flibustiers du Nouveau Monde :
histoire des flibustiers et boucaniers
qui se sont illustrés dans les Indes

BERNARD OLLIVIER

Longue marche :
à pied de la Méditerranée jusqu'en Chine par la Route de la Soie
I. Traverser l'Anatolie
Vers Samarcande
Longue marche II
Le Vent des Steppes
Longue marche III
(les 3 volumes également en collection « Libretto »)

FERDYNAND OSSENDOWSKI

Asie fantôme :
à travers la Sibérie sauvage 1898-1905
Bêtes, Hommes et Dieux :
à travers la Mongolie interdite 1920-1921
(également en collection « Libretto »)

FRANCIS PARKMAN

La Piste de l'Oregon :
à travers la Prairie et les Rocheuses 1846-1847

IDA PFEIFFER

Ma Tête à couper :
une puritaine chez les cannibales 1851-1853

MARCO POLO

Le Devisement du monde :
le Livre des Merveilles

JAN POTOCKI

Au Caucase et en Chine :
une traversée de l'Asie 1797-1806

MAX RADIGUET

Les Derniers Sauvages :
aux îles Marquises 1842-1859

SLAVOMIR RAWICZ

A marche forcée :
à pied du Cercle polaire à l'Himalaya, 1941-1942

WILLIAM SEABROOK

Yakouba :
le Moine blanc de Tombouctou
1890-1930

L'Ile magique :
en Haïti, terre du vaudou

MARY JANE G. SEACOLE

Je suis une mal blanchie :
la vie aventureuse d'une cousine de l'Oncle Tom 1805-1881

ROBERT LOUIS STEVENSON

La Route de Silverado :
en Californie au temps des chercheurs d'or
(également en collection « Libretto »)

L'Esprit d'aventure

ROBERT LOUIS ET FANNY STEVENSON

Notre aventure aux Samoa

WALTER STARKIE

Les Racleurs de vent :
avec les Tsiganes de la Puszta et de Transylvanie

JOHN STEINBECK

Voyage avec Charley

ALFREDO DE TAUNAY

La Retraite de Laguna :
récit de la guerre du Paraguay 1864-1870

PHILIP MEADOWS TAYLOR

Confessions d'un Thug :
en Inde, au cœur d'une secte d'assassins professionnels 1815-1830

MORITZ THOMSEN

La Ferme sur le rio Esmeraldas

Le Plaisir le plus triste

EDWARD JOHN TRELAWNEY

Mémoires d'un gentilhomme corsaire :
de Madagascar aux Philippines 1805-1815

(également en collection « Libretto »)

MARC TRILLARD

Cabotage :
à l'écoute du chant des îles, Cap-Vert 1993

Si j'avais quatre dromadaires

ARMIN VAMBERY

Voyage d'un faux derviche en Asie centrale
1862-1863

JAN YOORS

Tsiganes :
sur la route avec les Rom Lovara

(également en collection « Libretto »)

La Croisée des chemins :
la Guerre secrète des Tsiganes 1940-1944

(également en collection « Libretto »)

Cet ouvrage, réalisé pour le compte des Éditions Phébus,
a été reproduit et achevé d'imprimer
en août 2006
dans les ateliers de Normandie Roto Impressions s.a.s.
61250 Lonrai
N° d'imprimeur : 06-2028

Imprimé en France